Berufliche Bildung im deutsch-kasachischen Kontext

Duale Ausbildung in Logistik, Mechatronik und nachhaltiger Energieversorgung

Klaus Jenewein, Svetlana Karstina, Olga Zechiel (Hg.)

D1734193

Reihe „Berufsbildung, Arbeit und Innovation"

Die Reihe **Berufsbildung, Arbeit und Innovation** bietet ein Forum für die grundlagen- und anwendungs-
orientierte Berufsbildungsforschung. Sie leistet einen Beitrag für den wissenschaftlichen Diskurs über
Innovationspotenziale der beruflichen Bildung. Angesprochen wird ein Fachpublikum aus Hochschulen und
Forschungseinrichtungen sowie aus schulischen und betrieblichen Politik- und Praxisfeldern.

Die Reihe ist in zwei Schwerpunkte gegliedert:
* Berufsbildung, Arbeit und Innovation (Hauptreihe)
* Dissertationen/Habilitationen (Unterreihe)

Reihenherausgebende:

Prof.in Dr.in habil. Marianne Friese
Justus-Liebig-Universität Gießen
Institut für Erziehungswissenschaften
Professur Berufspädagogik/Arbeitslehre

Prof. Dr. paed. Klaus Jenewein
Otto-von-Guericke-Universität Magdeburg
Institut I: Bildung, Beruf und Medien; Berufs- und Betriebspädagogik
Arbeitsbereich Gewerblich-technische Berufsbildung

Prof.in Dr.in Susan Seeber
Georg-August-Universität Göttingen
Professur für Wirtschaftspädagogik und Personalentwicklung

Prof. Dr. Dr. h. c. Georg Spöttl M. A.
Zentrum für Technik, Arbeit und Berufsbildung an der Uni Campus GmbH
der Universität Bremen und Steinbeis-Transferzentrum InnoVET in Flensburg

Wissenschaftlicher Beirat
* Prof. Dr. Thomas Bals, Osnabrück
* Prof.in Dr.in Karin Büchter, Hamburg
* Prof. Dr. Frank Bünning, Magdeburg
* Prof.in Dr.in Ingrid Darmann-Finck, Bremen
* Prof. Dr. Michael Dick, Magdeburg
* Prof. Dr. Uwe Faßhauer, Schwäbisch Gmünd
* Prof. Dr. Martin Fischer, Karlsruhe
* Prof. Dr. Philipp Gonon, Zürich
* Prof. Dr. Franz Ferdinand Mersch, Hamburg
* Prof.in Dr.in Manuela Niethammer, Dresden
* Prof. Dr. Jörg-Peter Pahl, Dresden
* Prof. Dr. Tade Tramm, Hamburg
* Prof. Dr. Thomas Vollmer, Hamburg

Weitere Informationen finden
Sie auf **wbv.de/bai**

Klaus Jenewein, Svetlana Karstina, Olga Zechiel (Hg.)

Berufliche Bildung im deutsch-kasachischen Kontext

Duale Ausbildung in Logistik, Mechatronik und nachhaltiger Energieversorgung

GEFÖRDERT VOM

Bundesministerium
für Bildung
und Forschung

Berufsbildung, Arbeit und Innovation –
Hauptreihe, Band 62

2021 wbv Publikation
ein Geschäftsbereich der
wbv Media GmbH & Co. KG
Bielefeld 2021

Gesamtherstellung:
wbv Media GmbH & Co. KG, Bielefeld
wbv.de

Umschlagmotiv: 1expert, 123rf

Bestellnummer: 6004866
ISBN (Print): 978-3-7639-6710-0
ISBN (E-Book): 978-3-7639-6711-7
DOI: 10.3278/9783763967117

Printed in Germany

Bibliografische Information der Deutschen Nationalbibliothek
Die Deutsche Nationalbibliothek verzeichnet diese Publikation in der Deutschen Nationalbibliografie;
detaillierte bibliografische Daten sind im Internet über http://dnb.d-nb.de abrufbar.

Die freie Verfügbarkeit der E-Book-Ausgabe dieser Publikation wurde ermöglicht durch ein Netzwerk wissenschaftlicher Bibliotheken und Institutionen zur Förderung von Open Access in den Sozial- und Geisteswissenschaften im Rahmen der *wbv Open-Library 2021*.

Die Publikation beachtet unsere Qualitätsstandards für Open-Access-Publikationen, die an folgender Stelle nachzulesen sind:
https://www.wbv.de/fileadmin/webshop/pdf/Qualitaetsstandards_wbvOpenAccess.pdf

Großer Dank gebührt den Förderern der OpenLibrary 2021 in den Fachbereichen Erwachsenenbildung sowie Berufs- und Wirtschaftspädagogik:

Freie Universität **Berlin** | Humboldt-Universität zu **Berlin** | Bundesinstitut für Berufsbildung (BIBB, **Bonn**) | Deutsches Institut für Erwachsenenbildung Leibniz-Zentrum für Lebenslanges Lernen e. V. (DIE, **Bonn**) | Rheinische Friedrich-Wilhelms-Universität **Bonn** | Staats- und Universitätsbibliothek **Bremen** | Universitäts- und Landesbibliothek **Darmstadt** (TU Darmstadt) | Universität **Duisburg-Essen** | Universitäts- und Landesbibliothek **Düsseldorf** | Universitätsbibliothek J. C. Senckenberg (Goethe-Universität **Frankfurt am Main**) | Pädagogische Hochschule **Freiburg** | Universitäts- und Landesbibliothek **Münster** | Universitätsbibliothek **Hagen** | Martin-Luther-Universität **Halle-Wittenberg** | **Karlsruhe** Institute of Technology (KIT) | Universitätsbibliothek **Kassel** | Universitätsbibliothek **Koblenz-Landau** | Pädagogische Hochschule **Ludwigsburg** | Zentral- und Hochschulbibliothek **Luzern** (ZHB) | Universitätsbibliothek **Magdeburg** | Carl von Ossietzky-Universität (Universität **Oldenburg**) | Universitätsbibliothek **St. Gallen** | Bundesinstitut für Erwachsenenbildung (bifeb, **St. Wolfgang**) | **Vorarlberg**er Landesbibliothek | Pädagogische Hochschule **Zürich**

Inhalt

Vorbemerkung und Einführung

Fördern, kooperieren und kommunizieren: Als Fachprojektträger unterstützt der DLR-PT das BMBF bei seinen Aktivitäten im Bereich der internationalen Berufsbildungszusammenarbeit

Antje Wessels, Jana Wieser

Abstract

Der DLR-Projektträger (PT) begleitet die Förderinitiative „Internationalisierung der Berufsbildung" (IBB) des Bundesministeriums für Bildung und Forschung. Im Rahmen dieser Initiative wird auch das Projekt „GeKaVoC – Transfer von dualen Ausbildungsprogrammen in Logistik, Mechatronik und nachhaltiger Energieversorgung nach Kasachstan" gefördert, mit dessen Aktivitäten das vorliegende Buch erarbeitet worden ist. Der Beitrag beschreibt die Aufgaben des DLR-Projektträgers im Rahmen der internationalen Berufsbildungszusammenarbeit und gibt einen Einblick in Aktionsschwerpunkte und aktuelle Herausforderungen.

The DLR Project Management Agency (DLR-PT) supports the funding initiative "Internationalization of Vocational Education and Training" (IBB) of the German Federal Ministry of Education and Research (BMBF). The project "GeKaVoC – Transfer of dual training programs in logistics, mechatronics and sustainable energy supply to Kazakhstan" forms the basis of this book and was funded within the framework of this initiative. This article describes the core tasks of the DLR-PT within the scope of international vocational education and training cooperation and provides an insight into the focal points of action and current challenges.

Агентство по управлению проектами DLR (PT) поддерживает программу финансирования "Интернационализация профессионального образования и обучения" (IBB) Федерального министерства образования и научных исследований. В рамках этой инициативы также осуществлялось финансирование проекта "GeKaVoC - передача дуальных программ профессионального образования в сфере логистики, мехатроники и устойчивого энергоснабжения Казахстану", в рамках которого и была подготовлена эта книга. В данной статье описываются задачи агентства по управлению проектами в рамках международного сотрудничества в области профессионального обучения, а также дается общее представление об основных направлениях деятельности и текущих задачах.

Internationale Berufsbildungszusammenarbeit aus einer Hand

Die Zusammenarbeit in der Berufsbildung mit anderen Staaten hat in den vergangenen Jahren für die deutsche Bundesregierung und die Wirtschafts- und Sozialpartner merklich an Bedeutung gewonnen. Denn Bildung, Ausbildung und Weiterbildung sind wichtige Faktoren, um Wohlstand, sozialen Frieden, Beschäftigungs- und Wettbewerbsfähigkeit sicherzustellen – in Deutschland, in Europa und weltweit. Gut ausgebildete Fachkräfte sind die Voraussetzung für die Wettbewerbsfähigkeit von Volkswirtschaften. Das „Duale System" deutscher Prägung ist international in den Fokus gerückt und bietet für viele Länder in Europa und weltweit wertvolle Impulse für die Reform ihrer Berufsbildungssysteme. Die Nachfrage aus dem Ausland an das Bundesministerium für Bildung und Forschung (BMBF) nach Beratung und Unterstützung in der Berufsbildung hat daher in den vergangenen Jahren stetig zugenommen. Das BMBF ist im Kreis der Bundesressorts für die internationale Berufsbildungszusammenarbeit federführend zuständig und unterhält derzeit 16 Berufsbildungskooperationen mit interessierten Staaten. Wichtiger Bestandteil dieser bilateralen Kooperationen sind nachfrageorientierte Pilotprojekte, die beispielgebende Reformimpulse für die Berufsbildungssysteme des jeweiligen Partnerlandes leisten können.

Das BMBF hat im Dialog mit den anderen Ressorts, den Wirtschafts- und Sozialpartnern und weiteren relevanten Akteuren als Grundlage der Berufsbildungszusammenarbeit die Qualitätsmerkmale der deutschen Berufsbildung in einem Strategiepapier (Bundesregierung, 2019) herausgearbeitet. Diese gelten – in Zusammenschau mit den Reforminteressen und Ausgangslagen des jeweiligen Partnerlandes – als handlungsleitend für die Entwicklung und Erprobung innovativer Berufsbildungsmodelle. Im Vordergrund der Zusammenarbeit steht generell der gleichberechtigte Zugang zu inklusiver, hochwertiger und arbeitsmarktorientierter beruflicher Bildung, die betriebliches und schulisches Lernen verbindet. Auf diese Weise sollen die soziale Kohäsion gestärkt, das Qualifikationsniveau der Arbeitnehmerinnen und Arbeitnehmer gesteigert und die Beschäftigungsfähigkeit erhöht sowie das positive „Image" und die hieraus resultierende Position Deutschlands weltweit gestärkt werden. Damit werden zudem qualifizierte Fachkräfte für lokale, deutsche und internationale Unternehmen im Ausland gesichert, technologische Entwicklungen und die Wettbewerbsfähigkeit unterstützt und so vor Ort Zukunftsperspektiven geschaffen.

Die mit qualifizierter und menschenwürdiger Arbeit verbundene gesellschaftliche Stabilisierung schafft in vielen Ländern Bleibeperspektiven. Die Qualitätsmerkmale der internationalen Berufsbildungszusammenarbeit umfassen die gemeinsame Verantwortung des Staates, der Wirtschaft und der Sozialpartner, das Lernen im Arbeitsprozess und die Akzeptanz von nationalen Berufs-, Ausbildungs- und Prüfungsstandards. Ebenfalls gehören das qualifizierte Bildungspersonal in den Betrieben und Berufsschulen sowie die institutionalisierte Berufsbildungs- und Arbeitsmarktforschung, ferner die Beratung zur Berufsbildung dazu.

Der DLR-Projektträger im Auftrag des Bundesministeriums für Bildung und Forschung

Der DLR-Projektträger (DLR-PT) ist Partner in den Bereichen Forschung, Innovation und Bildung und agiert als Dienstleister für die EU-Kommission und verschiedene Bundes- und Landesressorts. In seiner unterstützenden Funktion entwirft der DLR-PT kooperations- und förderpolitische Strategien, koordiniert Förderprogramme und -projekte, verwertet und transferiert Wissen in Form von Evaluationen und Analysen, das aus den Ergebnissen der Forschung hervorgeht, und moderiert Dialogprozesse in unterschiedlichen gesellschaftlichen Bereichen. Die internationale Zusammenarbeit in Wissenschaft und Bildung stellt einen wichtigen inhaltlichen Schwerpunkt des DLR-PT dar. So betreut der DLR-PT Themen bezüglich der bilateralen Kooperationen in der beruflichen Bildung mit Partnern weltweit, um das BMBF bei der Koordinierung der beruflichen Bildung bestmöglich zu stärken. Durch die Expertise, die der DLR-PT im Bereich der internationalen Zusammenarbeit bereits aufweist, kann er auf ein weltweites Netzwerk zurückgreifen und den Herausforderungen zielgerichtet entgegentreten.

Die Arbeitsgruppe „Internationalisierung der Berufsbildung" war ursprünglich ein Produkt einer anderen Krisenwelle. Die globalen Wirtschafts- und Finanzkrisen 2009 ff. brachten mit einer Generation jugendlicher Arbeitsloser auch eine neue Bewertung der betrieblich geprägten dualen Berufsausbildung hervor. Die sozialpartnerschaftliche, arbeitsmarktintegrierende und an ganzheitliche Handlungsfähigkeit orientierte Berufsbildung erfuhr zudem deshalb verstärkte Beachtung, weil die voranschreitende digitale Revolution eine zunehmende Nachfrage nach umfassend und praktisch geschulten Fachkräften erzeugt. Die Bundesregierung reagierte mit der Einrichtung einer Zentralstelle im Bundesinstitut für Berufsbildung (BIBB), Koordinierungsgremien sowie mit der Formulierung einer ressortübergreifenden Strategie. Die Berufsbildung hat seither einen festen Platz in der internationalen Kooperation.

Das BMBF ergänzte seine Förderung zum „Berufsbildungsexport" um Mitarbeitende, die auf Berufsbildungszusammenarbeit spezialisiert sind, im durch den DLR-PT eingerichteten „Internationalen Büro des BMBF". Im Jahr 2016 wurden „Berufsbildungsexport" und „Berufsbildungskooperation" in einem Auftrag „Internationale Kooperation in der Berufsbildung" zusammengefasst und bilden seit Anfang 2017 die Arbeitsgruppe „Internationalisierung der Berufsbildung"[1] (AG-IBB). Die AG-IBB unterstützt das BMBF bei der Umsetzung und Weiterentwicklung der internationalen Berufsbildungszusammenarbeit.

---

1   Außerdem bestehen aktuell auch folgende Projektträgerschaften im Bereich der beruflichen Bildung: „Bildung für Nachhaltige Entwicklung", „Chancengleichheit in Bildung und Forschung", „Digitale Medien in der beruflichen Bildung" und „Soziale Kompetenzen in der dualen Ausbildung zur Integration von Flüchtlingen".

Förderprogramme und -projekte im Bereich der internationalen Berufsbildungszusammenarbeit

Die Aufgaben, die dem DLR-PT dabei zukommen, sind vielfältig und umfassend. Zentral ist vor allem seine Funktion als Fachprojektträger in der Projektförderung und den Aktivitäten innerhalb bilateraler Kooperationen in Bezug auf deren administrative und fachliche Begleitung und der Betreuung der BMBF-Strategieprojekte SCIVET, Unions4Vet und VETnet. Die Strategieprojekte haben das Ziel, deutsche Gewerkschaften und Kammerorganisationen in die internationale Berufsbildungszusammenarbeit einzubeziehen:

- Über das Projekt SCIVET beim Zentralverband des Deutschen Handwerks (ZDH) soll die Expertise des deutschen Handwerks für Reformen und Maßnahmen in der Berufsbildung im Ausland nutzbar gemacht werden.
- Das Projekt Unions4Vet beim Deutschen Gewerkschaftsbund (DGB) hat neben der nationalen Dimension auch die europäische Ebene im Blick. Durch stetigen Dialog werden gewerkschaftliche Partner in anderen EU-Ländern befähigt, konstruktive Beiträge zu Berufsbildungsreformen zu leisten. Zudem ist eine große Leistung des Projektes, einen europäisch-gewerkschaftlichen Vorschlag zu allgemeinen Qualitätsstandards in der Berufsbildung geschaffen zu haben.
- Das Projekt VETnet beim Deutschen Industrie- und Handelskammertag (DIHK) unterstützt das DIHK-IHK-AHK-Netzwerk dabei, Kapazitäten zur qualitätsorientierten Berufsbildungskooperation aufzubauen und zu verstetigen.

Mit der 2019 veröffentlichten BMBF-Förderinitiative „WiSoVET" (BMBF, 2019a) werden die Mitgliedsorganisationen der drei genannten Spitzenverbände Kammern, Auslandshandelskammern, Gewerkschaften und ihre Bildungsbetriebe nachfrageorientiert in die Ausgestaltung bilateraler Berufsbildungskooperationen einbezogen. Damit können in den Partnerländern spezifische Lösungen zur öffentlich-privaten Zusammenarbeit in der Berufsbildung entwickelt werden, in die Umsetzungserfahrungen von Expertinnen und Experten aus Kammern und Gewerkschaften einfließen. Zudem werden die Auslandshandelskammern in ihrer Plattformfunktion zur Außenwirtschaftsförderung entscheidend im Feld der Fachkräftesicherung und -qualifizierung gestärkt.

Dafür ist die intensive und dynamische Zusammenarbeit mit den übrigen Akteuren der internationalen Berufsbildungszusammenarbeit Voraussetzung. Hierzu zählen die Zentralstelle der Bundesregierung für internationale Berufsbildungskooperation GOVET/BIBB (GOVET, 2021), die seit 2013 die übergreifende Anlaufstelle für Fragen zur internationalen Berufsbildungszusammenarbeit aus dem In- und Ausland ist, und die BMBF-Initiative „iMOVE: Training – Made in Germany" (iMOVE, 2021) als internationale Plattform für die deutsche Bildungswirtschaft.

Die BMBF-Berufsbildungskooperationen zielen auf die Unterstützung von Reformvorhaben des jeweiligen Partnerlandes sowie der deutschen Wirtschaft vor Ort bei der Bewältigung des Fachkräftemangels. Der DLR-PT steht dabei in ständigem

Kontakt zu den Kooperationsländern, und entsprechend der Bedarfe und Nachfragen übernimmt der Projektträger die Kommunikation mit den deutschen Akteuren und ist mit der Entwicklung, Durchführung und Weiterentwicklung von Unterstützungsformaten betraut.

Im Rahmen seiner Funktion als Fachprojektträger liegen auch die Entwicklung, Umsetzung und Weiterentwicklung von Förderrichtlinien des BMBF in seiner Zuständigkeit. So werden beispielsweise Hochschulen und Universitäten bezüglich internationaler Berufsbildungsforschung oder Wirtschafts- und Sozialpartner und Bildungsdienstleister als wesentliche Expertiseträger gestärkt. Hierzu gehört auch die BMBF-Förderrichtlinie „Internationalisierung der Berufsbildung" – IBB (BMBF, 2017a), die darauf ausgelegt ist, deutsche Aus- und Weiterbildungsanbieter in der internationalen Zusammenarbeit zu unterstützen und so neue Märkte zu erschließen. Gleichzeitig werden so innovative und kreative Konzepte, Ideen und Elemente für die Berufsbildungszusammenarbeit zugänglich gemacht.

Das Projekt GeKaVoC im Rahmen der BMBF-Förderinitiative „Internationalisierung der Berufsbildung"

Auf die mehrfach seit 2008 aufgelegte BMBF-Förderinitiative „Berufsbildungsexport" (BEX) folgte 2017 die BMBF-Förderinitiative „Internationalisierung der Berufsbildung" (IBB). Darin wurde eine Diversifizierung der Fördergegenstände vorgenommen. Ziel war und ist es, die Projektförderung enger mit der internationalen Berufsbildungszusammenarbeit zu verknüpfen. Mit der Linie c) „Nachfrageorientierte Entwicklung und modellhafte Implementierung von Aus- und Weiterbildungsdienstleistungen für internationale Märkte" wurde der „klassische" Berufsbildungsexport (die Beförderung des Zugangs für deutsche Aus- und Weiterbildungsanbieter zu Auslandsmärkten) weitergeführt. Im Rahmen dieser Linie wird der größte Teil der Projekte gefördert, auch das Projekt „GeKaVoC – Transfer von dualen Ausbildungsprogrammen in Logistik, Mechatronik und nachhaltiger Energieversorgung nach Kasachstan". Im Vordergrund stehen dabei die Entwicklung und Implementierung von innovativen Ideen und modellhaften Aus- und Weiterbildungsdienstleistungen, beispielsweise der Aufbau von Bildungszentren oder neuen Berufsbildern, in Ländern, mit denen keine bilateralen Kooperationen in der Berufsbildung bestehen. In den benannten Arbeitsfeldern wurden dabei die ökonomischen und berufsbildungstechnischen Herausforderungen angegangen und durch den Transfer deutscher Berufsbildungsangebote nach Kasachstan ein Beitrag für die Entwicklung in diesen Bereichen geleistet, wodurch die Ansiedlung von deutschen Unternehmen vor Ort erleichtert wird. Die in der GeKaVoC-Verbundpartnerschaft zusammengeschlossenen Akteure der beruflichen Aus- und Weiterbildung und des universitären Bereichs verbindet das übergreifende Ziel, den wachsenden Bildungsmarkt Kasachstans zu unterstützen sowie nachhaltige Partnerschaften neu zu etablieren und zu festigen.

Die Linie b) dieser Förderinitiative zielte zusätzlich auf Reformbeiträge in BMBF-Partnerländern ab und Linie a) ergänzend auf die vergleichende Sondierung von Handlungsoptionen für internationale Kooperationsaktivitäten im Bereich der Berufsbildung in Ländern, mit denen (noch) keine BMBF-Kooperation besteht. Schwerpunkt d) „wissenschaftliches Begleitprojekt" unterstützt die Umsetzung und strategische Weiterentwicklung der Fördertätigkeiten des BMBF zur Internationalisierung der Berufsbildung durch Evaluations-, Forschungs- und Vernetzungsaktivitäten. Das Projekt wird vom Lehrstuhl der Berufs- und Wirtschaftspädagogik der Universität Osnabrück und dem Institut Technik und Bildung (ITB) der Universität Bremen durchgeführt (wb-ibb, 2021).

Aktionsschwerpunkte und aktuelle Herausforderungen für den DLR-PT

Seit der Bekanntmachung der BMBF-Förderinitiative IBB im Jahr 2017 betreut der DLR-PT insgesamt 78 Projektpartner in 20 Ländern, wovon aktuell 40 Projekte laufend sind und sich 9 weitere Projekte im Planungsprozess befinden.

Zentral für den nachhaltigen Erfolg der BMBF-geförderten Projekte und damit der Förderinitiative ist ein kontinuierlicher Erfahrungs- und Wissensaustausch zwischen den unterschiedlichen Projekten. Hier kommt dem DLR-PT ebenfalls eine Schlüsselrolle zu. Seine Mittlerposition in Bezug auf Netzwerkbildung, Wissenstransfer, Austauschprozesse und Diskursmoderation bildet die Grundlage für die Wirkung der Initiative über die geförderten Projekte hinaus. Wissens- und Erfahrungstransfer sowie Fachkommunikation sind somit weitere Handlungsschwerpunkte des DLR-PT.

Dazu gehören auch die Konzeption, Organisation und Durchführung von Fachforen und Statuskonferenzen. Während sich die Fachforen der Jahre 2017 bis 2019 ausschließlich an Projekte richteten, die im Rahmen der BMBF-Förderrichtlinie IBB gefördert werden, und mit Themen wie „Geschäftsmodellentwicklung" und „Digitalisierung" jeweils unterschiedliche aktuelle Themen in den Fokus nahmen, wurde das Konzept 2020 ausgeweitet und fand gemeinsam mit den über die BMBF-Förderrichtlinie „Forschung zur Internationalisierung der Berufsbildung" – IBBF (BMBF, 2017b) geförderten Projekten statt. Den Ausgangspunkt für die jährlich stattfindenden Statuskonferenzen bildet ebenfalls die BMBF-Förderinitiative IBB. Damit wird den unterschiedlichsten Akteuren, Disziplinen und Interessenten eine Plattform der Vernetzung und des Austauschs zum Zukunftsthema internationale Berufsbildungszusammenarbeit geboten.

Als weiteres Medium der akteursübergreifenden Fachkommunikation gibt der DLR-PT die Publikationsreihe „Berufsbildung International" heraus (DLR Projektträger, 2020), die sich aktuellen Themen der internationalen Berufsbildungszusammenarbeit widmet. Die Reihe regt den Wissens- und Erfahrungstransfer zwischen den geförderten Akteurinnen und Akteuren – innerhalb der und zwischen den Förderinitiativen – an. Dabei werden auch gezielt externe Akteurinnen und Akteure – Umsetzer*innen, Interessenvertreter*innen, Forschende – einbezogen, um schon während der Umsetzungsphasen der Projekte an relevanten Fachdebatten teilzunehmen. Dadurch werden die Dissemination der Projektergebnisse und die Wahrnehmung der BMBF-Aktivitäten in der (Fach-)Öffentlichkeit wesentlich gestärkt. Im zweiten Quartal 2020 wurden zwei Publikationen zu den Themen „Rolle der Forschung in internationalen Berufsbildungsprojekten" und „Nachhaltigkeit" publiziert.

Auf der Grundlage von Konzeptentwürfen des DLR-PT hat das BMBF im Jahr 2019 die Richtlinien zur „Förderung der Entwicklung und Implementierung von Ausbildungsclustern International – ClusterVET" (BMBF, 2019b) veröffentlicht. Die BMBF-Förderinitiative „ClusterVET" nimmt vor allem kleine und mittlere deutsche Unternehmen in den Fokus der Förderung. Durch den Clusteransatz sollen Ressourcen vor Ort nachhaltig genutzt werden und so zu einem innovativen Transfer von Kompetenzen zur nachfrageorientierten Fachkräftequalifizierung beitragen. Der DLR-PT betreut zudem die 2019 ausgeschriebene BMBF-Förderrichtlinie „MasterVET" (BMBF, 2019c) zur Entwicklung und Erprobung eines Master-Studienprogramms im Bereich Management & Teaching für internationales Berufsbildungspersonal.

Die COVID19-Pandemie stellt die internationale Kooperation und die Förderung internationaler Projekte vor besondere Herausforderungen. Reisebeschränkungen, Einschränkungen des Präsenzlernens und vielfältige weitere Restriktionen stellen einerseits neue, beschränkende Rahmenbedingungen dar, von denen noch nicht absehbar ist, bis wann und in welchem Umfang sie bestehen bleiben. Andererseits ist festzustellen, dass die Pandemie katalytisch auf den ohnehin im Gange befindlichen Megatrend der Digitalisierung wirkt: Bisher nur vereinzelt und rudimentär angelegte digitale Lösungsansätze (Blended Learning, digitale Konferenzformate, VR/AR/XR) werden nunmehr zum Standard und es ist nicht zu erwarten, dass in einer Post-COVID19-Zeit eine vollständige Rückbesinnung auf den Status quo ex-ante Pandemie stattfinden wird. Mit den rapiden Veränderungen der Arbeitswelt ist zu erwarten, dass Kooperationsländer verstärkte Kooperationsbedarfe an die Bundesregierung adressieren. Das Interesse an Förderungen ist während der Pandemie gleichbleibend hoch. Das ist auch auf die Erwartung zurückzuführen, dass die Pandemiefolgen (Wirtschafts- und Arbeitsmarktkrisen) u. a. eine Rückbesinnung auf integrative, kooperative Formen der Fachkräftequalifizierung mit sich bringen werden, die kürzlich wieder von der OECD mit Hinweis auf das deutsche duale System hervorgehoben wurden.

Für das Kooperationshandeln, die Förderinstrumente und die Fördergegenstände in der internationalen Berufsbildungszusammenarbeit hat das prägende Folgen. Diese Folgen abzuschätzen, notwendige Innovationen zu antizipieren und Lösungsvorschläge zu konzipieren, gehört zu den spannenden derzeitigen Aufgaben des DLR-PT.

Literatur

BMBF (2017a): Richtlinie zur Förderung der Internationalisierung der Berufsbildung vom 03.05.2017, https://www.berufsbildung-international.de/files/Foerderbekannt machung-Internationalisierung-der-Berufsbildung.pdf (10.02.2021).

BMBF (2017b): Richtlinie zur Förderung der Forschung zur Internationalisierung der Berufsbildung vom 30.06.2017, https://www.berufsbildung-international.de/img/BAnz %20AT%2025.09.2017%20B1.pdf (10.02.2021).

BMBF (2019a): Förderung der Wirtschafts- und Sozialpartner: Implementierungsprojekte im Rahmen der internationalen Berufsbildungszusammenarbeit des BMBF – WiSo-VET vom 15. Oktober 2019, https://www.berufsbildung-international.de/files/WiSo VET_BAnz_28_August_2019.pdf (10.02.2021).

BMBF (2019b): Richtlinie zur Förderung der Entwicklung und Implementierung von Aus-bildungsclustern International – ClusterVET vom 15. Oktober 2019, https://www.berufsbildung-international.de/files/clustervet_banz_at_31102019_B1.pdf (10.02.2021).

BMBF (2019c): Richtlinie zur Förderung der Entwicklung und Erprobung eines Master-Studienprogramms im Bereich Management & Teaching für internationales Berufs-bildungspersonal – MasterVET vom 7. August 2019, https://www.berufsbildung-inter national.de/files/MasterVET_BAnz_26_August_2019.pdf (10.02.2021).

Bundesregierung (2019): Vollständige Strategie der Bundesregierung zur internationalen Berufsbildungszusammenarbeit, https://www.bmbf.de/files/137_19_Strategie_Bun desregierung.pdf (10.02.2021).

DLR Projektträger (2020): Publikationsreihe Berufsbildung International 2020, https://www.berufsbildung-international.de/de/Publikationen.html (10.02.2021).

GOVET (2021): BIBB - GOVET - Zentralstelle der Bundesregierung für internationale Be-rufsbildungskooperation, https://www.govet.international/de/ (10.02.2021).

iMOVE (2021): iMOVE | Training - Made in Germany, https://www.imove-germany.de/de/ (10.02.2021).

wb-ibb (2021): Wissenschaftliche Begleitung der BMBF-Förderinitiative Internationalisie-rung der Berufsbildung, https://wb-ibb.info/ (10.02.2021).

Duale Berufsbildung als praxisorientierter Ansatz zur Organisation des beruflichen Bildungsprozesses

Klaus Jenewein, Svetlana Karstina, Olga Zechiel

Abstract

Berufliche Bildung in Deutschland und Kasachstan ist durch soziale und wirtschaftliche Veränderungsprozesse gekennzeichnet, die durch aktuelle Problemlagen verstärkt werden. Die Herausgebenden des vorliegenden Buchs führen in die Rahmenbedingungen der deutsch-kasachischen Zusammenarbeit im Rahmen des Projekts „GeKaVoC – Transfer von Dualen Ausbildungsprogrammen in Logistik, Mechatronik und nachhaltiger Energieversorgung nach Kasachstan" ein und informieren über die Intentionen und Beiträge des vorliegenden Bandes.

Vocational training and education in Germany and Kazakhstan are both characterized by processes of social and economic change, which are intensified by current challenges. The editors of this book introduce the general conditions of the German-Kazakh cooperation within the project "GeKaVoC – Transfer of Dual Training Programs in Logistics, Mechatronics and Sustainable Energy Supply to Kazahstan" and guides through the intentions and contributions of this volume.

Профессиональное образование и обучение в Германии и Казахстане характеризуется процессами социальных и экономических изменений, которые усиливаются текущими проблемами. Редакторы этой книги знакомят читателей с основными результатами немецко-казахстанского сотрудничества в рамках проекта "GeKaVoC – передача дуальных программ обучения в области логистики, мехатроники и устойчивого энергоснабжения Казахстану" и информируют о замысле и вкладе этого издания.

Dualität als Qualitätsmerkmal beruflicher Bildung – zum Problemhintergrund

Die duale Berufsbildung steht seit vielen Jahren im internationalen Fokus. Viele Länder befinden sich in einer Phase der Neuorientierung beruflicher Bildungssysteme. Dabei ist häufig zu verzeichnen, dass schulisch organisierte Berufsbildungssysteme kritisch hinterfragt werden und die Frage der Verwertbarkeit beruflicher Qualifikationen und damit der Beschäftigungsfähigkeit („Employability") der Absolventinnen und Absolventen in den Blick gerät. Hintergrund sind oftmals in den Ausbildungen erworbene Kenntnisse, Fertigkeiten und Fähigkeiten, die als zu wenig auf die Anforderungen der Wirtschaft ausgerichtet empfunden werden, wofür die curriculare und didaktische Konzeption der Bildungsgänge verantwortlich gemacht wird. Demgegenüber erscheinen – nach dem Vorbild des deutschen dualen Systems – Bildungssysteme ertragreicher, in denen schulische Bildung mit betrieblichen Bildungsangeboten integrativ verbunden ist und neben dem Erwerb beruflicher Kompetenzen auch eine berufliche Sozialisation bereits in der Berufsausbildung ermöglicht wird.

Damit kann nicht nur die Attraktivität beruflicher Bildung in den nationalen Bildungssystemen gesteigert werden. Da in dualen Systemen die Wirtschaft in die Pflicht genommen wird, sich bei der Qualifizierung des eigenen Fachkräftenachwuchses und der Ausgestaltung eigener Bildungsangebote zu beteiligen, kommt den Betrieben hiermit auch eine wirtschaftliche Mitverantwortung für die Rekrutierung und Ausbildung des eigenen Fachkräftenachwuchses zu. Zudem ermöglicht duale Ausbildung die Entwicklung beruflicher Kompetenzen in der Berufs- und Arbeitswelt und ist damit für die unmittelbare Verwertbarkeit beruflicher Qualifikationen im Arbeitsmarkt und für die Beschäftigungsfähigkeit der Absolventinnen und Absolventen von großer Bedeutung. International sind positive Auswirkungen zu identifizieren, beispielsweise durch die geringeren Übergangsrisiken junger Menschen an der Schwelle vom Berufsausbildungs- in das Beschäftigungssystem infolge einer hohen Akzeptanz beruflicher Qualifikationen aufseiten der Wirtschaft.

Dabei spielen Fragen der Institutionalisierung beruflicher Bildung eine große Rolle. Gerade in Ländern, in denen vollschulische Berufsbildungssysteme etabliert sind, bestehen hohe Hürden für das Anliegen, Unternehmen in die Verantwortung für die formale und curriculare Ausgestaltung beruflicher Ausbildungen einzubeziehen. Ausgehend von etablierten Bildungsstrukturen stellt sich häufig die Frage, in welcher Form berufliche Bildungsprogramme mehr an den betrieblichen Bedarfen orientiert werden und wie die Unternehmen institutionell eingebunden werden können. Diese Fragen sind Ausgangspunkt für die deutsch-kasachische Zusammenarbeit im Projekt „GeKaVoC" mit dem Anliegen, die kasachischen Bildungsstrukturen unter Berücksichtigung vorliegender Erfahrungen mit dem in Deutschland etablierten dualen Berufsbildungssystem weiterzuentwickeln, hiermit zur Sicherung einer an den Erfordernissen der Wirtschaft orientierten Fachkräfteausbildung beizutragen und von vornherein Überlegungen zur Implementation in das landesspezifische Bildungssystem zu berücksichtigen.

Ausgangspunkt der Initiative bildet das im Jahr 2012 zwischen dem damaligen kasachischen Präsidenten Nursultan Nasarbajew und der deutschen Bundeskanzlerin Angela Merkel unterzeichnete Regierungsabkommen über Partnerschaften im Rohstoff-, Industrie- und Technologiebereich. Durch eine „neue Ära" der Zusammenarbeit sollten sowohl deutsche Unternehmen für wirtschaftliche Aktivitäten in Kasachstan gewonnen als auch ein kasachisches Staatsprogramm zur Entwicklung des Bildungssystems unterstützt werden, in dem besonders der dualen Ausbildung eine zentrale Rolle zugeschrieben wurde. 2015 trat Kasachstan der Welthandelsorganisation WTO bei und ebnete damit den Weg für eine neue Handels- und Investitionspolitik der kasachischen Wirtschaft. Besonders die Bereiche Logistik, Mechatronik/Industrie 4.0 und Energieversorgung wurden durch Projekte der Infrastrukturentwicklung unterstützt. Die vorliegende Projektkooperation entstand dementsprechend in der Annahme, dass der hieraus resultierende Fachkräftebedarf bei Unternehmen in den Bereichen Logistik, Mechatronik und nachhaltiger Energieversorgung von prioritärer Bedeutung ist.

Diese Aspekte wurden durch das Projekt GeKaVoC und die das Projekt begleitenden Aktivitäten aufgegriffen Hinzu kommen jedoch auch nicht vorhergesehene Veränderungen infolge der COVID-19-Pandemie, durch die sich internationale Kooperationsformen nachhaltig verändert haben, die daraus entstandenen Entwicklungsschübe in Bezug auf alle Formen der Digitalisierung und die damit verbundenen veränderten sozialen und wirtschaftlichen Rahmenbedingungen.

Aktuelle Herausforderungen an das Bildungssystem und die Gesellschaft Kasachstans

Die gleichzeitigen Auswirkungen der Pandemie und der globalen Rezession haben auch in Kasachstan eine „neue Realität" geschaffen, die die Entwicklungslinien vieler Länder, einschließlich Kasachstans, radikal verändert haben. Bestehende Weltproblemlagen haben sich verschärft, Tendenzen zum Rückgang der Wettbewerbsfähigkeit des Warenmodells haben zugenommen, das technologische Paradigma und die Konsummuster haben sich verändert, die Prozesse der Automatisierung und Digitalisierung aller Gesellschaftsbereiche und Wirtschaftssektoren wurden beschleunigt. Infolgedessen ist die Nachfrage nach „flexiblen" Qualifikationen rapide gestiegen, der Bedarf der Wirtschaft an Arbeitskräften mit mittleren und niedrigen Qualifikationen ist gesunken, die Rolle des Selbstlernens, der Online-Plattformen und des lebenslangen Lernens ist gestiegen. Die Prioritäten wirtschaftlicher Entwicklung in Kasachstan sind Verbesserung der Produktivität und Qualität der inländischen Waren und Dienstleistungen durch technologische Modernisierung, professionelle Entwicklung der Humanressourcen und produktive Beschäftigungsverhältnisse durch fortschrittliche Formen der Arbeitsbeziehungen, Entstehung von Hightech-Arbeitsplätzen sowie die Entwicklung von Fähigkeiten und Kompetenzen, die auf dem Arbeitsmarkt gefragt sind (Adilet, 2021).

Die gegenwärtigen lokalen und globalen Veränderungen haben einen bedeutenden Einfluss auf das kasachische System der technischen und beruflichen Bildung (TVET) ausgeübt. Zum Beispiel wurde den Berufsbildungsinstitutionen und -organisationen akademische Freiheit gewährt, um flexibel auf die Anforderungen des Arbeitsmarktes und der Arbeitgeber*innen zu reagieren (Bilimdinews, 2021); die berufsbildenden Schulen (Colleges) wurden unabhängig in der Regelung der Ausbildungsdauer (Gorbunova, 2021); das Land hat begonnen, ein Modell der beruflichen

Kompetenzen und Mechanismen sowie Instrumente für deren Bewertung zu entwickeln und die Inhalte der Bildungsprogramme zu aktualisieren, um die Anforderungen des kasachischen Arbeitsmarkts und der WorldSkills zu erfüllen. Ein neues, praxisorientiertes Modell der beruflichen Weiterbildung von Ingenieurpädagoginnen und -pädagogen wird aktiv umgesetzt; die Umstellung auf ein modularisiertes Kreditpunktesystem ist im Gange.

All diese Maßnahmen sollen
- die Qualität der technischen und ingenieurwissenschaftlichen (Aus-)Bildung verbessern,
- die Jugendarbeitslosigkeit reduzieren,
- die offenen Stellen in der Wirtschaft mit qualifizierten Fachkräften besetzen (Zhusupova, 2019),
- den Mangel an ingenieurwissenschaftlichem und pädagogischem Fachpersonal (u. a. der Ausbilder*innen) in den Betrieben bewältigen,
- Wachstumspunkte in jeder Region in den vorrangigen Bereichen der Wirtschaft und des Arbeitsmarktes schaffen,
- die (Aus-)Bildungsergebnisse mit den Bedürfnissen der Industrie in Einklang bringen und
- die soziale Verantwortung für eine hochwertige (Aus-)Bildung von Fachkräften nicht nur auf Bildungseinrichtungen, sondern auch auf die Wirtschaft ausdehnen.

Dementsprechend sollten Bildungseinrichtungen wie Universitäten und Colleges ein Teil der regionalen Struktur werden, praxisorientierte Ansätze bei der Organisation des Bildungsprozesses (Kasipkor, 2019) anwenden und die Ausbildung von Fachkräften unter realen Produktionsbedingungen sicherstellen (duale Ausbildung, angewandtes Bachelorstudium, Unterstützung der WorldSkills-Bewegung in Kasachstan). Zudem sollen sie praxisorientierte Fachkräfte in die Bildungsaktivitäten einbeziehen, internationale Erfahrungen bei der Ausbildung von technischem und ingenieurwissenschaftlichem Personal analysieren und umsetzen, an der Bildung von Expertengemeinschaften teilnehmen, innovative Prozesse und neue Technologien in die Bildung integrieren und in festgelegten Abständen die Rahmenlehrpläne novellieren (Kasipkor, o. J.).

Ein positives Beispiel dafür sind die Erfahrungen der Karaganda Buketov Universität, die im Jahr 2020 ein Pilotprogramm zur beruflichen Entwicklung von Mitarbeitenden einer Reihe von Betrieben in der Region Karaganda in einer dualen Bildungsumgebung gestartet hat. Alle Programme wurden im Rahmen des kasachisch-deutschen Projekts „GeKaVoC" entwickelt, das von 2017 bis 2021 durch das Bundesministerium für Bildung und Forschung (BMBF, Deutschland) gefördert wurde. Diese Maßnahmen wurden mit methodischer und fachlicher Unterstützung durch die TÜV Rheinland Akademie GmbH vorbereitet und durchgeführt. Auch Berufsbildende Schulen (z. B. das kasachisch-deutsche polytechnische College in Kentau in Zusammenarbeit mit AG „Kentauer Transformatorenwerk", das Höhere Polytechnische

College Karaganda in Zusammenarbeit mit GmbH „Borusan Makina Kazakhstan", Kazakhstan Electric Grid Operating Company KEGOC AG und anderen Betrieben) setzen die im Rahmen des GeKaVoC-Projekts gewonnenen Erfahrungen zur Gestaltung der dualen Aus- und Weiterbildung erfolgreich um.

Gleichzeitig ist es zur Steigerung der Effektivität dualer Ausbildungsgänge notwendig, die Bestrebungen des Staates, der Unternehmen und der Bildungseinrichtungen zu bündeln, die Motivation aller wichtigen Parteien zu einer für alle Seiten vorteilhaften Zusammenarbeit anzuregen. Insbesondere sind die Zahl der Auszubildenden und College-Studierenden in dualen Ausbildungsgängen zu erhöhen, einschlägige Verfahren und Modelle aus anderen Ländern zu studieren und umzusetzen, der gesetzliche Rahmen für die duale Berufsbildung und die finanziellen Mechanismen, die die Beziehung zwischen Bildungseinrichtung und Unternehmen regeln, zu verbessern sowie Instrumente für die Analyse des Fachkräftebedarfs und der Qualifikationsprofile zu entwickeln. Außerdem sollen die Expertengemeinschaft der Initiative WorldSkills in Kasachstan und die angewandte Forschung zu Berufsbildungsfragen ausgebaut werden, um die Kompetenzen der Bildungsakteurinnen und -akteure zu erweitern.

Intentionen des vorliegenden Buchs

Vor diesem Hintergrund sind Handlungsstrategien der deutsch-kasachischen Zusammenarbeit einzuordnen und zu bewerten. Das vorliegende Buch dokumentiert Analysen, Handlungsansätze und -ergebnisse, die im Rahmen der deutsch-kasachischen Zusammenarbeit des Projekts GeKaVoC und darüber hinaus in den Jahren 2017 bis 2021 entwickelt und ausgearbeitet wurden.

Vorgestellt werden zunächst Analysen der Ausgangssituation für die deutsche duale Berufsausbildung einerseits, deren Erfahrungen und Problemfelder den Hintergrund für die internationale Zusammenarbeit bilden, und die in Kasachstan bestehenden Veränderungen der wirtschafts- und bildungspolitischen Rahmenbedingungen andererseits. Dabei zeigen die Beiträge, dass in diesem internationalen Kontext Fragen der Fachkräfteausbildung, -rekrutierung und -versorgung in einem ganzheitlichen Blick gesehen werden müssen und – obwohl dies in Deutschland nicht selbstverständlich ist – sowohl berufliche und berufsschulische als auch hochschulische Lernorte einbeziehen müssen. Dualität in der Gestaltung beruflicher Bildung bezieht sich dabei auf die curriculare und inhaltliche Verzahnung von schulisch organisierten Bildungsmaßnahmen mit betrieblicher Berufserfahrung und -praxis, weil nur so erwartet wird, dass eine den Bedarfen der Wirtschaft entsprechende Kompetenz der zukünftigen Fachkräfte gesichert werden kann.

Die Attraktivität beruflicher Bildung lässt sich nicht losgelöst von Fragen ihrer Wertigkeit im Vergleich zur akademischen Bildung gewährleisten; Fragen der Durchlässigkeit zwischen beiden Systemen gewinnen ebenso an Bedeutung wie die in beiden Subsystemen möglichen Bildungswege und die damit erreichbaren Qualifikationsstufen und Berechtigungen (vgl. die Überlegungen Rauners (2018) zur Architektur paralleler Bildungswege und die in Deutschland entstehenden, seit 2020 in das Berufsbildungsgesetz aufgenommenen neuen beruflichen Qualifikationen „Bachelor professional" und „Master professional").

Die systematischen Beiträge werden ergänzt durch Beiträge aus Handlungs- und Praxisfeldern. Dies betrifft einerseits Fragen des Bildungsmanagements und andererseits Ergebnisse der Bildungsgangentwicklungen in den durch die Projektkooperation adressierten Handlungsfeldern Mechatronik, Logistik und regenerative Energieversorgung; Entwicklungen, die die Frage der Zertifizierung erworbener Kompetenzen einschließen. Darüber hinaus finden sich Beiträge zur Aus- und Weiterbildung des beruflichen Bildungspersonals und zur beruflichen Bildung für benachteiligte Zielgruppen.

Die Herausgeberinnen und der Herausgeber möchten sich mit dem vorliegenden Band beim deutschen Bundesministerium für Bildung und Forschung sowie dem DLR-Projektträger im Deutschen Zentrum für Luft- und Raumfahrt bedanken, deren Förderung im Rahmen des Programms „Internationalisierung der Berufsbildung" die hier vorliegende internationale Zusammenarbeit ermöglicht hat. Wir erhoffen uns, mit dem vorliegenden Buch einen Beitrag für die Nachhaltigkeit der erzielten Erkenntnisse und Ergebnisse vorzulegen und mit Anregungen für weitere Projektvorhaben ebenso zu weiterführenden Aktivitäten ermuntern wie interessierte Betriebe und Bildungseinrichtungen zu einem Ausbau ihrer internationalen Zusammenarbeit.

Magdeburg und Karaganda, im Juni 2021

Prof. Dr. Klaus Jenewein, Dr. habil. Svetlana Karstina, Dr.-Ing. Olga Zechiel

Literatur

Adilet (2021): Национальный план развития Республики Казахстан до 2025 года, утвержденный Указом Президента Республики Казахстан от 15 февраля 2018 года №636 (с внесенными изменениями от 26 февраля 2021 г.), https://adilet.zan.kz/rus/docs/U2100000521 (22.07.2021) [Nationaler Plan für die Entwicklung der Republik Kasachstan bis 2025, genehmigt durch den Präsidialerlass Nr. 636 vom 15. Februar 2018 (in der Fassung vom 26. Februar 2021)] (auf Russisch).

Bilimdinews (2021): Коллегия МОН РК – 2021: основные итоги и задачи образования, https://bilimdinews.kz/?p=141418 (22.07.2021) [Expertenrat des Ministeriums für Bildung und Wissenschaft 2021: Wichtige Ergebnisse und Herausforderungen für die Bildung] (auf Russisch).

Gorbunova, A. (2021): Арина Горбунова, Очередную реформу образования затеяли в Казахстане, United Media Group, 11 марта 2021, https://forbes.kz/process/educa tion/ocherednuyu_reformu_obrazovaniya_zateyali_v_kazahstane/ (22.07.2021) [Eine weitere Bildungsreform in Kasachstan, United Media Group, 11. März 2021] (auf Russisch).

Jenewein, K. (2021): «Прозрачность» между системами профессионального и высшего образования – как благоприятный фактор развития ТИПО. В сборнике (под редакцией Рахимовой Ж.З.) Международной научно-практической конференции. „Центр компетенций – новые возможности для развития системы технического и профессионального, послесреднего образования", КГКП „Карагандинский высший политехнический колледж" 21–22 апреля 2021 года, с. 4–13 [Durchlässigkeit zwischen beruflicher Bildung und Hochschulbildung als Chance für das berufliche Bildungssystem. In: Z. S. Rachimowa (Hrsg.), Sammelband der Internationalen wissenschaftlich-praktischen Tagung „Kompetenzzentrum - neue Möglichkeiten für die Entwicklung der technischen und beruflichen, postsekundären Bildung", 21.–22. April 2021. Höheres Polytechnisches College Karaganda, Karaganda, S. 4–13] (auf Russisch).

Karstina, S. et al. (2021): С. Г. Карстина, О. Н. Цехиель, К. Мачадо: Вклад казахстанско-немецкого сотрудничества в создание инструментария оценки программ профессионального образования; Высшее образование в России, https://doi.org/ 10.31992/0869-3617-2021-30-1-132-143, Том 30, № 1 (2021), С. 132-143 [Beitrag der kasachisch-deutschen Zusammenarbeit bei der Entwicklung von Evaluationsinstrumenten für Berufsbildungsprogramme. In: Higher Education in Russia, Band 30, N1 (2021), S. 132-143] (auf Russisch).

Karstina, S. & Zechiel, O. (2021): Система обучения на протяжении всей жизни в контексте индустрии 4.0: перспективы внедрения немецкого опыта в систему технического и профессионального образования (ТИПО) Казахстана В: Уразбаева и др. (ред.), Материалы Международной научно-практической конференции „Наука, образование и производство в контексте четвертой промышленной революции", Кентау 09–10 декабря 2021 г. Казахско-немецкий политехнический колледж в Кентау, с. 381–391. [Bildungssystem für lebenslanges Lernen im Kontext von Industrie 4.0: Perspektiven für die Einführung der deutschen Erfahrungen in das technische und berufliche Bildungssystem Kasachstans. In: Urasbaeva et al. (Hrsg.), Sammelband der Internationalen wissenschaftlich-praktischen Konferenz „Wissenschaft, Bildung und Produktion im Kontext der vierten Industriellen Revolution", Kentau 09.-10. Dezember, 2021. Kasachisch-deutsches polytechnisches Colleges in Kentau, S. 381–391] (auf Russisch).

Kasipkor (2019): Стратегический план развития некоммерческого акционерного общества «Talap» на 2020–2025 годы, НАО "Talap" Некоммерческое акционерное общество 2019, https://kasipkor.kz/?page_id=361&lang=ru (22.07.2021) [Strategischer Entwicklungsplan der Talap gemeinnützige Aktiengesellschaft 2020-2025, „Talap" gemeinnützige Aktiengesellschaft 2019] (auf Russisch).

Kasipkor (o. J.): О проекте WorldSkills Kazakhstan, НАО "Talap" Некоммерческое акционерное общество, https://kasipkor.kz/?page_id=96&lang=ru (22.07.2021) [WorldSkills Kazakhstan: über Projekt WorldSkills Kazakhstan „Talap" gemeinnützige Aktiengesellschaft 2019, WorldSkills Kazakhstan] (auf Russisch).

Rauner, F. (2018): Der Weg aus der Akademisierungsfalle – die Architektur paralleler Bildungswege. Berlin: Lit, 2018.

Zhusupova, A (2019): Айман Жусупова, Бесплатное ТиПО: лишь бы выпустить? 2019, Ekonomist, https://ekonomist.kz/zhussupova/besplatnoye-tipo-molodezh-bezraboti ca/ (22.07.2021) [Aiman Zhusupova, Kostenlose Berufsbildung: nur zum Loswerden? 2019, Ekonomist] (auf Russisch).

Berufsausbildung in Kasachstan: Aktuelle Handlungsfelder und Herausforderungen

Duale Berufsbildung und Hochschulbildung unter dem Aspekt von Durchlässigkeit – ein hochaktuelles Thema

Klaus Jenewein

Abstract

Der berufliche und der akademische Bildungsweg befinden sich in vielen Ländern in einem Spannungsfeld gegensätzlicher Interessenlagen und Entwicklungen. Auch in Deutschland wird darüber gestritten, wie die qualitative und quantitative Gestaltung dieser Bildungswege und das Verhältnis von beruflicher zu akademischer Bildung angemessen sind. Der vorliegende Beitrag berichtet über neuere Entwicklungen im Kontext des europäischen Qualifikationsrahmens und über bestehende Fragen im Zusammenhang mit der Durchlässigkeit zwischen den Bildungssystemen und mit der Gestaltung von Übergängen.

In many countries, vocational and academic education are in a field of tension between conflicting interests and developments. In Germany, too, there are disputes about the appropriate qualitative and quantitative design of these educational pathways and the relationship between vocational and academic education. This article reports on recent developments in the context of the European Qualifications Framework and on existing issues related to permeability between education systems and to the design of transitions.

Во многих странах профессиональное и академическое образование находятся в поле конфликта между противоположными интересами и событиями. В Германии также ведутся споры о надлежащей качественной и количественной структуре этих образовательных направлений и о соотношении между профессиональным и академическим образованием. В этой статье рассматриваются последние изменения в контексте Европейской рамки квалификаций и существующие проблемы, связанные с прозрачностью между системами образования и разработкой системы перехода с одного уровня профессиональной подготовки на другой.

Berufliche und akademische Bildung im Spannungsfeld verschiedener Interessenlagen und gesellschaftlicher Wertschätzung

Das Verhältnis von beruflicher und akademischer Bildung ist in der Bundesrepublik Deutschland in den vergangenen 60 Jahren Gegenstand der bildungspolitischen und bildungswissenschaftlichen Diskussion. Dies gilt einerseits – in einer quantitativen Sichtweise – für den Beitrag beider Bildungsbereiche für die Fachkräfteversorgung der Wirtschaft, andererseits – in einer subjektorientierten Sichtweise – für die persönlichen und beruflichen Entwicklungsperspektiven, die beide Bildungsbereiche den jungen Menschen bieten können. In dieser Beziehung wird das „richtige" Verhältnis von beruflicher Bildung und Hochschulbildung immer wieder neu diskutiert.

Für Argumente zugunsten eines weiteren Ausbaus akademischer Bildung werden immer wieder OECD-Studien herangezogen, die Deutschland im internationalen Vergleich als Land mit einer vergleichsweise niedrigen Akademikerquote ausweisen. Demgegenüber steht die Position, dass gerade ein hoher Anteil beruflich gebildeter Fachkräfte – über den gesellschaftlich und betrieblich breit akzeptierten Abschluss einer dualen Berufsausbildung – den Fachkräftebedarf nachhaltiger sichern können als die Bildungssysteme in Ländern, in denen fast alle Jugendlichen nach akademischen Abschlüssen streben. Als Beleg für diese These wird auf die im internationalen Vergleich geringe Jugendarbeitslosigkeit in Deutschland verwiesen – als Beleg dafür, dass der Übergang von der beruflichen Bildung in das Beschäftigungssystem im Vergleich zu anderen Volkswirtschaften deutlich problemloser verläuft. Dies wird insbesondere auf die Unternehmensbindung vieler Auszubildender über das duale System zurückgeführt, weil auf diesem Wege eine Übernahme in eine spätere Beschäftigung bereits bei der Einrichtung von Ausbildungsplätzen durch die Unternehmen intendiert ist, viele Auszubildende ihren zukünftigen Arbeitsplatz schon kennen und mit den hierfür notwendigen Kompetenzen ausgestattet die Ausbildung abschließen. Kritisch wird demgegenüber diskutiert, dass viele Volkswirtschaften mit hoher Akademikerquote einen ausgeprägten Mangel an beruflich gebildeten Fachkräften ebenso beklagen wie hohe Einarbeitungsaufwendungen der zumeist rein schulisch gebildeten Bewerberinnen und Bewerber in ein betriebliches Aufgabenfeld. Beide Aspekte werden als Argumente für die Stärke der dualen Berufsbildung angesehen.

Gleichzeitig gibt es in Deutschland jedoch auch einen langfristig wirksamen Trend zu höheren Bildungsabschlüssen – und in diesem Zusammenhang erneute Diskussionen über den Stellenwert der beruflichen vs. akademischen Bildung. Insbesondere die Frage nach den beruflichen Entwicklungsmöglichkeiten der Absolventinnen und Absolventen des dualen Systems wird als wichtiger Indikator für die Attraktivität dieses Bildungswegs angesehen. Zunehmend wird daher in der beruflichen Bildung die Frage diskutiert, welcher Stellenwert der beruflichen im Verhältnis zur akademischen (wissenschaftlichen) Bildung in unserer Gesellschaft gegeben wird.

Qualifikationsrahmen als Ordnungsschema für berufliche und akademische Qualifikationen

Die Ausgangssituation der heutigen Diskussionen lässt sich mit den europäischen Entwicklungen und deren nationaler Umsetzungsstrategie skizzieren. Die europäischen Vereinbarungen zum sogenannten Europäischen Qualifikationsrahmen wurden in Deutschland umgesetzt in einen nationalen „Qualifikationsrahmen für lebenslanges Lernen" (BMBF, 2021). Die Vorstellung eines hierarchischen Systems von beruflichen und akademischen Abschlüssen führt hier zu einem in acht Niveaustufen gegliederten System beruflicher und akademischer Qualifikationen. Dabei umfassen das klassische Ausbildungsmodell im dualen System die Niveaustufen 3 und 4 und deren durch Aufstiegsfortbildungen erreichbare Qualifikationen die Niveaustufen 5 und 6 – und hier existiert die erste Überschneidung mit dem ersten akademischen berufsqualifizierenden Hochschulabschluss „Bachelor", der ebenfalls auf Niveaustufe 6 eingeordnet ist. Die weiteren Überschneidungen beruflicher und akademischer Bildung mit dem Master auf Niveaustufe 7 besitzen bislang in Deutschland noch eine geringe Bedeutung.

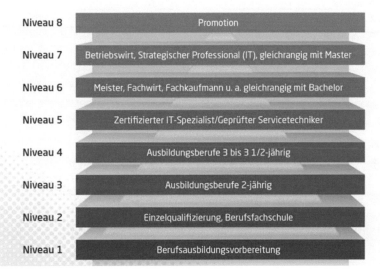

Abbildung 1: Deutscher Qualifikationsrahmen DQR - Niveaustufen in einer Darstellung der Industrie- und Handelskammern (IHK Münster, 2021)

Grundsätzlich kann das hiermit weiterhin gegebene Ungleichgewicht – einerseits die berufliche Bildung im dualen System mit einer Verbindung von Aus- und Fortbildungsmöglichkeiten bis zur Stufe 6, ggf. mit einer Perspektive auf einen weiteren Ausbau bis zur Stufe 7, andererseits die akademische Bildung mit einem Ausbau bis hin zur Promotion auf Stufe 8 – nur teilweise aufgelöst werden. Daher existieren weitergehende Überlegungen, die am Beispiel des Vorschlags von Rauner (2018) mit dem Titel „Die Architektur paralleler Bildungswege" aufgezeigt werden können.

Parallele Bildungswege als Ansatz zur Attraktivitätssicherung für die berufliche Bildung

Rauner (2018) spricht sich in seiner Studie mit dem Titel „Der Weg aus der Akademisierungsfalle" dafür aus, parallel zum akademischen Bildungsweg – der über die Hochschulreife die Stufen Bachelor, Master und Ph. D. umfasst – einen parallelen beruflichen Bildungsweg zu etablieren und damit die Attraktivität des beruflichen Bildungswegs auch für hoch qualifizierte Schulabgänger*innen sicherzustellen (Abb. 2). Das von Rauner vorgeschlagene Modell umfasst Bildungswege und -stufen, die mit den Abschlüssen des akademischen Bildungswegs vergleichbar sind und deren Zuordnung auch im Deutschen Qualifikationsrahmen eindeutig aufgezeigt werden kann. Im Einzelnen umfasst das Modell

- als erste Stufe die duale Berufsausbildung auf einer gemeinsamen Ebene mit der gymnasialen Oberstufe (im DQR auf Stufe 4),
- die Fortbildungsabschlüsse der Fach- und Meisterschulen auf einer gemeinsamen Ebene mit den Bachelorprogrammen des akademischen Bildungswegs (im DQR auf Stufe 6),
- duale Masterprogramme auf einer gemeinsamen Ebene mit den Masterabschlüssen des Hochschulsystems (im DQR auf Stufe 7) und schließlich
- PhD-Programme (im DQR auf Stufe 8) – mit der Idee, dass auch im beruflichen Bildungsweg ein Ph. D. Professional erforderlich ist.

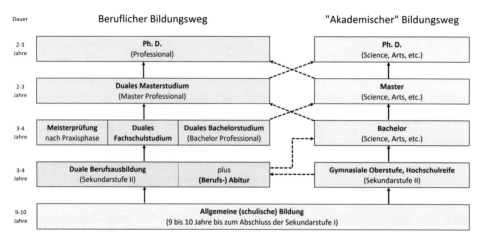

Abbildung 2: Architektur paralleler Bildungswege mit einem durchgängigen dualen Bildungsweg (Darstellung nach Rauner, 2018, S. 6)

Interessant ist bei dieser Vision, dass im beruflichen Bildungsweg durchgängig von dualen Bildungsgängen gesprochen wird und diese sich damit am Begriff des dualen Systems anlehnen. Damit übernimmt Rauner eine verbreitete Praxis, berufliche Bildungswege unter Einbeziehung betrieblicher Ausbildungs- und Praxisphasen insgesamt als duale Bildung zu bezeichnen. In der Tat umfassen nicht nur die bislang

eingeführten beruflichen Ausbildungsprogramme, sondern auch die Fortbildungsprogramme mit Abschlüssen wie Meister*in oder Staatlich geprüfte/r Techniker*in
detaillierte Anforderungen an betriebliche Praxiserfahrungen und könnten somit als
duale Fortbildungsprogramme bezeichnet werden. Dabei nehmen in der Meisterausbildung die Industrie- und Handelskammern oder die Handwerkskammern faktisch
die Stelle der staatlichen Berufsschulen im dualen Ausbildungssystem wahr und ergänzen betriebliche Praxiserfahrungen durch ihre Fortbildungsangebote und in ihrer
Prüfungsverantwortung, während in den Fachschulausbildungen i. d. R. staatliche berufsbildende Schulen die Trägerinnen der Fortbildung und der staatlichen Prüfung
sind. Dies gilt auch für duale Bachelorprogramme, die i. d. R. in der Verantwortung
staatlicher Hochschulen liegen und in Zusammenarbeit mit Unternehmen durchgeführt werden, bspw. in der Form einer in das Bachelorstudium integrierten Berufsausbildung (Jenewein, 2015).

Neue Regelungen für das berufliche Fortbildungssystem – das Berufsbildungsgesetz von 2020

Mit der Reform des Berufsbildungsgesetzes im Jahr 2020 wurde der gesamte Bereich
der beruflichen Fortbildung nach diesen Vorstellungen neu geregelt. Die Bezeichnungen der Abschlüsse orientieren sich jetzt am akademischen Standard, untersetzt – wie
von Rauner vorgeschlagen – mit dem Zusatz „Professional". Das Berufsbildungsgesetz regelt für Absolventinnen und Absolventen einer beruflichen Ausbildung eine
Fortbildungsstruktur auf drei Stufen:
  • Die erste Stufe bezieht sich auf Fortbildungen mit einem Umfang von ca. 400 Un-
    terrichtsstunden und führt zu einem Berufsabschluss mit der Bezeichnung „Ge-
    prüfter Berufsspezialist/geprüfte Berufsspezialistin" (§ 53b BBiG).
  • Die zweite Stufe schließt als „Bachelor Professional" ab und wird bei Fortbildun-
    gen mit mindestens 1.200 Unterrichtsstunden vergeben (§ 53c BBiG). Für beide
    erste Fortbildungsstufen gilt als Regelvoraussetzung eine abgeschlossene Berufs-
    ausbildung; die Zuordnung von Bildungsgängen zu beiden Stufen richtet sich
    demnach nach dem Fortbildungsumfang.
  • Die dritte Stufe setzt den Abschluss der zweiten Fortbildungsstufe voraus, wird
    bei Fortbildungen von mindestens 1.600 Unterrichtsstunden angewendet und
    mit dem „Master Professional" abgeschlossen (§ 53d BBiG).

Mit diesen Veränderungen ist der von Rauner aufgezeichnete Vorschlag eines parallel-
len beruflichen Bildungswegs – mit Ausnahme der vorgeschlagenen letzten Stufe
zum „Ph.D. Professional" – bereits weitgehend umgesetzt. Diese neue Struktur baut
ohnedies auf weitere Entwicklungen auf, die in den vergangenen Jahren in Deutschland zu verzeichnen waren:
  • Formen der Berufsausbildung mit Abitur können in berufsbildenden Schulen
    (mit unterschiedlichen Umsetzungsformen) in allen Bundesländern erworben
    werden, bis hin zum sogenannten Beruflichen Gymnasium, das neben der allge-

meinen Hochschulreife ein berufliches Leistungsfach wie Maschinenbautechnik integriert (Jenewein 2016).

- Im Rahmen der Reform des deutschen Berufsbildungsgesetzes wird aktuell der Abschluss Bachelor Professional bereits in der Meisterausbildung umgesetzt; für die Fachschulen befindet er sich in den zuständigen Bund-Länder-Gremien in der Verordnungsdiskussion.
- In verschiedenen Bundesländern – z. B. in Baden-Württemberg – sind sogenannte „Duale Hochschulen" eingeführt, die zusammen mit der Wirtschaft Bildungsgänge auf unterschiedlichen Qualifikationsstufen entwickeln und ausgestalten, während in anderen Bundesländern – z. B. in Sachsen-Anhalt – die staatlichen Hochschulen Trägerinnen dualer Studienprogramme sind.

Generell ist allerdings zu verzeichnen, dass die von Rauner vorgeschlagene weitere Ausbaustufe des beruflichen Bildungswegs zum Ph.D. Professional noch nicht verfolgt und implementiert wird. Hier sind weitere grundlegende Diskussionen zu erwarten, da gerade der weitere Ausbau konkurrierender beruflicher Bildungsgänge seitens des Hochschulsystems auf erheblichen Widerstand stößt. Es ist nicht zu erwarten, dass in absehbarer Zeit an Einrichtungen des beruflichen Bildungswegs das Promotionsrecht vergeben wird.

Problemkreis: Übergänge zwischen den Systemen

Nehmen wir den von Rauner vorgelegten Vorschlag der wechselseitig möglichen Übergänge zwischen dem beruflichen und akademischen Bildungsweg ernst, ist die Anschlussfähigkeit der in den beruflichen Bildungsgängen erworbenen Qualifikationen an das akademische Bildungssystem von höchster Bedeutung. Beim aktuellen Ausbau der Fortbildungswege betrifft dies derzeit vor allem

- den Hochschulzugang von Absolventinnen und Absolventen beruflicher Ausbildungen in die Bachelorprogramme und damit die Wertigkeit der mit der dualen Berufsausbildung vergebenen Abschlüsse im Vergleich zur Hochschulzugangsberechtigung der gymnasialen Oberstufe (Abitur);
- den möglichen Wechsel der Absolventinnen und Absolventen beruflicher Fortbildungsabschlüsse (insbesondere Meister, Techniker) in den akademischen Bildungsweg.

Hier ist festzustellen, dass zwar in allen Bereichen Regelungen bestehen, die jedoch faktisch nur in geringem Maß wirksam sind. Für beruflich qualifizierte Fachkräfte, die über den Abschluss einer dualen Berufsausbildung verfügen, besteht erst nach mehrjähriger Berufspraxis die Möglichkeit, sich zu einer sogenannten Feststellungsprüfung anzumelden, als deren Ergebnis die aufnehmende Hochschule eine Einzelfallzulassung aussprechen kann, die weder auf andere Studienprogramme noch auf andere Hochschulen übertragbar ist. Diese Fachkräfte beginnen das Studium im 1. Semester, durchweg ohne jede Anrechnung bereits vorliegender Kompetenzen.

Erweiterte Anrechnungsmöglichkeiten, die allerdings auf Grundlage einer Vereinbarung der deutschen Kultusministerkonferenz (KMK) auf maximal 50 Prozent des Studienumfangs begrenzt sind, bestehen für die Absolventinnen und Absolventen beruflicher Fortbildungsprogramme (zukünftig mit Abschluss Bachelor Professional) bei einem Wechsel in Bachelorprogramme des akademischen Systems. Damit ist derzeit verhindert, dass die neuen Bachelorabschlüsse des beruflichen Bildungswegs im Hochschulsystem den akademischen Bachelorabschlüssen gleichgestellt werden, zudem werden damit direkte Zugänge in das akademische Mastersystem nicht möglich.

Problemkreis: Institutionelle Durchlässigkeit

Die Anteile der beruflich qualifizierten Studierenden „ohne Abitur" bleiben trotz all dieser Maßnahmen gering. Obwohl festgestellt wird, dass sich dieser Anteil zwischen 2011 und 2019 verdoppelt hat, umfasst er lediglich 2,9 Prozent der Studienanfänger*innen (Centrum für Hochschulentwicklung, 2021). Man kann daher nicht von einem System funktionierender Übergänge sprechen; die von Rauner angedeuteten Wechselmöglichkeiten zwischen den Programmen des beruflichen und des akademischen Bildungswegs funktionieren derzeit nicht oder nur auf einem niedrigen Niveau.

Das Problem der Übergänge zwischen den Bildungssystemen wird seit etwa zehn Jahren in Deutschland unter dem Schlagwort „Durchlässigkeit" diskutiert. Inzwischen existiert eine größere Zahl von Studien, mit denen nicht nur die quantitativen Entwicklungen, sondern auch die Gestaltungsbedingungen untersucht werden. Dies kann am Beispiel von Banscherus et al. aufgezeigt werden, die unter dem Schlagwort „institutionelle Durchlässigkeit" vier relevante Dimensionen aufzeigen (2016b, S. 9 ff.):

1. Zugang in Bildungsbereiche (Dimension I)
2. Anrechnung von Erlerntem (Dimension II)
3. Organisationale Verbindung (Dimension III)
4. Umgang mit heterogenen Bedürfnissen (Dimension IV).

Banscherus et al. unterscheiden hinsichtlich des Zugangs in Bildungsbereiche (Dimension I) grundsätzlich zwischen einem unbeschränkten Zugang, einem Zugang über Berechtigungen oder einem Zugang, über den die aufnehmende Institution entscheidet. Für das deutsche Bildungssystem ist hier charakteristisch, dass die Bildungswege unterschiedlich geregelt sind: Während die Aufnahme einer beruflichen Ausbildung hinsichtlich eines allgemeinbildenden Schulabschlusses an keinerlei Berechtigungen geknüpft ist und jeder junge Mensch, mit dem ein Betrieb einen Ausbildungsvertrag schließt, aufgenommen wird, ist der Zugang in den akademischen Bildungsweg an die Hochschulreife geknüpft. Beruflich qualifizierte Fachkräfte können durch verschiedene Ersatzqualifikationen eine Hochschulzugangsberechtigung erlangen; beispielsweise können Absolventinnen und Absolventen einer Fachschulausbildung ein Studium in einem beliebigen Studiengang aufnehmen. Allerdings sind beruflich qualifizierte Studierende bei Studienaufnahme im Durchschnitt etwa zehn Jahre älter und machen – wie bereits dargelegt – nur einen geringen Teil der Studienanfänger*innen aus.

Die Dimensionen II und III betreffen entscheidende Hürden beim Zugang beruflich Qualifizierter in das Hochschulstudium. Einerseits wird die Anrechnung von vorliegenden Kompetenzen fast immer auf Einzelfallentscheidungen der aufnehmenden Hochschulen beschränkt, die zudem zwischen verschiedenen Studiengängen und Hochschulen disparat ausfallen. Andererseits verhindert dies eine organisatorische Einbindung beruflicher Bildungsgänge in die Zugangswege der Hochschulen und ist als wesentlicher Grund dafür anzusehen, dass im deutschen System nur wenige beruflich qualifizierte Fachkräfte von den gegebenen Möglichkeiten der Durchlässigkeit Gebrauch machen. Institutionelle Formen der organisationalen Verbindung – etwa durch ein duales Studium – ändern an dieser grundlegenden Problematik wenig: Für Fachkräfte, die im Zuge lebenslangen Lernens den Wechsel vom beruflichen in den akademischen Bildungsweg planen, ist ein solcher Schritt mit nur schwierig zu überwindenden Hürden verbunden.

Von besonderer Bedeutung ist darüber hinaus der Umgang mit heterogenen Bedürfnissen und Voraussetzungen (Dimension IV). Studierende mit unterschiedlicher Vorbildung und unterschiedlichen Zugangswegen benötigen spezifische Unterstützungen in der Studieneingangsphase. Darauf ist das deutsche Hochschulsystem bislang nur bedingt vorbereitet, insbesondere die Universitäten orientieren sich häufig fast vollständig an den Anforderungen und Bedürfnissen ihrer normalen Klientel – Studienanfänger*innen mit allgemeiner Hochschulreife und einer Vorbildung im allgemeinbildenden Gymnasium. Für beruflich qualifizierte Studierende bedarf es hingegen spezifischer Förderansätze (vgl. bspw. Förtsch, 2019).

Fragestellungen für das Bildungssystem von morgen

In der aktuellen Situation ist erkennbar, dass das Bildungssystem in Deutschland insgesamt dynamischen Veränderungen unterworfen ist. Gesellschaftlich ist man sich einig, dass ein weiterer Trend zur Akademisierung und zur Abkehr beruflicher Bildungswege vermieden werden soll und hierzu die Attraktivität beruflicher Bildung einen Schlüssel darstellt. Ebenso besteht Einigkeit, dass der weitere Ausbau beruflicher Bildungswege hierzu eine der unabdingbaren Voraussetzungen darstellt, zumal mehr und mehr auch Bewerber*innen mit höheren Bildungsabschlüssen wie mit dem Abitur für den beruflichen Bildungsweg angesprochen werden sollen.

Einerseits kann mit dem deutschen Bildungssystem aufgezeigt werden, wie duale Berufsbildung auf unterschiedlichen Qualifikationsstufen und unter umfassender Mitverantwortung der betrieblichen Partner*innen realisiert werden kann. Dass dabei wesentlich größere Erfolge im Sinne der „Employability" der hier ausgebildeten Fachkräfte und der Akzeptanz beruflich etablierter Qualifikationen aufseiten der Wirtschaft zu verzeichnen sind als bei rein staatlichen und vollschulisch organisierten Bildungssystemen, kann als ein besonderes Merkmal der dualen Berufsbildung festgehalten werden. Dieser Aspekt wirkt sich nicht nur auf das duale Berufsausbildungssystem aus, sondern auch auf die hohe Akzeptanz der darauf aufbauenden Fortbildungswege und Qualifikationen.

Andererseits zeigt die Diskussion um Übergänge und Durchlässigkeit zwischen dem beruflichen und akademischen Bildungsweg, dass diese bislang im Wesentlichen unter der Perspektive des Übergangs in das Hochschulsystem wahrgenommen worden sind. Der umgekehrte Weg aus der Hochschulausbildung in den beruflichen Bildungsweg ist jedoch in ähnlicher Weise unreguliert; es gibt kaum Konzepte und verbindliche Regelungen zur Berücksichtigung und Anrechnung von Erlerntem bei einem Wechsel in den beruflichen Bildungsweg. Studienwechsler*innen stehen so vor dem Problem individualisierter Entscheidungen und kaum formalisierter Zugangsbedingungen. Der bisherige Weg führt Studierende, die etwa nach dem vierten Semester in den beruflichen Bildungsweg wechseln wollen, zur Einmündung als Ausbildungsanfänger*innen in die berufliche Erstausbildung und damit in einen Bildungsgang der Niveaustufen 3 oder 4 des Qualifikationsrahmens. Dies nehmen Studierende als unattraktiv wahr und sehen dies – zu Recht – als einen gesellschaftlichen Abstieg und bezüglich ihrer Berufs- und Karriereerwartungen als Rückschritt an (Dörsam & Vogel, 2019).

Die daraus resultierenden Fragestellungen für die weitere Entwicklung des Bildungssystems hat Rauner bereits in Abbildung 2 skizziert: Wege zu finden für die Durchlässigkeit auf und zwischen den Stufen des beruflichen und akademischen Bildungswegs, vor allem für die Anschlussfähigkeit an die auf einen Abschluss folgenden Stufen des jeweils anderen Bildungswegs. Hierzu kann Deutschland mit Sicherheit einiges von anderen Ländern lernen. Wir stehen vor der Herausforderung, neue und vor allem leistungsfähige Strukturen zu erarbeiten und zu implementieren, mit denen die in Deutschland noch zu gering wahrgenommenen Übergänge zwischen beiden Systemen systematisch ausgebaut und verbessert werden können.

Literatur

Autorengruppe Bildungsberichterstattung (2020): Bildung in Deutschland 2020 – Ein indikatorengestützter Bericht mit einer Analyse zu Bildung in einer digitalisierten Welt. Bielefeld: wbv Publikation.

Banscherus, U. et al. (2016a): Gestaltung von Zu- und Übergängen zum Hochschulstudium für nicht-traditionelle Studierende – Empirische Befunde und Praxisbeispiele. Münster: Waxmann, www.researchgate.net/publication/300071213 (14.06.2021).

Banscherus et al. (2016b): Durchlässigkeit als mehrdimensionale Aufgabe. Bedingungen für flexible Bildungsübergänge. Berlin: Friedrich-Ebert-Stiftung, www.pedocs.de/frontdoor.php?source_opus=12227 (14.06.2021).

Berufsbildungsgesetz (BBiG, 2000) i. d. F. vom 4.5.2020.

BMBF (2021): Bundesministerium für Bildung und Forschung, Der deutsche Qualifikationsrahmen für lebenslanges Lernen. Informationsportal des Bundesministeriums für Bildung und Forschung und der Kultusministerkonferenz, www.dqr.de (14.06.2021).

CHE (2021): Länderberichte Studieren ohne Abitur 2019, www.studieren-ohne-abitur.de (14.06.2021).

Dörsam, M. & Vogel, C. (2019): Übergänge zwischen hochschulischer und beruflicher Bildung aus der Perspektive von Studierenden und Studienabbrechenden. In: lernen & lehren 134, S. 64–72.

Förtsch, K. (2019): Beruflich Qualifizierte im ingenieurpädagogischen Studium: Zielgruppengerechte Förderung und vorliegende Erfahrungen. In: lernen & lehren 134, S. 82–85 (Teil 1), lernen & lehren 135, S. 130–132 (Teil 2).

IHK Münster (2021): Ihre Karrieremöglichkeiten, www.ihk-bildung.de/service/ihre-karrieremoeglichkeiten (14.06.2019).

Jenewein, K. (2015): Duales Studium Berufsbildung. Erfahrungen mit der Kooperation zwischen der Otto-von-Guericke-Universität Magdeburg und der Siemens AG. Magdeburg: Institut für Berufs- und Betriebspädagogik, opendata.uni-halle.de/bitstream/1981185920/12175/1/IBBP_Arbeitsbericht_85%20final.pdf (14.06.2021).

Jenewein, K. (2016): Berufliches Gymnasium für Ingenieurwissenschaften. Grundüberlegungen, inhaltliche Konzeption und curriculare Umsetzung am Beispiel der Bundesländer Nordrhein-Westfalen und Sachsen-Anhalt. Magdeburg: Institut für Berufs- und Betriebspädagogik, opendata.uni-halle.de/bitstream/1981185920/12214/1/Arbeitsbericht_BBP_90_final.pdf (14.06.2021).

Rauner, F. (2018): Der Weg aus der Akademisierungsfalle – die Architektur paralleler Bildungswege. LIT-Verlag, Berlin 2018.

Voss, J. et al. (2017): Berufsbildung und Studierfähigkeit. In: lernen & lehren 127 (2017) 3, S. 119–128.

Zechiel, O. (2019): Zur Bedeutung der Studien-Option für Staatlich geprüfte Techniker/-innen. In: lernen & lehren 134, S. 58–64.

Abbildungsverzeichnis

Durchlässigkeit in Bildungssystemen im deutsch-kasachischen Kontext

Olga Zechiel

Abstract

Im Zusammenhang mit dem Ausbau der reziproken Durchlässigkeit zwischen beruflicher und akademischer Bildung sowohl in der Republik Kasachstan als auch in Deutschland ist die Betrachtung von vier Dimensionen nach Banscherus von Bedeutung. Beide Länder werden hinsichtlich des Zuganges in Bildungsbereiche, der Anrechnung von Erlerntem, der organisationalen Verbindung von Bildungsbereichen sowie dem Umgang mit heterogenen Gruppen gegenübergestellt. Eine besondere Rolle in diesem Vergleich wird dem Nationalen Qualifizierungsrahmen beigemessen.

In order to expand the reciprocal transparency between vocational and academic education in the Republic of Kazakhstan as well as in Germany, it is important to consider four dimensions according to Banscherus. Both countries are being compared regarding the access to educational sectors, accumulation of learning, organisational connection of educational sectors as well as dealing with heterogeneous groups. The National Qualification Framework plays a special role in this comparison.

Для расширения взаимной открытости между профессиональным и академическим образованием как в Республике Казахстан, так и в Германии, важно рассмотреть четыре аспекта по Баншерусу. В соответсвии с этим в статье проведено сравнение между Казахстаном и Германией по вопросам доступа к образовательным секторам, зачета приобретенных знаний, организационной связи образовательных секторов, а также работы с неоднородными группами. Особую роль в этом сравнении играет Национальная рамка квалификаций.

Einleitung

In seinem Bestreben, das Bildungssystem auf allen Ebenen zu reformieren, hat sich Kasachstan bei der Erreichung seiner Ziele einen hohen Anspruch gesetzt. Besonderer Wert wurde auf die Sicherung der Bildungsqualität, Bildungsgerechtigkeit und Durchlässigkeit im Kontext des lebenslangen Lernens gelegt.

Im Bereich der beruflichen Bildung hat der Export deutscher Aus- und Weiterbildungsprogramme nach Kasachstan eine hohe Priorität für das Land (BIBB, 2016). Zudem ist Kasachstan 2017 Mitglied der Ausschüsse der Organisation für wirtschaftliche Zusammenarbeit und Entwicklung (OECD) geworden. Die Empfehlungen der internationalen und nationalen Bildungsexpertinnen und -experten wurden von der Regierung im staatlichen Programm für die Entwicklung von Bildung und Wissenschaft in Kasachstan von 2020 bis 2025 berücksichtigt (Programm, 2020). Durch unterschiedliche Förderstrukturen (DAAD, BMBF, GIZ, EU, inländische Geldgeber usw.) wird die Kooperation in Forschung und Lehre zwischen Bildungseinrichtungen unterschiedlicher Akkreditierungsformen aus Deutschland und aus Kasachstan unterstützt.

In Kasachstan tragen verschiedene Formen der Zusammenarbeit zwischen den Bildungsakteurinnen und -akteuren (Unternehmenspartnerschaften, Industriecluster, Schirmherrschaften großer und mittlerer Unternehmen über Bildungseinrichtungen usw.) zur Entwicklung eines marktorientierten Bildungssystems bei. Reformen der Berufsausbildung haben die Notwendigkeit aufgezeigt, duale Ausbildungs- und Bildungsprogramme zu entwickeln, die zu einem angewandten Bachelor-Abschluss (in Kooperation College-Hochschule) führen, bei denen 50 bis 70 Prozent der Ausbildungszeit für die praktische Ausbildung in Kooperation mit der Wirtschaft vorgesehen sind (Boribekov et al., 2015). Ein weiterer Schritt ist die Einführung unterschiedlicher Modelle des dualen Studiums.

Bildungsgerechtigkeit, Durchlässigkeit und lebenslanges Lernen sind im Bildungsgesetz der Republik Kasachstan verankert. Unter Berücksichtigung der historischen, nationalen, demografischen, geografischen, wirtschaftlichen und kulturellen Besonderheiten entwickelt sich die Bildungslandschaft der Republik in Richtung eines mehrstufigen Aus- und Weiterbildungssystems mit einem nachhaltigen Charakter. Es sind jedoch noch einige Herausforderungen zu bewältigen. Hierzu gehört die Durchlässigkeit zwischen beruflicher und akademischer Bildung.

In diesem Beitrag wird die derzeitige Situation hinsichtlich der Gestaltung von Übergängen zwischen beruflicher und akademischer Bildung in Deutschland und in Kasachstan gegenübergestellt.

Durchlässigkeit im Bildungssystem der Bundesrepublik Deutschland

Der Durchlässigkeit im Bildungssystem in Deutschland wird im Kontext des lebenslangen Lernens viel Bedeutung beigemessen. Besonders intensiv wird diese Debatte im Rahmen des Berufsbildungsmodernisierungsgesetzes (BBiMoG) fortgesetzt, wobei die Frage der Vergleichbarkeit der akademischen und beruflichen Bildung diskutiert wird. Die Gleichwertigkeit der Abschlüsse trägt zur Steigerung der Attraktivität der beruflichen Aus- und Fortbildung bei jungen Menschen bei.

Durchlässigkeit im Bildungssystem wird in vier stark miteinander verbundenen Teildimensionen betrachtet (Banscherus et al., 2016; vgl. auch den Beitrag von Jenewein):
1. Zugang in Bildungsbereiche;
2. Anrechnung von Erlerntem;
3. Organisationale Verbindung von Bildungsbereichen sowie
4. Umgang mit heterogenen Gruppen.

Überdies definiert das BIBB (2020) ein Bildungssystem als durchlässig, wenn Bildungszugänge und -übergänge in beide Richtungen strukturell, prozessual und sozial ohne Hindernisse möglich sind.

In diesem Zusammenhang sind Übergänge und deren Gestaltung unter transparenter Anerkennung von Abschlüssen sowohl von der Berufsbildung in die akademische Bildung als auch in umgekehrter Richtung zu berücksichtigen. Das Hochschulsystem öffnet sich zwar neuen Zielgruppen, berücksichtigt die vorhandene Berufs- und Bildungserfahrung sowie die Defizite beruflich qualifizierender Studierender aber nur eingeschränkt. Beispielsweise ist die Anrechnung mitgebrachter Kompetenzen der Berufscrfahrenen auf das Studium noch gering. Um mehr Transparenz im Bildungssystem zu schaffen, sollten akademische und beruflich-betriebliche Bildungsgänge nicht miteinander konkurrieren, sondern kooperieren. Unterschiedliche Formen von Verzahnungs- bzw. Hybridmodellen, die akademische und berufliche Kompetenzentwicklung miteinander verbinden, deuten darauf hin, dass eine strikte Trennung zunehmend an Bedeutung verliert. Duale Studiengänge, Modelle zur Integration von Studierenden ohne schulische Hochschulzugangsberechtigung einschließlich unterschiedlicher Anrechnungsformen der mitgebrachten Kompetenzen auf das Studium sowie Programme zur Einmündung der Studienaussteiger*innen in die duale Ausbildung und in einigen Fällen sogar in eine berufliche Fortbildung sind Zeichen der zunehmenden wechselseitigen Durchlässigkeit des Bildungssystems in Deutschland.

Die Verknüpfung beider Bildungssysteme führt zur Individualisierung der Bildungswege der jungen Erwachsenen und bedarf der Berücksichtigung von Leistungen aus verschiedenen Bildungsbereichen, der bewussten Gestaltung von Systemübergängen und des aktiven Umgangs mit den unterschiedlichen Bedürfnissen heterogener Gruppen (Vogel, 2017).

Als Unterstützung, diesen Herausforderungen des Berufsbildungssystems zu begegnen, kann der Deutsche Qualifikationsrahmen für Lebenslanges Lernen (DQR) genutzt werden (BIBB, 2020). Basierend auf dem Europäischen Qualifikationsrahmen (EQR) kann das nationale Gegenstück als Transparenz-, Vergleichs- und Übersetzungsinstrument Anwendung finden. Der DQR fördert nicht nur die grenzüberschreitende Mobilität zu Bildungs- und Arbeitszwecken, er stärkt darüber hinaus die Durchlässigkeit zwischen allgemeiner, beruflicher und hochschulischer Bildung zur Gestaltung des lebenslangen Lernens (ebd.).

Im DQR sind acht Niveaus mit der Benennung der dazugehörigen Qualifikationen bzw. Qualifikationstypen verankert. Zudem werden im DQR (2021) die dazugehörigen Kompetenzen beschrieben, wobei zwischen Fachkompetenz und personaler Kompetenz unterschieden wird. Die fachlichen Kompetenzen werden nach Wissen und Fertigkeiten differenziert. Unter personalen Kompetenzen werden Sozialkompetenz und Selbstständigkeit verstanden.

Die Niveaustufen, die für die Verzahnung bzw. Übergänge zwischen beruflicher und akademischer Bildung aktuell in erster Linie relevant sind (insbesondere die Niveaus 3 bis 6), sind in Tabelle 1 grau hinterlegt). Diese Niveaustufen sollen im Folgenden besonders unter dem Aspekt der Durchlässigkeit betrachtet werden.

Tabelle 1: Deutscher Qualifikationsrahmen für Lebenslanges Lernen (DQR, 2021))

Niveau	Qualifikationen/Qualifikationstypen
1	• Berufsausbildungsvorbereitung [...]
2	• Berufsausbildungsvorbereitung [...] • Berufsfachschule (Berufliche Grundbildung) • Erster Schulabschluss (ESA)/Hauptschulabschluss (HSA)
3	• Duale Berufsausbildung (2-jährige Ausbildungen) • Berufsfachschule (Mittlerer Schulabschluss) • Mittlerer Schulabschluss (MSA)
4	• Duale Berufsausbildung (3- und 3½-jährige Ausbildungen) • Berufsfachschule (Landesrechtlich geregelte Berufsausbildungen) • Berufsfachschule (Bundesrechtliche Ausbildungsregelungen für Berufe im Gesundheitswesen und in der Altenpflege) • Berufsfachschule (vollqualifizierende Berufsausbildung nach BBiG/HwO) • Fachhochschulreife (FHR) • Fachgebundene Hochschulreife (FgbHR) • Allgemeine Hochschulreife (AHR) • Berufliche Umschulung nach BBIG (Niveau 4) [...]
5	• IT-Spezialistin und -Spezialist (Zertifizierte*r) • Servicetechnikerin und -techniker (Geprüfte*r) • Sonstige berufliche Fortbildungsqualifikationen nach § 53 BBIG bzw. § 42 HwO (Niveau 5) • Berufliche Fortbildungsqualifikationen nach § 54 BBiG bzw. § 42 HwO (Niveau 5)
6	• Bachelor und gleichgestellte Abschlüsse • Fachkauffrau und -mann (Geprüfte*r) • Fachschule (Landesrechtlich geregelte Weiterbildungen) • Fachwirtin und -wirt (Geprüfte*r) • Meister*in • Operative*r Professional (IT) (Geprüfte*r) • Sonstige berufliche Fortbildungsqualifikationen nach § 53 BBIG bzw. § 42 HwO (Niveau 6) • Berufliche Fortbildungsqualifikationen nach § 54 BBiG bzw. § 42 HwO (Niveau 6)
7	• Master und gleichgestellte Abschlüsse • Strategische*r Professional (IT) (Geprüfte*r) • Sonstige berufliche Fortbildungsqualifikationen nach § 53 BBIG bzw. § 42 HwO (Niveau 7) [...]
8	• Doktorat und äquivalente künstlerische Abschlüsse

Der *Zugang in Bildungsbereiche (Dimension I)* bleibt weiterhin ausbaufähig. Nach der in 2009 erfolgten Öffnung des Hochschulzugangs für beruflich qualifizierte Studierende hat sich der Anteil von Studierenden „ohne Abitur" deutschlandweit erhöht und steigt weiterhin. In quantitativer Sicht betrifft dieser Zugangsweg in das Hochschulsystem derzeit ca. 64.000 Studierende, die ein Studium ohne formale schulische Hochschulzugangsberechtigung aufgenommen haben (Zahlen des Jahrs 2019, CHE, 2021), das entspricht einer Quote von 2,2 Prozent der Gesamtstudierendenzahl. Dabei werden die Bildungsgruppen ohne allgemeine Hochschulreife oder Fachhochschulreife (Personen ohne Abitur und Fachhochschulreife allgemein; Personen mit abgeschlossener Berufsausbildung und Berufserfahrung sowie Inhaber*innen von höheren Berufsbildungsabschlüssen wie Meister*innen und Staatlich geprüfte Techniker*innen) zusammengefasst betrachtet. Die Wege zur Hochschulzugangsberechtigung sind von Bundesland zu Bundesland unterschiedlich geregelt. In diesem Bezug sind die in der Tabelle 1 markierten Abschlüsse von Bedeutung.

Die *Anrechnung von Erlerntem (Dimension II)* ist laut BIBB (2020) eine der wichtigsten Voraussetzungen in der Realisierung von Anschluss- und Kombinationsmöglichkeiten beruflicher und akademischer Bildung. Im Bereich technischer sowie auch anderer Studiengänge sind bisherige Regelungen zur Anerkennung beruflich erworbener Kompetenzen (obwohl bis zu 50 Prozent eines Studienprogramms möglich – KMK 2008) oft kaum über die Praxis von Einzelfallprüfungen hinaus entwickelt worden. Transparenz, Verlässlichkeit, Nachvollziehbarkeit und Akzeptanz von Anrechnungen müssen laut BIBB (2020) gefördert und die Anrechnungsspielräume stärker, sogar über die festgelegten 50 Prozent hinaus ausgeschöpft werden.

Anrechnungsverfahren können individuell, pauschal und als Kombination beider Formen organisiert werden. Zur Anrechnung der außerhochschulischen Kenntnisse, Fertigkeiten und Kompetenzen der berufsqualifizierten Studierenden auf das Studium wurde eine Vielzahl von Verfahren und Modellen entwickelt. Bevorzugt werden pauschale Anrechnungsverfahren, die auf einem Äquivalenzvergleich der Lernergebnisse und des Niveaus beruflicher und hochschulischer Qualifikationen basieren (Loroff & Hartmann, 2012; Müskens, 2020).

Die pauschale Anrechnung trägt nicht nur zur Reduzierung der Qualifizierungszeiten und zur Schonung von Ressourcen bei, sondern auch zur Steigerung der Attraktivität der wechselseitigen Übergänge. Dabei muss auf die Sicherung der Qualität und auf die Evaluierung neuer Ansätze Wert gelegt werden (BIBB, 2020). Eine weitere Entwicklung der pauschalen Anrechnung stellen Kooperationsmodelle unterschiedlicher Bildungseinrichtungen und die Entwicklung von Aufbaustudiengängen mit einem beschleunigten Bachelorabschluss dar. Diese Art der Gestaltung von Übergängen steht in engem Bezug zur Dimension III.

Die *Organisationale Verbindung von Bildungsbereichen* als *Dimension III* wurde bereits durch die KMK (2008) im Zusammenhang mit Anrechnungsaspekten betont. Um den mit Einzelfallprüfungen verbundenen Aufwand zu reduzieren, wird empfohlen, die Möglichkeiten der Kooperation mit geeigneten beruflichen Aus- und Fortbildungseinrichtungen und Hochschulen stärker zu nutzen (ebd.). Zum Ausbau dieser Dimension sollen entsprechende, auf Gegenseitigkeit basierende Kooperationsformate zwischen Bildungsträgern forciert werden. Die Vernetzung von Informations- und Beratungsangeboten, der Austausch über die regionalen und überregionalen Berufsbildungsangebote sowie die Förderung eines Dialoges zwischen allen Beteiligten sind die Voraussetzungen flexibler Bildungsübergänge. Eine besondere Form bilden die sogenannten dualen Studiengänge (mit der Verbindung einer beruflichen und akademischen Ausbildung), in denen beide Bildungsbereiche institutionell und integrativ verbunden sind.

Sowohl akademische als auch berufsbildende Systeme sind in letzter Zeit gefordert, den *Umgang mit heterogenen Gruppen (Dimension IV)* auszubauen. Beginnend mit der Durchführung von beratenden und orientierenden Maßnahmen und Brückenangeboten zum Einstieg und während des Studiums sowie fortführend mit einer begleitenden Förderung im Rahmen spezieller Tutorien, der Beobachtung der Studierenden in ihrer gesamten Entwicklung und der Dokumentation der Studienergebnisse reagiert das Hochschulsystem auf unterschiedliche Zielgruppen.

Berufliche Aus- und Weiterbildung (TVET) in Kasachstan

Die Einführung eines kasachischen Qualifikationsrahmens eröffnete neue Perspektiven hinsichtlich der Kompatibilität der Abschlüsse mit den europäischen Bildungssystemen. Die Orientierung der Bildung beispielsweise an dem dualen Bildungssystem Deutschlands bzw. den „WorldSkills-Standards" stellt eine Annäherung an die Anforderungen der internationalen Arbeitsmärkte her. Die Entwicklung von Berufsstandards unter Einbeziehung von Arbeitgeberinnen und Arbeitgebern und das Entstehen eines unabhängigen Systems zur Zertifizierung von Qualifikationen der Mitarbeiter*innen in den unterschiedlichen Branchen stellen positive Auswirkungen der Bildungsreformen dar. Zudem entstehen an den Colleges, Hochschulen und Betrieben moderne Ausbildungs- und Kompetenzzentren für die Sicherung und Weiterbildung des Fachkräftebedarfs (Boribekov et al., 2015, Arshabekov, 2018).

Der Nationale Qualifikationsrahmen (NQR) enthält acht Qualifikationsniveaus, die dem Europäischen Qualifikationsrahmen und dessen Bildungsniveaus ähnlich sind. Diese sind im Bildungsgesetz der Republik Kasachstan vom 27. Juli 2007 verankert. Die acht Niveaus werden anhand von Kenntnissen, Fertigkeiten und Fähigkeiten, persönlichen und beruflichen Kompetenzen sowie des dazugehörigen Erwerbsweges beschrieben (Tabelle 2). Bei der Entwicklung des NQR wurden die Prinzipien der Kontinuität und der konsequenten Erhöhung der Anforderungen an kompetenzorientierte Lernergebnisse (vom ersten bis zum achten Qualifikationsniveau) angewendet (Atameken, 2016, Kiseleva, 2017). Bei den Reformen der unterschiedlichen Bildungsbereiche und der Novellierung der Bildungsprogramme sollen die Bildungsinhalte entsprechend der in den jeweiligen NQR-Niveaus zu erwartenden Lernergebnisse gestaltet werden. In dieser Hinsicht erscheint die Entwicklung von beruflichen Standards, die darauf abzielt, die Kluft zwischen dem Arbeitsmarkt und dem Bildungsmarkt zu überbrücken, von besonderer Bedeutung (Kiseleva, 2017).

Die mit dem EQR vergleichbare Struktur des kasachischen NQR wurde mit dem Ziel entwickelt, die eigenen Bildungsangebote mit den unterschiedlichen nationalen Bildungssystemen zueinander in Beziehung zu setzen. Die Betrachtung von Durchlässigkeit ist dabei nur auf horizontaler Ebene in den akademischen Bildungsbereichen etabliert und fokussiert, um die Übergänge zwischen kasachischen und europäischen Hochschulen auszubauen. Für die berufliche Bildung sind Vergleiche zwischen NQR und EQR-Niveaus kaum bekannt, das liegt u. a. an den unterschiedlichen Bezeichnungen der Berufe und unterschiedlicher Dauer der Ausbildung. Das NQR wird in Kasachstan kontinuierlich ergänzt, die Ausbildungsprogramme werden nicht nur an die Bedarfe des Arbeitsmarktes, sondern auch an die internationalen Anforderungen angepasst.

Trotz der Bildungsreformen sieht sich Kasachstan mit einem erheblichen Mangel an Fachkräften und dauerhaften Schwankungen des Arbeitsmarktes konfrontiert. Zu den Gründen hierfür zählen nicht nur unzureichende Arbeitsmarktprognosen sowie das sinkende Interesse der Jugendlichen an einer Berufsausbildung, sondern auch die Ineffektivität der Instrumente der Berufsorientierung sowie unzureichend ausgebaute Kompatibilität von akademischen und beruflichen Ausbildungsprogram-

men. Infolgedessen bleiben jährlich etwa 20.000 Stellen für Fachkräfte mit Berufsaus-
bildungsabschluss unbesetzt – davon 73 Prozent in den gewerblich-technischen Fachrichtungen (Monitor, 2019a).

Die Steigerung der Attraktivität der Berufsbildung wird unter anderem durch die
Gestaltung des Überganges College – Hochschule mit einem verkürzten Bachelorstudium angestrebt. Dies verschiebt jedoch das Gleichgewicht zwischen beruflicher und
akademischer Bildung. Laut dem kasachischen Wirtschaftsmagazin kursiv (Kachalova,
2020) betrug zu Beginn des akademischen Jahres 2019/2020 die Gesamtzahl der Studierenden 604.300 Personen (3 % der Bevölkerung des Landes). Zum gleichen Zeitpunkt sind in den technischen und beruflichen Bildungseinrichtungen 475.400 Auszubildende registriert worden (Zakon, 2020).

Tabelle 2: Nationaler Qualifikationsrahmen Kasachstan (vgl. Atameken, 2016, eigene Übersetzung))

Niveau	Kenntnisse	Fertigkeiten und Fähigkeiten	Persönliche und berufliche Kompetenzen	Erwerbsweg
1	Elementare Grund-kenntnisse über die Welt. Verständnis für einfache Zusam-menhänge zwischen Phänomenen	Ausführen elementarer Aufgaben nach einem bekannten Muster	Tätigkeiten unter direk-ter Aufsicht	Erstausbildung und praktische Erfahrung und/oder kurze Ausbil-dung am Arbeitsplatz (Einweisung) und/oder kurze Kurse
2	Grundlegendes Ba-siswissen, beruf-liche Orientierung	Ausführen von Aufga-ben nach einem vorge-gebenen Algorithmus und dessen Korrektur entsprechend den Ar-beitsbedingungen	Geführte Aktivitäten mit einem gewissen Maß an Selbstständigkeit	Grundlegende Sekun-darschulbildung und praktische Erfahrung und/oder Berufsausbil-dung (kurze Kurse bei einer Bildungseinrich-tung oder innerbetrieb-liche Ausbildung, festge-legtes Niveau)
3	Grundlegende, all-gemeinbildende und praxisorien-tierte Kenntnisse im Berufsfeld	Bewältigung von typi-schen beruflichen An-forderungen unter Standardbedingungen	Tätigkeiten mit einem gewissen Maß an Auto-nomie je nach Aufga-benstellung	Grundlegende Sekun-darschulbildung und technische und beruf-liche Bildung (Sekundar-stufe I) oder allgemeine Sekundarschulbildung und praktische Erfah-rung und/oder Berufs-ausbildung (Kurse in einer Berufsbildungsein-richtung von bis zu einem Jahr oder betrieb-liche Ausbildung)
4	Berufliche (theoreti-sche und prakti-sche) Kenntnisse und Erfahrungen	Bewältigung typischer beruflicher Anforderun-gen in einem vorher-sehbaren Umfeld, das eine selbstständige Analyse der Lern- und Arbeitssituation, ihrer möglichen Verände-rungen und Folgen er-fordert	Kontrolle und Überwa-chung der Arbeit ande-rer unter Berücksichti-gung relevanter sozialer und ethischer Aspekte. Übernahme der Verant-wortung für das eigene Lernen und das Lernen anderer	Allgemeine Sekundar-schulbildung und tech-nische und berufliche Ausbildung (Sekundar-stufe II), Allgemeine Se-kundarschulbildung und praktische Erfahrung

(Fortsetzung Tabelle 2)

Niveau	Kenntnisse	Fertigkeiten und Fähigkeiten	Persönliche und berufliche Kompetenzen	Erwerbsweg
5	Ein breites Spektrum an theoretischen und praktischen Kenntnissen im Berufsfeld	Selbstständige Entwicklung sowie Erarbeitung verschiedener Optionen bezüglich der Lösung beruflicher Probleme unter Anwendung von Theorie und Praxiskenntnissen	Arbeits- und Lernprozesse im Rahmen von Strategien, Richtlinien und Zielen einer Organisation selbstständig steuern und kontrollieren, Probleme erörtern, Schlussfolgerungen argumentieren und mit Informationen kompetent umgehen	Postsekundäre Ausbildung (Bachelor of Applied Science-Abschluss), praktische Erfahrung; mindestens zweijähriges Grundstudium oder dreijähriges Fachhochschulstudium, praktische Erfahrung
6	Ein breites Spektrum an theoretischen und praktischen Kenntnissen im Berufsfeld	Selbstständige Entwicklung sowie Erarbeitung verschiedener Optionen bezüglich der Lösung beruflicher Probleme unter Anwendung von Theorie und Praxiskenntnissen	Arbeits- und Lernprozesse im Rahmen von Strategien, Richtlinien und Zielen einer Organisation selbstständig steuern und kontrollieren, Probleme erörtern, Schlussfolgerungen argumentieren und mit Informationen kompetent umgehen	Höhere Bildung. Bachelor, Spezialist, Weiterbildungszeit der Ärztinnen und Ärzte, praktische Erfahrung
7	Konzeptwissen im wissenschaftlichen und beruflichen Bereich; Entwickeln von neuem anwendungsorientiertem Wissen im Berufsfeld	Selbstständige Festlegung der Ziele der beruflichen Tätigkeit und Wahl geeigneter Methoden und Mittel zu deren Erreichung. Durchführung wissenschaftlicher, innovativer Aktivitäten zum Erwerb neuer Kenntnisse	Selbstständige Festlegung von Strategien, Einheiten oder organisatorischen Aktivitäten. Entscheidungsfindung und Verantwortung auf Abteilungsebene	Master-Abschluss und/oder praktische Erfahrung
8	Methodische Kenntnisse im Bereich der Innovation und der beruflichen Tätigkeit	Generierung von Ideen, Prognose der Ergebnisse von Innovationsvorhaben, Umsetzung weitreichender Veränderungen im beruflichen und sozialen Bereich, Management komplexer Produktions- und Wissenschaftsprozesse	Selbstständige Festlegung von Strategien, Management von Prozessen und Aktivitäten, Entscheidungsfindung und Verantwortung auf institutioneller Ebene, Führungsfähigkeit, Selbstständigkeit, Analyse, Bewertung und Umsetzung komplexer innovativer Ideen in wissenschaftlichen und praktischen Bereichen. Kompetente Kommunikation in einem bestimmten Bereich der wissenschaftlichen und beruflichen Tätigkeit	Promotionsstudium, PhD, Doktorgrad oder höhere Berufsausbildung und praktische Erfahrung auf einem Gebiet oder Berufserfahrung in leitender Funktion

Durchlässigkeit im Bildungssystem in der Republik Kasachstan

Um beide Länder hinsichtlich der Durchlässigkeit in ihren Bildungssystemen zu vergleichen, werden die nach Banscherus et al. (2016) bereits beschriebenen vier Dimensionen der Durchlässigkeit auf das kasachische Bildungssystem bezogen:

Der *Zugang in Bildungsbereiche (Dimension I)* zwischen beruflicher und akademischer Bildung ist gesetzlich geregelt. Die Bewerber*innen, die gerade ihren Schulabschluss mit dem Zeugnis der mittleren Allgemeinbildung gemacht haben, und solche, die einen berufsbildenden Abschluss haben, dürfen studieren. Beide Zielgruppen nehmen an einem Aufnahmetest teil. Die Eingangsprüfung besteht jedoch für die zweite Gruppe (Berufsbildung) nicht aus Fragen zur Allgemeinbildung, sondern aus Aufgaben, die ihren Ursprung in den Lehrplänen des entsprechenden Berufes haben. So wird das Wissen getestet, das während der affinen Ausbildung erworben wurde (Buki, 2021, Shopomania, 2021). Im Gegensatz zu Deutschland wird keine Berufserfahrung vorausgesetzt.

Die *Anrechnung von Erlerntem (Dimension II)* erfolgt in Kasachstan pauschal. Die Absolventinnen und Absolventen der Colleges, die ein Studium anfangen wollen, brauchen für ihr Bachelorstudium 2,5 bis 3 Jahre statt 4 Jahre (Inform, 2018). Außerdem wurde seit 2018/2019 in den Colleges ein neuer Standard für die postsekundäre Ausbildung etabliert. Das Konzept des Bachelor of Applied Sciences (BAS, vergleichbar mit dem deutschen Bachelor of Engineering) wurde in den Einrichtungen der technischen und beruflichen Bildung eingeführt. Der BAS ist ein spezialisierter Bildungsabschluss, der den Absolventinnen und Absolventen des Bachelorstudiengangs die Kompetenz zur Lösung technologischer Probleme sowie – im Sinne des Employability-Konzepts – die Befähigung zur Ausübung ihrer beruflichen Tätigkeit unmittelbar nach dem Abschluss des Bildungsganges bietet.

In Zukunft werden die von College-Studierenden erworbenen Credits automatisch angerechnet, wenn die Studierenden an eine höhere Bildungseinrichtung wechseln. All dies wurde durch das Applied Bachelor's Degree Credit Technology Learning System ermöglicht. Die Verbesserung der Inhalte der Berufsbildung und die Erhöhung des Ansehens und der Qualität der Ausbildung sowie die Entwicklung und Umsetzung neuer Bildungsprogramme in Übereinstimmung mit den Bedürfnissen der Arbeitgeber*innen tragen zur Anerkennung der Berufsbildung im akademischen Bereich bei.

Die *Organisationale Verbindung (Dimension III)* zwischen beruflicher und akademischer Bildung ist in Kasachstan besser ausgebaut als in Deutschland. Die Hochschulen des Landes setzen eine „Corporate Management"-Strategie um, die u. a. eine enge Zusammenarbeit mit den Colleges des Landes vorsieht. Einige Hochschulen des Landes verfügen über eine Schirmherrschaft über entsprechende Berufsbildungseinrichtungen und setzen gemeinsam Bildungs- und Ausbildungsaktivitäten um. So werden die Bildungsprogramme des BAS in Kooperation von College und Hochschule durchgeführt, ebenso wie die verkürzten Studiengänge für College-Absolvierende (Standard, 2021).

Der *Umgang mit heterogenen Gruppen (Dimension IV)* wird ebenfalls anders geregelt als in Deutschland, es bestehen jedoch auch Gemeinsamkeiten. Wie Studienanfänger*innen ohne Abitur in Deutschland (Arnold & Winkler, 2019), zweifeln die Berufserfahrenen in Kasachstan vor und während des Studiums an ihren eigenen Stärken und ihrer Ausdauer (Standard, 2021). Über die spezifische Gestaltung des Studiums für unterschiedliche Zielgruppen ist überdies wenig bekannt. Dieses Thema wird stärker im Bereich der informellen Bildung berücksichtigt.

Es muss dabei angemerkt werden, dass die Bildungsforschung in Kasachstan in diesen Fragen noch in den Kinderschuhen steckt und den Themen Durchlässigkeit und lebenslanges Lernen erst seit Kurzem Aufmerksamkeit geschenkt wird. Dem Ausbau der Durchlässigkeit innerhalb der akademischen Bildung, beispielsweise zwischen unterschiedlichen Hochschulen im In- und Ausland, wird mehr Beachtung beigemessen als der reziproken Durchlässigkeit zwischen beruflicher und akademischer Bildung.

Im Bereich der akademischen Bildung werden die geringe Zusammenarbeit zwischen Hochschuleinrichtungen sowie der Mangel an Autonomie insbesondere in der Lehrplan- und Programmentwicklung als Hindernisse für die Entwicklung von Partnerschaften zwischen Hochschulen genannt (OECD 2020). Es entsteht allerdings der Eindruck, dass die vertikale Durchlässigkeit zwischen College und Hochschule in Kasachstan besser entwickelt ist als in Deutschland, da der Wettbewerb zwischen den Berufsbildungseinrichtungen und den einzelnen Hochschulen dort weniger ausgeprägt ist.

Zusammenfassung und Ausblick

Dem Thema „lebenslanges Lernen" wird in Kasachstan seit Neuestem eine vergleichbare Bedeutung zugemessen wie in Deutschland. Die Dimensionen der Durchlässigkeit zwischen beruflicher und akademischer Bildung scheinen besser ausgeprägt zu sein als in Deutschland, da rechtliche und institutionelle Rahmenbedingungen hier besser entwickelt sind. Inwieweit sich dies tatsächlich auf die Erfahrungen und Bildungswege der Beschäftigten auswirkt, müsste in weiteren Forschungen erhoben werden.

Die Berufsbildung in Kasachstan ist im Vergleich zur akademischen Bildung jedoch weniger attraktiv, trotz der vorhandenen Übergänge. Durch die Realisierung in- und ausländischer Initiativen im Land wird aktuell dem Thema Dualität der Bildung mehr Bedeutung beigemessen. Die Praxisorientierung der Bildungsprogramme in unterschiedlichen NQR-Stufen bildet dabei eine Voraussetzung zur effektiven Sättigung des nationalen Arbeitsmarktes. In dieser Hinsicht wird das Thema reziproke Durchlässigkeit zwischen Bildungssystemen weiter an Bedeutung gewinnen.

Literatur

Arnold, J. &Winkler, F. (2019): Gelingensbedingungen für einen erfolgreichen Übergang von beruflich qualifizierten Studierenden in die Studieneingangsphase ingenieurpädagogischer Studiengänge. In: Th. Vollmer et al. (Hrsg.), Gewerblich-technische Berufsbildung und Digitalisierung, Bielefeld, S. 295–305.

Arshabekov, N. (2018): Modernizing Vocational Education and Training: international standards and links with manufacture, 19.04.2018, https://bilimdinews.kz/?p=4829 (25.03.2021).

Atameken (2016): Национальная рамка квалификаций, Утвсрждена протоколом от 16 марта 2016 года Республиканской трехсторонней комиссией по социальному партнерству и регулированию социальных и трудовых отношений, https://atame ken.kz/uploads/content/files/Национальнаярамкаквалификаций_2016.pdf (25.03.2021) [Nationaler Qualifikationsrahmen, genehmigt durch das Protokoll vom 16. März 2016 der republikanischen Dreiparteienkommission für Sozialpartnerschaft und Regelung der Sozial- und Arbeitsbeziehungen] (auf Russisch).

Banscherus, U. et al. (2016b): Durchlässigkeit als mehrdimensionale Aufgabe. Bedingungen für flexible Bildungsübergänge. Berlin: Friedrich-Ebert-Stiftung, www.pedocs.de/frontdoor.php?source_opus=12227 (14.06.2021).

BIBB (2016): Marktstudie Kasachstan: für den Export beruflicher Aus- und Weiterbildung, iMOVE-Publikationen, https://www.bibb.de/veroeffentlichungen/de/publication/show/8218 (25.03.2021).

BIBB (2020): Empfehlungen zur Durchlässigkeit zwischenberuflicher und hochschulischer Bildung vom 1. September 2020; veröffentlicht im Bundesanzeiger, https://www.bibb.de/de/687.php (07.04.2021).

Boribekov, K. et al. (2015): Technical and Professional Education Development in Kazakhstan/Professional Education in Russia and Abroad 2 (18) 2015, p. 23–26.

Buki (2021): Условия поступления в казахстанские вузы в 2021-м году, 24.05.2021, Редакция BUKI, https://buki.kz/news/usloviya-postupleniya-v-kazakhstanskie-vuzy-v-2019-m-hodu/#top2 (06.08.2021) [Bedingungen für die Zulassung an kasachischen Universitäten im Jahr 2021, 24.05.2021, BUKI-Redaktion] (auf Russisch).

CHE (2021): Zahl der Studierenden ohne Abitur auf neuem Höchstwert, 25. März 2021, https://www.che.de/2021/studierende-ohne-abitur-neuer-hoechstwert/ (07.04.2021).

DQR (2021): Liste der zugeordneten Qualifikationen, Aktualisierter Stand: 1. August 2021, https://www.dqr.de/media/content/2021_DQR_Liste_der_zugeordneten_Qualifika tionen_01082021.pdf (08.08.2021).

Inform (2018): Срок обучения сократят в высших учебных заведениях Казахстана 12 Октября 2018, https://www.inform.kz/ru/srok-obucheniya-sokratyat-v-vysshih-uchebnyh-zavedeniyah-kazahstana_a3419185 (06.08.2021) [Verkürzung der Studienzeit an kasachischen Hochschulen 12. Oktober 2018] (auf Russisch).

Kachalova, N. (2020): Качалова Н., В Казахстане растет количество студентов: Общая численность студентов составляет 604.300 человек, https://kursiv.kz/news/obrazo vanie/2020-02/v-kazakhstane-rastet-kolichestvo-studentov. 04.02.2020 (06.08.2021) [Kachalova, N. Die Zahl der Studierenden in Kasachstan wächst: Die Gesamtzahl der Studierenden beträgt 604.300] (auf Russisch).

Kiseleva, V. V. (2017): Киселёва В.В. Непрерывное образование в контексте социальной модернизации Казахстана. Педагогическая наука и практика. 2017. №4 (18), https://cyberleninka.ru/article/n/nepreryvnoe-obrazovanie-v-kontekste-sotsialnoy-modern izatsii-kazahstana-1 (08.04.2021) [Kontinuierliche Bildung im Kontext der gesellschaft-lichen Modernisierung Kasachstans. Pädagogische Wissenschaft und Praxis. 2017. №4 (18)] (auf Russisch).

KMK (2008): Ständige Konferenz der Kultusminister der Länder, Anrechnung von außer-halb des Hochschulwesens erworbenen Kenntnissen und Fähigkeiten auf ein Hoch-schulstudium. Beschlüsse der Kultusministerkonferenz vom 28.06.2002 (I) und vom 18.09.2008 (II).

Loroff, C. & Hartmann E. A. (2012): Verfahren und Methoden der pauschalen Anrechnung, ANKOM-Arbeitsmaterialie Nr. 2, 2012.

Monitor (2019a): В состоянии ли казахстанцы заменить иностранных рабочих на предприятиях? Central Asia Monitor, 31.12.2019, https://camonitor.kz/33934-v-sostoyanii-li-kazahstancy-zamenit-inostrannyh-rabochih-na-predpriyatiyah.html (08.07.2020) [Sind die kasachischen Arbeitnehmer*innen in der Lage, ausländische Beschäftigte in den Unternehmen zu ersetzen? Central Asia Monitor, 31.12.2019] (auf Russisch).

Monitor (2019b): Дуальное обучение в РК: Курс на международные стандарты; Central Asia Monitor, 9-07-2019; https://camonitor.kz/33525-dualnoe-obuchenie-v-rk-kurs-na-mezhdunarodnye-standarty.html (08.07.2020) [Duale Ausbildung in Kasachstan: Auf dem Weg zu internationalen Standards. Central Asia Monitor, 9-07-2019] (auf Rus-sisch).

Müskens, W. (2020): Die Gestaltung durchlässiger Bildungsangebote durch Anrechnung beruflicher Kompetenzen auf Hochschulstudiengänge. https://uol.de/fileadmin/user_upload/anrechnungsprojekte/Bilder/03_Dateien/Durchlaessigkeit_durch_Anrechnung.pdf (05.04.2021).

OECD (2020): Реформы в Казахстане Успехи, задачи и перспективы, секретариат по международным отношениям, подразделение по работе со странами Евразии, https://www.oecd.org/eurasia/countries/Eurasia-Reforming-Kazakhstan-Progress-Challenges-Opport.pdf (05.04.2021) [Reformen in Kasachstan - Fortschritte, Heraus-forderungen und Aussichten, Referat für internationale Beziehungen, Abteilung Eurasien, OECD] (auf Russisch).

Programm (2020): Государственная программа развития образования и науки в Казахстане на 2020–2025 гг. Официальный информационный ресурс Премьер-Министра Республики Казахстан; https://primeminister.kz/ru/news/gosprogramma-razvitiya-obrazovaniya-do-2025-goda-obnovlenie-uchebnyh-programm-podderzhka-nauki-i-elektronnoe-ent (25.03.2021) [Staatliches Programm für die Entwicklung von Bildung und Wissenschaft in Kasachstan 2020-2025. Die offizielle Informationsquelle des Premierministers der Republik Kasachstan] (auf Russisch).

Shopomania (2021): ЕНТ после колледжа 2021 в Казахстане. Как поступить в вуз после колледжа. ЕНТ (ТиПО), https://shopomania.kz/info/447-kta-kompleksnoe-testirovanie-abituricntov-kazahstan.html (06.08.2021) [Einheitlicher nationaler Eignungstest für die Hochschule 2021 in Kasachstan. Wie man nach dem College an die Universität kommt] (auf Russisch).

Standard (2021): Колледж или вуз: плюсы и минусы, 29 июня 2021 г., https://standard.kz/ru/post/kolledz-ili-vuz-plyusy-i-minusy (06.08.2021) [College oder Universität: Vor- und Nachteile, 29. Juni 2021] (auf Russisch).

Vogel, Ch. (2017): Durchlässigkeit im Bildungssystem: Möglichkeiten zur Gestaltung individueller Bildungswege, Herausgeber: Bundesinstitut für Berufsbildung, Bonn, 2017.

Zakon (2020): Техническое и профессиональное, послесреднее образование в Республике Казахстан на начало 2019/2020 учебного года, 7 февраля 2020, www.zakon.kz/5006354-tehnicheskoe-i-professionalnoe.html (06.08.2021) [Technische und berufliche postsekundäre Bildung in der Republik Kasachstan zum Beginn des akademischen Jahres 2019/2020, 7. Februar 2020] (auf Russisch).

Tabellenverzeichnis

Kasachstan auf dem Weg zur dualen beruflichen Bildung – ein Länderbericht

Madina Gainelgazykyzy, Kai Gleißner, Anikó Merten

Abstract

Das Bildungssystem Kasachstans befindet sich noch immer in einem Umstrukturierungsprozess und muss modernisiert werden, um dem Fachkräftemangel auf dem Arbeitsmarkt zu begegnen. Zu diesem Zweck wurden in den letzten Jahren kontinuierlich Reformen des Bildungssystems durchgeführt. Dieser Bericht gibt einen Überblick über die aktuellen Entwicklungen. Der Beitrag beleuchtet den Stand der Dinge sowie die Entwicklungsperspektiven und schlägt mögliche Ideen für das weitere Vorgehen vor.

The Kazakh education system is still in transition and in search of modernisation in order to cope with the shortage of skilled workers. One approach consists in the continuous adaptation of the framework conditions during the past few years. This report provides an insight into the development to that point. Structures and regulations are presented as well as the current development and possible ideas for further action.

Реформировние системы образования Казахстана и взаимосвязанных с ней сфер, процессы реструктуризации и модернизации в образовании наряду с другими важными задачами направлены на приведение в соответсвие качества подготовки специалистов потребностям рынка труда и преодоление дифицита квалифицированной рабочей силы. Данный обзор дает представление о текущем положении дел и развитии событий в этой сфере, а также о перспективах развития, включает возможные идеи для дальнейших действий.

Der Aufbau dualer Bildungsstrukturen – die bildungspolitische Ausgangslage

Die Einführung der dualen Berufsausbildung in Kasachstan in einem systemischen Ansatz begann 2012 anlässlich des Staatsbesuchs des damaligen Präsidenten Nursultan Nazarbayev in Deutschland, bei dem er mit Bundeskanzlerin Angela Merkel die Unterstützung beim Aufbau einer dualen Ausbildung mit deutschen Erfahrungen vereinbarte. In seiner Jahresansprache im Januar 2014 verkündete Nazarbayev die Ausrichtung auf die Herausbildung eines Kerns für ein nationales System der dualen Berufsausbildung in Kasachstan (Akorda, 2014), was so viel bedeutete, dass das deutsche Modell in Kasachstan unter landesbezogenen Bedingungen eingeführt werden sollte. Ziel war es, die Ausbildung hoch qualifizierter Fachkräfte für die Modernisierung und Industrialisierung der kasachischen Wirtschaft sicherzustellen. Im Rahmen von Modellversuchen wurden bereits im Jahre 2013 sogenannte „Elemente" der dualen Berufsausbildung als Schulversuch eingeführt. Bereits im Jahr 2015 wurden die duale Ausbildung oder Elemente daraus an 348 Colleges unter Beteiligung von 1.718 Unternehmen in zehn Branchen und 159 Berufen umgesetzt. Schwerpunktbranchen mit dualen Elementen waren die Erdöl- und Erdgasindustrie, die chemische und metallverarbeitende Industrie, die Landwirtschaft und das Energie- und Bauwesen (MoES, 2016). Auf der Grundlage neu geschaffener Gesetze (z. B. über die Nationale Unternehmerkammer NUK, 2013) sowie zahlreicher Anordnungen (Roadmap zur Einführung der dualen Berufsausbildung 2014 (Tengrinews 2014); Anordnung des Bildungsministers über die Regeln der Organisation der dualen Berufsausbildung 2016 (Adilet, 2016)) konnte die duale Berufsausbildung neben der bestehenden Berufsausbildung zum Schuljahr 2016/2017 landesweit als Regelausbildung angeboten werden. Es sind wichtige Änderungen in der Bildungs- und Arbeitsgesetzgebung vorgenommen worden, wie die Aufnahme der Begrifflichkeiten „duale Berufsausbildung" oder „Betriebsausbildung", welche die Einführung dieser Ausbildungsform stark beschleunigt haben.

Das Hauptmerkmal der kasachischen Politik ist ein traditionell zentralistisches Top-Down-System in allen Bereichen einschließlich der Bildung. Zur Entwicklung der Bildungspolitik werden auf nationaler Ebene unterschiedliche Stakeholder involviert. Von der Hierarchie her sieht es wie folgt aus: Der Staatspräsident und das Präsidentenbüro bestimmen die staatsrelevanten Bildungsstrategien und spielen eine große Rolle bei der Entwicklung von Schlüsselinitiativen oder des politischen Willens. In seiner Jahresansprache an das kasachische Volk verkündet der Staatspräsident die Richtungen zur Entwicklung des Bildungssystems und erteilt Aufträge an die betreffenden Ministerien, die diese als nächsten Schritt zu angegebenen Fristen ausgestalten müssen. Darüber hinaus kann das Präsidentenbüro Initiativen, die für das Land von besonderem Interesse sind, direkt gestalten und umsetzen. Initiativen wie „Einführung der dualen Berufsausbildung" und „Berufsausbildung für alle" sind hier als wichtige Beispiele zur Entwicklung der Berufsausbildung zu nennen. Das Präsidentenbüro überwacht die Prozesse der Umsetzung der Bildungsstrategien und deren Ziele durch das Premierminister-Büro, das im Auftrag des Präsidentenbüros die Arbeit der Ministerien und der zuständigen Stellen koordiniert.

Die rechtlichen Rahmenbedingungen des Berufsbildungswesens in Kasachstan setzen sich aus Anordnungen des Präsidenten und Staatsgesetzen, aus Regierungsbeschlüssen und Vorschriften, normativ-rechtlichen Dokumenten des Bildungsministeriums sowie weiterer Verordnungen (u. ä. zuständiger Stellen) zusammen. Momentan gelten ca. 20 Gesetze, über 100 Regierungsanordnungen und eine Vielzahl von sonstigen Rechtsakten, Standards, Roadmaps, Regeln sowie Maßnahmen- und Aktivitätsplänen des Bildungs- und Arbeitsministeriums und lokaler kommunaler Verwaltungseinrichtungen und Akimate[1] (BIBB, 2016). Diese sind richtungsweisend für Bildungsorganisationen aller Typen und regeln ihre Tätigkeit.

Diese Rechtsgrundlagen werden ziemlich dynamisch aktualisiert und an aktuelle Gegebenheiten oder politische Zielsetzungen angepasst. 2010 wurde das „Staatsprogramm zur Entwicklung der Bildung in der Republik Kasachstan für die Jahre 2011–2020" vom Ministerium für Bildung und Wissenschaft erlassen, das 2016 vom neuen Bildungsminister durch das „Staatsprogramm zur Entwicklung der Bildung in der Republik Kasachstan für die Jahre 2016–2019" ersetzt wurde und das mit dem Folgeprogramm 2020–2025 weitergeführt wird. In den Programmen gilt das Ziel, das beruflich-technische Bildungssystem in Kasachstan zu modernisieren und zu reformieren und somit die Entwicklung des Humankapitals des Landes zu fördern. Darunter werden die Verzahnung des gesellschaftlichen Bedarfs mit Anforderungen der industriell-innovativen Entwicklung der Wirtschaft und der Deckung der Nachfrage an Fachkräften am Arbeitsmarkt sowie die Integration Kasachstans in den globalen Bildungsraum im Zuge des Bologna-Prozesses und anderer Welttrends angesprochen.

Trägerschaft und quantitative Entwicklung beruflicher Bildungseinrichtungen

Das kasachische Berufsbildungssystem ist durch staatliche und private Bildungseinrichtungen vertreten. Für private Berufsbildungsanbieter*innen gilt darüber hinaus das Gesetz „über Privatunternehmen". Staatliche Bildungseinrichtungen dominieren in quantitativer Hinsicht, aber sie bieten auch kostenpflichtige Ausbildungsgänge an. Der grundsätzliche Unterschied zwischen privaten und staatlichen Bildungseinrichtungen besteht in der Trägerschaft. Laut dem Nationalen Bildungsbericht (2017) gab es 824 Berufsbildungseinrichtungen, darunter 810 Colleges, 3 Berufsschulen und 11 höhere Colleges in Kasachstan, ein Anstieg ist weiterhin sichtbar (IAC 2017). Dabei zeichnet sich das Wachstum vor allem unter den staatlichen Colleges ab (s. Abbildung 1), die 58,6 Prozent der Gesamtanzahl ausmachen (Zakon, 2019). Colleges sind die reguläre Art der Berufsbildungseinrichtungen in Kasachstan.

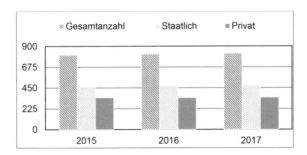

Abbildung 1: Verhältnis der staatlichen und privaten Colleges, 2015–2017 (IAC 2017)

---

1   Akimat (hier und im Weiteren): regionale Verwaltungsbehörde bzw. staatliche Bezirksverwaltung in Kasachstan

Die regionale Verteilung der Colleges und deren Angebot an Ausbildungsberufen sind sehr unterschiedlich und stark an den Entwicklungsstand der regionalen Wirtschafts- und Unternehmensinfrastruktur gebunden. Im Jahr 2017 war eine Steigerung der Anzahl der Colleges in ländlichen Regionen zu beobachten: Im Vergleich zu 2016 ist deren Anteil auf 175 Colleges angewachsen (2016 waren es noch 169 Colleges). Die genauere Analyse ergibt, dass in den Regionen Kasachstans der jeweilige Anteil ländlicher Colleges sehr unterschiedlich ist. Im Norden sind ca. 44 Prozent der dortigen Colleges ländlich, im Westen 38 Prozent und in der Region Almaty 39 Prozent (BIBB 2016). Die Gesamtanzahl der Studierenden der Berufsbildungseinrichtungen im Studienjahr 2018/2019 betrug 489.818. Unter ihnen sind 281.800 Studierende, die an staatlichen Colleges studieren. Die Geschlechterverteilung zeigt ein Verhältnis von 53,2 Prozent (männliche Studierende) zu 46,8 Prozent (weibliche Studierende) (Zakon 2019). Im Vergleich zum akademischen Jahr 2017/2018 stieg die Anzahl der Studierenden um 1,0 Prozent (Ministerium für Nationale Wirtschaft der Republik Kasachstan 2021).

Im Jahr 2017 war das Ausbildungskontingent zum ersten Mal seit fünf Jahren nicht rückläufig. Zuvor sank die Zahl der College-Studierenden jährlich von 30.487 auf 10.328 Personen. Der Start des Projekts „Freie Berufsbildung für alle" (Opencollege 2021) und die damit verbundene Steigerung des Bildungangebots für Studierende auf 53,8 Prozent erlaubten es, den negativen Trend zu stoppen. 2017/2018 wurde in 213 Fachrichtungen zu 693 Qualifikationen ausgebildet (Resurs 2017). Jährlich schließen ca. 150.000 Absolvierende ihre Ausbildung ab (BaigeNews 2017). Laut IMove-Studie (BIBB 2016) existierten die meisten staatlich finanzierten Berufsbildungsangebote in Bereichen wie Herstellung, Montage, Inbetriebnahme und Reparatur (unterschiedliche Branchen); Service, Wirtschaft und Verwaltung; Telekommunikations- und Informationstechnologien; Landwirtschaft. Die am meisten nachgefragten Ausbildungsberufe, für die sich 165.857 Personen eingeschrieben haben, waren im Studienjahr 2018/2019 Medizin und Pharmazie; Service/Wirtschaft/Management; Produktion/Montage/Inbetriebnahme und Reparatur (unterschiedliche Branchen)/ Fahrzeugbetrieb; Landwirtschaft/Veterinärmedizin/Ökologie; Telekommunikations- und Informationstechnologien; Elektrotechnik/Elektronik (Zakon, 2019).

Finanzierung des beruflichen Bildungssystems

Die Finanzierung des kasachischen Bildungssystems ist vorwiegend staatlich und nach dem Top-Down-Prinzip organisiert. Dabei verteilen sich die Kompetenzen relativ gleichmäßig von oben nach unten: Politische und administrative Aufgaben werden von der Regierung bis zu Kommunen und einzelnen Bildungseinrichtungen delegiert (BIBB 2016). Die Berufsbildungseinrichtungen werden somit aus dem nationalen und den lokalen Budgets der Akimate finanziert. Dazu kommen andere Finanzierungsquellen wie Erträge aus gebührenpflichtigen Bildungsangeboten, Bildungskredite an die Bevölkerung, Sponsoren- und Mäzenen-Gelder und Spenden oder staatliche Darlehen (Federal Ministry for Economic Affairs and Energy Division for Social Media, Public Relations 2007). Die lokalen Akimate stellen jedes Jahr den Antrag auf die Haushaltmittel, die sie unter anderem für den Bedarf der eigenen Region für die Entwicklung der Berufsausbildung benötigen. Von Jahr zu Jahr ist eine positive Tendenz der Steigerung von Ausgaben pro Region zu beobachten, die auf die steigende Priorität der Berufsbildung in der regionalen und staatlichen Politik zurückzuführen sind. Die wesentlichen Ausgabepositionen im beruflich-technischen Bereich sind Löhne und Gehälter des Lehrpersonals, Beschaffungen für die Wirtschafttätigkeit der Bildungseinrichtungen, Miete und Reparaturen, Renovierungen und Sanierungen an Gebäuden sowic Mietnebenkosten. Dazu gehört auch die Erneuerung der materiell-technischen Ausstattung der Werkstätten, die zu einem Bestandteil des Weltbankprojekts (2016) geworden ist. Die Personalkosten bilden den größten Anteil und betragen 55,5 Prozent aller Ausgaben.

Darüber hinaus ist es politisch gewünscht, Kofinanzierungsmodelle mit großen international agierenden kasachischen und ausländischen Unternehmen sowie mit ausländischen Investorinnen und Investoren anzustreben, um die Entwicklung der Berufsbildung in Kasachstan unter Nutzung verschiedener Ressourcen anzukurbeln (BIBB, 2016). Organisationen wie die deutsche Gesellschaft für Internationale Zusammenarbeit (GIZ) werden als Berater*innen einbezogen.

Im Allgemeinen sind in den letzten Jahren die öffentlichen Ausgaben für das Berufsbildungssystem gestiegen. Der Großteil der Mittel stammt aus lokalen Haushalten. Die Finanzierung des Berufsbildungssystems erfolgt über den sogenannten staatlichen Bildungsauftrag (Bestellung von Fachkräften für bestimmte Bereiche und in bestimmter Anzahl), der durch lokale Akimate in Abstimmung mit dem Bildungsministerium verwaltet wird. Unter dem „staatlichen Bildungsauftrag" versteht man den Teil des Bildungsangebots einer Einrichtung, der komplett aus dem Staatshaushalt finanziert wird; diese Bildungsgänge sind für Auszubildende bzw. Studierende kostenlos und gebührenfrei. Sonstige – kostenpflichtige – Angebote werden aus Studiengebühren und sonstigen privaten Finanzierungsquellen gespeist (Federal Ministry for Economic Affairs and Energy Division for Social Media, Public Relations 2007). Das Bildungsministerium und die lokalen Akimate verteilen den staatlichen Bildungsauftrag unter den Berufsbildungseinrichtungen unter dem Einsatz eines Ausschusses, der sich aus Vertreterinnen und Vertretern der staatlichen Körperschaften, Maslikhate[2] und Akimate, der Nationalen Unternehmerkammer sowie öffentlicher Organisationen zusammensetzt.

Die Colleges sind in der Gestaltung ihrer Struktur, in der Organisation des Bildungsprozesses, der Auswahl und Vermittlung von Personal, ihrer Bildungsarbeit sowie ihrer finanziellen und wirtschaftlichen Aktivitäten innerhalb der durch die Gesetzgebung der Republik Kasachstan festgelegten Grenzen unabhängig (Adilet 2018). Die Berufsbildungseinrichtungen können Erzeugnisse ihrer eigenen Produktion verkaufen, die in Ausbildungswerkstätten, Ausbildungsbetrieben und auf Übungsplätzen hergestellt werden, und generieren damit zusätzliche finanzielle Ressourcen.

---

2   Maslikhat (hier und im Weiteren): kommunale Selbstverwaltungbehörde in der Republik Kasachstan

Am 4. Dezember 2017 hat der damalige Staatspräsident Nursultan Nasarbajew das Gesetz über den Staatshaushalt für die Jahre 2018 bis 2020 erlassen. Der Etat sieht eine Steigerung der Ausgaben für das Bildungssystem vor (Informburo 2017). Dabei sollen große Teile der Staatsmittel in die Entwicklung der Schulbildung investiert werden.

Berufliches Bildungspersonal

Die gewerblich-technische Ausbildung in Kasachstan gliedert sich in Theorie (theoretischer Unterricht) und Praxis (praktische Inhalte), die durch entsprechende Lehr- und Ausbildungsfachkräfte angeleitet werden. Die Theorie in Berufsbildungseinrichtungen (Colleges) wird von Berufspädagoginnen und -pädagogen vermittelt. Praktische Inhalte werden – je nach Bedingungen des jeweiligen Colleges oder nach Anforderungen des Ausbildungsberufs – an zwei Hauptlernorten realisiert:
  1. in Lern- und Produktionswerkstätten sowie Übungsplätzen der Colleges oder
  2. in Betrieben.

An den Colleges sind überwiegend Werkstattlehrkräfte für die Praxisvermittlung zuständig, indem sie dies entweder selbst tun oder den Prozess koordinieren und dazu Praktiker*innen von Betrieben einsetzen. Die betriebliche Ausbildung wird von betrieblichen Ausbilderinnen und Ausbildern geleitet, die die Betriebsausbildung bzw. das Praktikum in Abstimmung mit den Berufspädagoginnen und -pädagogen und Werkstattlehrkräften nach dem vereinbarten Ausbildungsplan gestalten.

Für das berufsbildende Lehrpersonal der Colleges gelten spezielle Qualifikationsanforderungen. Zum Anforderungsprofil gehört in erster Linie der Abschluss: Soll-Vorgabe sind ein Hochschulabschluss (BA) oder ein post-tertiärer Abschluss (MA). Laut Ergebnissen der IMove-Studie (2015) wird in Kasachstan angestrebt, Lehrkräfte, insbesondere den Nachwuchs, zur Höherqualifizierung zu motivieren. Zudem werden für die Lehrkräfte Weiterbildungskurse angeboten, und das Bildungsministerium plante, ein Verfahren zur Qualifikationsbestätigung für Lehrpersonal höherer Qualifikation einzuführen, bei dem das Qualifikationsniveau von unabhängigen Organisationen bewertet wird (BIBB 2016). Ob dies bereits umgesetzt oder noch im Prozess der Vorbereitung ist, konnte nicht eruiert werden. Im Hinblick auf die steigende Bedeutung der Berufsausbildung in Kasachstan und die Einführung der dualen Ausbildung besteht jedoch eine wachsende und immer noch unbefriedigte Nachfrage nach besser ausgebildetem Lehrpersonal – seien es Berufspädagoginnen und -pädagogen der Colleges oder Betriebsausbilder*innen der Unternehmen. Wenn bei den ersten die Praxisnähe schwach ausgeprägt ist, so ist das Hauptmerkmal der zweiten Gruppe mangelnde pädagogische Kompetenz. Aktuell wird in Kasachstan einiges unternommen, um dieses Manko zu beheben: So sah das „Staatsprogramm zur Entwicklung der Bildung für 2016–2019" die Qualifizierung und Weiterentwicklung von Lehrkräften vor. Aber es ist allgemein schwierig, den Lehrkräfte-Nachwuchs und gute Praktiker*innen von Betrieben für die Arbeit an Berufsbildungseinrichtungen zu gewinnen, da die Bezahlung im Bildungsbereich eher niedrig und somit unattraktiv ist. Entsprechend steht Kasachstan in Bezug auf sein Lehrpersonal vor großen Herausforderungen, wie z. B. die Lehrkräfteknappheit. Der Lehrerberuf leidet infolge der geringen Bezahlung unter einem minderen Status und schwachen Image (Federal Ministry for Economic Affairs and Energy Division for Social Media, Public Relations 2007).

Es gibt noch keine verbindlichen Vorgaben für die Qualifikation des betrieblichen Ausbildungspersonals, wie etwa in Deutschland die geregelte Ausbildereignungsprüfung oder analog die deutsche Meister*innen-Ausbildung. Im Rahmen eines Projekts der HWK Trier wurden in Zusammenarbeit mit der NUK Atameken Multiplikatorinnen und Multiplikatoren geschult, die zertifiziert wurden, um unter anderem Kurse für die interessierten Betriebsausbilder*innen durchzuführen und zu vermitteln, wie die betriebliche Ausbildung organisiert ist und welche Skills (pädagogische, psychologische) benötigt werden (Atameken 2017). Außerdem engagiert sich die NUK Atameken in Sachen der Etablierung eines Instituts für Mentoring, darunter wird die Vermittlung der praktischen Erfahrung von älteren Praktikerinnen und Praktikern an den Nachwuchs verstanden. Unter den Aktivitäten zur Entwicklung des Mentorships fallen auch die Kurse für die Schulung von Ausbilderinnen und Ausbildern (Atameken 2019). Dazu führt die NUK ein Register der geschulten Ausbilder*innen, das auf Anfrage zur Verfügung gestellt werden kann.

Infolge der Reform der Berufsausbildung nach der landesweiten Einführung der dualen Berufsausbildung 2017 arbeiten das Bildungsministerium und die NUK eng an Fragen der Internships für Berufspädagoginnen und -pädagogen in Betrieben, die Sozialpartner*innen des jeweiligen Colleges sind, zusammen. Dadurch wird die Fortbildung des Lehrpersonals und die Verzahnung der Theorie mit Praxis im Unterricht angestrebt. Zudem werden für die betrieblichen Ausbilder*innen pädagogische Kurse von den regionalen Unternehmerkammern angeboten, die sie für die duale Ausbildung mit den notwendigen Kenntnissen der Arbeit mit Jugendlichen rüsten.

Entwicklung des Fachkräftebedarfs

In Kasachstan besteht eine durchaus hohe Nachfrage nach qualifizierten Fachkräften, seien es Facharbeiter*innen oder Spezialistinnen und Spezialisten höherer Qualifikationen. Demnach bemüht sich die kasachische Regierung, unterschiedliche Maßnahmen zu ergreifen, um diesen Bedarf insbesondere für prioritäre Wirtschaftsbereiche zu decken. 2018 hat sich die Situation am Arbeitsmarkt Kasachstans dermaßen verändert, dass die Arbeitgeber*innen mehr und mehr hoch qualifiziertes Personal benötigen: In 25 Prozent der Stellenausschreibungen geht es um hoch qualifizierte Mitarbeiter*innen. Damit ist mit 6.600 freien Stellen allein innerhalb eines Jahres eine Steigerung von 22,7 Prozent gegenüber 2017 zu verzeichnen.

Auf dem Arbeitsmarkt sind vor allem technische Spezialistinnen und Spezialisten nachgefragt: Anlagenführer*innen, Monteurinnen und Monteure und Fahrer*innen. Sie machten 19,7 Prozent aller offenen Stellen aus. Eine ähnliche Nachfrage nach Arbeitnehmerinnen und Arbeitnehmern ist in Industrie, Bauwesen, Verkehr und ihnen nahestehenden Berufen zu verzeichnen (19,3 % der ausgeschriebenen Stellen). Die meisten vakanten Stellen findet man im industriellen Sektor (7.200 Fachkräfte, ein Plus von 37,7 % innerhalb eines Jahres). Was den Bedarf an Fachkräften anbelangt, liegt momentan die verarbeitende Industrie auf dem ersten Platz (4.100 freie Stellen), gefolgt vom Transport- und Logistiksektor (4.600 Vakanzen) und dem Bereich Gesundheits- und Sozialdienste (3.700 freie Stellen) (Informburo 2018). Somit kann die Schlussfolgerung gezogen werden, dass der Fachkräftebedarf der Unternehmen in Kasachstan noch weit von einer angemessenen Deckung entfernt ist.

In einer IMove-Studie wurde schon 2015 festgestellt, dass die Zahl der Absolventinnen und Absolventen der beruflichen Aus- und Weiterbildung in Kasachstan dreimal so hoch ist wie die Zahl der Arbeitsplätze, die angeboten werden, und dass etwa 80 Prozent der qualifizierten Arbeitsplätze mit Arbeitnehmerinnen und Arbeitnehmern mittlerer Qualifikationen oder mit Unqualifizierten besetzt sind. Dies kann sowohl auf die Qualität der Ausbildung als auch auf die allgemeine Intransparenz des kasachischen Arbeitsmarktes zurückgeführt werden. Vor diesem Hintergrund hat die Regierung Programme wie das „Staatsprogramm zur industriell-innovativen Entwicklung" und darauf abgestimmte Staatsprogramme wie „Entwicklung der Bildung 2016–2019" oder „Produktive Beschäftigung und Massenunternehmertum 2017–2021" eingerichtet. Diese Programme werden flächendeckend umgesetzt, aber es sind immer noch Stimmen der Unternehmen zu hören, dass die Kompetenzen der Absolventinnen und Absolventen der Berufsbildungseinrichtungen nicht den Anforderungen der Arbeitgeber*innen entsprechen. Die Absolventinnen und Absolventen haben häufig Schwierigkeiten beim Übergang in den Arbeitsmarkt und werden mit der Arbeitslosigkeit und nicht ausbildungsadäquater Beschäftigung konfrontiert (BIBB 2016).

Die Situation wird noch dadurch verschärft, dass es immer noch an der Sicherung von Qualitätsstandards und modernen beruflichen Standards mangelt, die Kompetenzanforderungen an Absolventinnen und Absolventen entsprechender Ausbildungsberufe als Bildungsziele formulieren würden. Dank des gestiegenen Bewusstseins der Arbeitgeber*innen in Sachen Ausbildung von Fachkräften, das durch politische Anstrengungen und Aufklärungsarbeit seitens der einschlägigen Ministerien, der NUK und internationaler Berater und Projekte gestützt wird (GIZ, das neue Weltbankprojekt, etc.), wird es langsam auch damit besser. Es werden immer neue Mechanismen zur Förderung und Bewertung von berufs- bzw. fachübergreifenden Kompetenzen der Absolventinnen und Absolventen erprobt, die davor sehr formal und theorielastig organisiert wurden. Modellhaft richtet man sich am deutschen Modell der Prüfungen aus und gestaltet die Zwischen- und Abschlussprüfungen nach deutschen Prüfungsordnungen. Ein weiteres wichtiges Thema ist die Einführung einer modularen Ausbildung, d. h. die Möglichkeit, anhand einzelner Module oder einer Reihe von Modulen kürzere, aber praxisorientierte Trainings/Schulungen anzubieten, die zu einer anerkannten formalen Qualifikation führen.

Fazit

Generell kann gesagt werden, dass es in Kasachstan im Vergleich zu den anderen zentralasiatischen Ländern um die Berufsbildung relativ gut bestellt ist. Dennoch hat das kasachische Berufsbildungssystem viele Herausforderungen zu meistern, um eine bessere Verzahnung mit dem Arbeitsmarkt zu erreichen. Kernprobleme liegen vielfach darin, dass die in den meisten Colleges vermittelten Kompetenzen nicht dem Bedarf des Arbeitsmarkts entsprechen und der Praxisbezug der Ausbildung noch ziemlich ausbaubedürftig ist. Dabei wurden diese Herausforderungen erkannt und es werden Bestrebungen auf allen Ebenen unternommen, um diese zu überwinden.

In diesem Zusammenhang wurden die Beziehungen zu Deutschland weiter ausgebaut: 2013 wurde eine Vereinbarung zwischen der Gesellschaft für Internationale Zusammenarbeit (GIZ) und dem kasachischen Bildungsministerium unterzeichnet, die 2015 für weitere drei Jahre verlängert wurde. In diesem Rahmen beriet der von der GIZ dem Bildungsministerium entsandte internationale Berater auf der nationalen Ebene in Fragen der institutionellen Etablierung der dualen Ausbildung. Auf der lokalen Ebene arbeiteten von März 2015 bis Februar 2019 im Rahmen des GIZ develoPPP.de-Programms „Strategische Allianz der dualen Berufsausbildung" (GoVet, 2015) die deutschen Unternehmen Evonik Industries AG, Heidelberg Cement sowie CLAAS und John Deere mit kasachischen Pilotcolleges zusammen. Ziel war es, in drei kasachischen Regionen deutsche duale Ausbildungsberufe für Industrie- und Landmaschinentechnik sowie Automatisierungstechnik einzuführen. Deutsche Ausbildungsordnungen wurden an kasachische Bedingungen angepasst und in den Pilotcolleges umgesetzt.

Und auch das BMBF-geförderte Projekt „GeKaVoC – Transfer von dualen Ausbildungsprogrammen in Logistik, Mechatronik und nachhaltiger Energieversorgung nach Kasachstan" trug in den letzten Jahren dazu bei, das Verständnis für die (duale) berufliche Bildung in Kasachstan zu steigern. Durch die Zusammenarbeit der deutschen und kasachischen Partner*innen ist ein Netzwerk entstanden, welches sich aus Stakeholdern aus Regierungsinstitutionen und Akteurinnen und Akteuren aus der Wirtschaft sowie Universitäten und Colleges zusammensetzt. In Pilotierungen wurden erste Module zur Weiterbildung in den vom Projekt fokussierten Bereichen durchgeführt. Im weiteren Verlauf sollen die aus dem Projekt heraus entstandenen Erfolge weiter verstetigt und gefestigt werden.

Literatur

Adilet (2016): Об утверждении Правил организации дуального обучения Приказ Министра образования и науки Республики Казахстан от 21 января 2016 года № 50. Зарегистрирован в Министерстве юстиции Республики Казахстан 9 марта 2016 года № 13422, http://adilet.zan.kz/rus/docs/V1600013422 (14.04.2021) [Über die Genehmigung der Regeln für die Organisation der dualen Ausbildung. Verordnung Nr. 50 des Ministers für Bildung und Wissenschaft der Republik Kasachstan vom 21. Januar 2016. Registriert beim Justizministerium der Republik Kasachstan am 9. März 2016] (auf Russisch).

Adilet (2018): Об утверждении Типовых правил деятельности организаций образования соответствующих типов, в том числе Типовых правил организаций образования, реализующих дополнительные образовательные программы для детей, 7.5.2013, http://adilet.zan.kz/rus/docs/P1300000499 (14.04.2021) [Zur Genehmigung der Standardregeln für die Tätigkeit von Bildungseinrichtungen der entsprechenden Kategorie, einschließlich der Standardregeln für Bildungsorganisationen, die zusätzliche Bildungsprogramme für Kinder durchführen] (auf Russisch).

Akorda (2014): Официальный сайт Президента Республики Казахстан, http://www.akor da.kz/ru/addresses/addresses_of_president/poslanie-prezidenta-respubliki-kazahs tan-nnazarbaeva-narodu-kazahstana-17-yanvarya-2014-g (14.04.2021) [Offizielle Webseite des kasachischen Präsidenten] (auf Russisch).

Atameken (2017): Схемы, модели, разработанные в партнерском проекте в области профессионального образования НПП РК «Атамекен» и Ремесленной палаты Трир в 2015–2017 гг., https://atameken.kz/uploads/content/files/ Схемы_модели_проекта_2017.pdf (14.04.2021) [Konzepte, Modelle, die im Rahmen des Partnerschaftsprojekts im Bereich der beruflichen Bildung von Atameken und der Handwerkskammer Trier 2015-2017 entwickelt wurden] (auf Russisch).

Atameken (2019): Регламент, взаимодействия в системе националънои палаты предпринимателеи республики казахстан АТАМЕКЕН по вопросам пазвития человеческого капитала, Астана 2019, https://oskemen.atameken.kz/uploads/ content/files/Приложение к приказу №16 от 25_01_2019.PDF, (14.04.2021) [Regelungen der Nationalen Unternehmerkammer der Republik Kasachstan ATAMECEN zur Entwicklung des Humankapitals, Astana 2019] (auf Russisch).

BaigeNews (2017): Какие рабочие специальности сегодня «в моде» в Казахстане? https:// bnews.kz/ru/dialog/interview/kakie_rabochie_spetsialnosti_segodn ya_v_mode_v_kazahstane, (14.04.2021) [Welche Berufe sind heute „im Trend" in Kasachstan?] (auf Russisch).

Bundesinstitut für Berufsbildung (BIBB) (2016): Marktstudie Kasachstan für den Export beruflicher Aus- und Weiterbildung, https://www.bibb.de/veroeffentlichungen/de/ publica tion/show/8218 (14.04.2021).

Federal Ministry for Economic Affairs and Energy Division for Social Media, Public Relations (2007): Länderprofil Kasachstan, https://www.bq-portal.de/en/db/Länder-und-Berufsprofile/kasachstan (14.04.2021).

GoVet (2015): German Office for International Cooperation in Vocational Education and Training, Das 3x3 der dualen Berufsausbildung – Strategische Allianz zur dualen Berufsausbildung startet in Kasachstan, https://www.govet.international/de/27391.php (17.05.2021).

IAC (2017): Национальный доклад о состоянии и развитии системы образования Республики Казахстан, http://iac.kz/sites/default/files/nacional nyy_doklad_za_2017_god_s_oblozhkami_dlya_sayta.pdf (14.04.2021) [Nationaler Bericht über den Stand und die Entwicklung des Bildungssystems der Republik Kasachstan] (auf Russisch).

Informburo (2017): Бюджет 2018–2020: на что будет тратить государство и сколько денег возьмут из Нацфонда, https://informburo.kz/stati/byudzhet-2018-2020-na-chto-bu det-tratit-gosudarstvo-i-skolko-deneg-vozmut-iz-nacfonda.html (14.04.2021) [Budget 2018-2020: Wofür gibt der Staat das Geld aus und wie viel Geld wird dem Nationalfonds entnommen] (auf Russisch).

Informburo (2018): Число вакансий в Казахстане выросло на 20 %, наибольший спрос – на профессионалов, 13.4.2018, https://informburo.kz/novosti/chislo-vakansiy-v-ka zahstane-vyroslo-na-20-naibolshiy-spros-na-professionalov.html (14.04.2021) [Die Zahl der freien Stellen in Kasachstan ist um 20 % gestiegen, wobei Fachkräfte am meisten gefragt sind] (auf Russisch).

Ministerium für Nationale Wirtschaft der Republik Kasachstan (2021): Committee on Statistics, http://stat.gov.kz/> (14.04.2021).

MoES (2016): Система профессионального и технического образования, https:// www.gov.kz/memleket/entities/edu/about/structure/departments/activity/591/1? lang=ru (14.04.2021) [Berufliches und technisches Bildungssystem. Ministerium für Bildung und Wissenschaft der Republik Kasachstan] (auf Russisch).

Opencollege (2021): О проекте «Бесплатное ТиПО для всех», http://opencollege.kz/, (14.04.2021) [Über das Projekt „Free TVET for All"] (auf Russisch).

Resurs (2017): Государственная программа развития образования и науки Республики Казахстан на 2016–2019 годы, http://edu.resurs.kz/elegal/programma-2016-2019/2/ (14.04.2021) [Staatliches Programm für die Entwicklung von Bildung und Wissenschaft der Republik Kasachstan für 2016-2019] (auf Russisch).

Tengrinews (2014): Законы - Об утверждении Дорожной карты дуальной системы образования, предусматривающей создание учебных центров повышения квалификации и переквалификации при производственных предприятиях и их участие в подготовке ВУЗами и колледжами специалистов (изменения на 15 октября 2014), https://tengrinews.kz/zakon/pravitelstvo_respubliki_kazahstan_premer_ ministr_rk/obpazovanie/id-P1400001093/ (14.04.2021) [Gesetze – Zur Verabschiedung des Fahrplans für das duale Ausbildungssystem, der die Einrichtung von Ausbildungs- und Umschulungszentren in Unternehmen des verarbeitenden Gewerbes und deren Beteiligung an der Ausbildung von Fachkräften durch Universitäten und Colleges vorsieht (Änderungen vom 15. Oktober 2014)] (auf Russisch).

Zakon (2019): Техническое и профессиональное, послесреднее образование в
Республике Казахстан на начало 2018/2019 учебного года, https://www.zakon.kz/
4956896-tehnicheskoe-i-professionalnoe.html (14.04.2021) [Technische und berufsbildende, postsekundäre Bildung in der Republik Kasachstan zu Beginn des Studienjah-
res 2018/2019] (auf Russisch).

Abbildungsverzeichnis

Duale Berufsbildung in Kasachstan – Ausgangslage und aktuelle Entwicklungen

Carlos Machado

Abstract

Fachkompetenzen und Berufserfahrungen gewinnen auch für das Bildungssystem in Kasachstan an Bedeutung. Für berufliche Bildungsinstitutionen und Hochschulen steht die Entwicklung praktischer Kompetenzen im Rahmen von Lehr-Lern-Prozessen im Fokus. Damit stellt sich auch die Frage der Zusammenarbeit mit den Unternehmen bei der Entwicklung der „Employability" zukünftiger Fachkräfte in Ausbildung und Studium. Der Beitrag stellt hierzu die Ausgangssituation des deutsch-kasachischen Projekts GeKaVoC vor und fasst Aussagen kasachischer Bildungsakteurinnen und -akteure zusammen, die im Rahmen einer Pilotstudie mit Lehrkräften, Ausbildenden und Mitarbeitenden der an die Staatliche Universität Karaganda (KSU) angegliederten Berufsschulen und deren kooperierenden Unternehmen erhoben worden sind.

Professional skills and work experience are gaining importance for the education system in Kazakhstan. In vocational educational institutions and higher education institutions, challenges of the development of practical skills in the context of teaching and learning processes are being focussed. This also poses the question of collaboration with companies to develop the employability of future skilled workers during training and study programs. This article presents the initial situation of the German-Kazakh project GeKaVoC and summarizes statements by Kazakh educational actors that were collected in a pilot study with teachers, trainers and employees of the vocational schools affiliated to the Karaganda State University (KSU) and their cooperating companies.

Развитие профессиональных компетенций в процессе преподавания и обучения, приобретение практического опыта обучающимися являются важной задачей системы профессионального обучения Казахстана. В этой связи возникает вопрос о совместной работе с представителями предприятий по развитию возможностей трудоустройства будущих квалифицированных специалистов, которые завершают обучение по образовательным программам и программам дополнительной подготовки. В данной статье описана исходная ситуация немецко-казахстанского проекта GeKaVoC и обобщены мнения казахстанских экспертов в сфере образования, которые были собранны в рамках пилотного исследования с участием преподавателей, тренеров и сотрудников Карагандинского университета имени академика Е.А. Букетова, партнерских профессиональных колледжей и сотрудничающих компаний.

Bildungspolitische Diskussion und Entwicklungen

Die Nachfrage nach praxisorientierter Ausbildung in der kasachischen Gesellschaft gewinnt an Bedeutung (Álvarez-Galván, 2014; Kenzhegaliyeva, 2018). Seitens des in Kasachstan zuständigen Ministeriums sind gesteigerte Bemühungen zu erkennen, die Beschäftigungsfähigkeit qualifizierter Fachkräfte voranzutreiben. Die berufliche Bildung spielt eine wichtige Rolle bei der Entwicklung von Kenntnissen, Fähigkeiten und Kompetenzen junger Menschen, um ihnen zu helfen, Beschäftigungsmöglichkeiten voll auszuschöpfen, lokale Handlungsansätze zu entwickeln und sich für nachhaltige Arbeitspraktiken und unternehmerische Aktivitäten zu engagieren.

Aus Sicht der Unternehmen sind Fachkräfte mit Berufserfahrung aufgrund höherer Produktivität und niedriger Ausbildungskosten auf dem Arbeitsmarkt gefragt. Diese Nachfrage ist der Grund dafür, dass Institutionen der höheren Bildung – wie Universitäten und Hochschulen – berufliche Praxiserfahrungen in ihre Studienpläne integrieren, insbesondere in Form von (obligatorischen) Praktika (Silva et al., 2018). Berufliche Erfahrungen befähigen die Studierenden, bereits vor ihrem Abschluss und dem Eintritt in den Arbeitsmarkt ihre Beschäftigungsfähigkeit im Sinne von „Employability" zu entwickeln und auszubauen.

Eine Analyse der OECD (2018) hat ergeben, dass Kasachstan von einer stärkeren Verknüpfung zwischen der Berufsbildung, den Hochschulen und den Unternehmen profitieren könnte. Anhand des deutschen, österreichischen oder schweizerischen dualen Systems wird erkennbar, dass solche Schritte unerlässlich sind, wenn die Berufsbildung zur Schaffung nachhaltiger Gesellschaften mit niedriger Jugendarbeitslosigkeit beitragen will. Um auf diese Anforderungen reagieren zu können, müssen sich die beruflichen Bildungseinrichtungen an diesen Entwicklungen orientieren und das „Was", „Warum" und „Wie" der neuen Markttrends verstehen.

Ein Beweis für die Relevanz der beruflichen Bildung in Kasachstan sind die letzten Änderungen des Gesetzes über die berufliche Bildung (z. B. Regierung der Republik Kasachstan, 2018) oder das neue staatliche Programm für die Entwicklung von Bildung und Wissenschaft für 2020–2025 (Regierung der Republik Kasachstan, 2019). Gemäß diesem Programm wurde eine Vereinbarung über eine duale Ausbildung zu den Dokumenten hinzugefügt, die eine Arbeitstätigkeit bestätigen. Von nun an wird die Ausbildungszeit von Studierenden im dualen System auf die in den Studienprogrammen geforderte Berufserfahrung angerechnet. Dies soll einerseits die Chancen erhöhen, mit bereits vorhandener Berufserfahrung einen Berufseinstieg zu finden, andererseits erhalten sie mit einer dualen Ausbildung eine höhere Anerkennung im kasachischen Bildungssystem.

Weitere Änderungen, die vorgesehen sind, betreffen eine erhöhte Flexibilität bei der Dauer der Praktika, abhängig vom spezifischen Bildungsprogramm und von den erforderlichen Lernergebnissen. Die Colleges sollen in Absprache mit den Unternehmen Bildungsprogramme auf der Grundlage beruflicher Standards oder Marktanforderungen ausarbeiten, diese in die Registerdatenbank des Ministeriums für Bildung und Wissenschaft der Republik Kasachstan eintragen und je nach Bedarf Personal ausbilden.

Daher wird erwartet, dass die Flexibilität bei der Ausbildung von Arbeitnehmerinnen und Arbeitnehmern sowie Spezialistinnen und Spezialisten auf mittlerer Ebene zunimmt. Ein Vorteil ist, dass die Colleges ab sofort in der Lage sein werden, gemeinsam mit den Unternehmen den Inhalt von Bildungsprogrammen unabhängig zu bestimmen. Adaptierbare Lehrpläne und Programme können jungen Menschen helfen, die erforderlichen Qualifikationen zu erlangen und in kürzerer Zeit eine Arbeit zu finden. Falls erforderlich, können sie an die Colleges zurückkehren und weitere Zusatzqualifikationen erwerben.

Handlungsansatz und Intentionen des GeKaVoC-Projekts

Daher werden Initiativen wie GeKaVoC relevant, die aus einer zwischenstaatlichen Zusammenarbeit im Bildungsbereich – eingebettet in die Nasarbajew-Merkel-Initiative – hervorgegangen sind, da sie kasachische Partner*innen dabei unterstützen, duale Studienprogramme in strategischen Bereichen wie Logistik, Mechatronik und erneuerbare Energien zu entwickeln und im Rahmen von Pilotmaßnahmen zu erproben. In Zusammenarbeit mit den kasachischen Projektpartnerinnen und -partnern wurden folgende Kursprogramme ausgewählt, die – unter Berücksichtigung der sich während des Projekts ausweitenden COVID19-Pandemie – insbesondere als digitale Lernformate entwickelt und unter Berücksichtigung von Prinzipien dualer Berufsbildung ausgestaltet werden sollten:

Handlungsfeld Mechatronik
1. Programmierung mit Arduino
2. Mechatronik und Robotik
3. Robotik für Lehrende
4. Roboterbasierte Programmierung

Handlungsfeld Energietechnik
5. Betriebsorganisation von Kessel- und Turbinengeschäften von TPP (Turbinen Power Plant)
6. Steigerung der Effizienz durch kombinierte Erzeugung von elektrischer und thermischer Energie in Kraftwerken
7. Energiesicherheit
8. Energiesysteme und -netze

Handlungsfeld Logistik
9. Organisation, Planung und Verwaltung eines Logistikunternehmens
10. Absatzlogistik und Marketing
11. Theorie und Praxis des Supply Chain Managements
12. Transport- und Logistiksystemmanagement

Angesichts der pandemischen Entwicklung war es nicht möglich, mit herkömm-lichen Präsenzveranstaltungen zu experimentieren, die durch praktische Trainings am Arbeitsplatz oder in simulierten Laboren innerhalb der Hochschulen ergänzt wer-den. An einigen kasachischen Universitäten gab es bereits lokale Ansätze, synchrone und asynchrone Zwei-Wege-Videokonferenzen und teilweise Satellitenübertragung als Formen des Distanzunterrichts zu nutzen. Tatsächlich hat COVID-19 den Prozess der digitalen Transformation in der Bildung beschleunigt und es zeigt sich, dass das akademische Jahr 2020/2021 damit begonnen hat, dass die Mehrheit der Lehr- und Lernprozesse online stattfindet. Dies geschieht in Kasachstan ebenso wie in anderen Nationen. Sara Custer, Mitherausgeberin von Times Higher Education (THE), sagte im THE-Portal hierzu: "The pandemic has forced many universities to make a long-overdue shift to online teaching and learning. This transition has been beneficial in some ways, but it has also exacerbated pernicious inequalities among students and researchers and created space for new disparities – especially for already disadvanta-ged students and precarious academic" (THE, 2020).

Vor diesem Hintergrund mussten große Anstrengungen unternommen werden, um Lehrende und Studierende im Umgang mit neuen Lernumgebungen zu qualifi-zieren. Das duale System sowie Online-Lehr- und Lernmethoden sind dabei nicht aus-schließlich als Ersatz für das traditionelle Klassenzimmer zu sehen, sondern bilden ebenfalls eine Möglichkeit für Studierende, die Berufserfahrung mit Lernpraxis ver-binden wollen. Viele Studierende haben noch keine Online-Kurse belegt und berich-ten, dass sie nur über durchschnittliche Computerkenntnisse verfügen.

Organisation und Gestaltung von Lehr- und Lernprozessen – Anforderungen des Lehrpersonals

Zur Erfassung der Ausgangslage wurden Lehrende, die an kasachischen Bildungsein-richtungen in den vorgestellten Qualifizierungsfeldern tätig sind, zu ihren Vorstellun-gen und Anforderungen an Bildungsmodule befragt, mit denen die Entwicklung theo-retischer und praktischer beruflicher Kompetenzen gefördert werden sollen. Hierzu wurden die acht Aussagen (Abb. 1) evaluiert, die den Lehrenden zur Einschätzung und Stellungnahme vorgelegt worden sind.

Für die Befragung liegt ein Rücklauf von insgesamt 30 Fragebögen vor, der sich aus Lehrkräften, Ausbildenden, Programmmanagerinnen und -managern sowie Fach-praxis-Verantwortlichen rekrutiert. Die zentralen Ergebnisse und Aussagen werden im Folgenden zusammengefasst vorgestellt.

Unter Lehrkräften und Administratorinnen bzw. Administratoren besteht ein breiter Konsens darüber, dass auf nationaler Ebene dem Einsatz von Lehr- und Lern-technologien besondere Aufmerksamkeit gewidmet wurde. Das Land hat einen akkre-ditierten Plan für die Einführung von E-Learning-Technologien, die eine gute Basis und hohes Ansehen haben. Eine der ersten Institutionen, die Fernunterricht in Ka-sachstan bereits seit 2003 eingeführt haben, ist die Projektpartneruniversität Kyzylorda. Die Aktivierung und Einrichtung von Informationstechnologien und virtuellen Umgebungen findet in den Universitäten des Landes seit 2010/2011 statt, wodurch die Einführung von Lehrtechnologien zunehmend an Bedeutung für das Organisations-budget der Partnerinstitutionen gewinnt.

1. Auf nationaler Ebene liegt der Schwerpunkt jetzt auf dem Einsatz von Techno-logie für das Lehren und Lernen.
2. Derzeit hat das Land ein akkreditiertes Konzept zur Einführung von E-Learn-ing-Technologien, die eine gute Grundlage bilden und positiv wahrgenommen werden.
3. Die Einführung von Ausbildungstechnologien ist wichtig für das Budget der Organisation.
4. Die Organisation verfügt über eine Schulungsabteilung für Lerntechnologien, die effektiv implementiert werden, um Technologiestrategien zu entwickeln und umzusetzen und Online-Kurse zu organisieren.
5. Die Organisation hat einen Weg der Zusammenarbeit mit externen Stellen und die Einbeziehung der Unternehmen in den Bildungsprozess gefunden.
6. Die Zusammenarbeit mit dem Privatsektor ist einer der Schlüsselbereiche der Aktivitäten der Organisation.
7. Profilspezialisten leisten einen direkten Beitrag zur Entwicklung von Schu-lungsprogrammen (als Mitglieder des Entwicklungsteams).
8. Praxisorientierte Bildung ist ein grundlegender Ansatz der Tagesorganisation.

Abbildung 1: Aussagen als Grundlage der Lehrendenbefragung

Wie die vorläufige Umfrage zeigt (Abb. 2), verfügen die Organisationen über Abteilun-gen für Schulungen in Lerntechnologien, um Technologiestrategien effektiv zu entwi-ckeln und umzusetzen. Zusätzlich erfolgen die Organisation von Online-Kursen und die Zusammenarbeit mit externen Stellen sowie die Einbeziehung von Unternehmen in den Bildungsprozess. Dies ist eine wichtige Strategie, um ein duales System zu unterstützen und aufrechtzuerhalten, in dem die Zusammenarbeit mit dem privaten Sektor eine der Hauptaktivitäten der Berufsbildungs- und Hochschuleinrichtungen sein sollte.

Aus der erhobenen Stichprobe mit 30 Lehrpersonen und Verwaltungsangestell-ten an der Staatlichen Universität Karaganda (KSU) und der Staatlichen Universität Semey (SSU) stimmten 30 Prozent stark zu und 60 Prozent stimmten zu, dass die betrieblichen Fachkräfte direkt in die Lehrplanentwicklung (als Mitglieder des Ent-wicklungsteams) einbezogen werden sollten. Insgesamt können wir daraus schlie-ßen, dass praxisorientierte Bildung ein grundlegender Ansatz an der KSU und der SSU ist.

Aus der Grafik geht hervor, dass die Partnerinstitutionen in Kasachstan zwar einen Schwerpunkt auf praxisorientierte Bildung setzen, die Zusammenarbeit mit dem Privatsektor jedoch ein Bereich ist, der erheblich verbessert werden könnte.

Eines der damit verbundenen Risiken betrifft den Mangel an Kapazitäten und Anreizen für die strategische Planung und die Zusammenarbeit zwischen allgemeiner Berufsbildung und Hochschulbildung. Dies ist teilweise auf rechtliche und regulatorische Einschränkungen zurückzuführen, die mit der Fähigkeit öffentlicher Einrichtungen verbunden sind, trotz wichtiger Schritte des Ministeriums für Bildung und Wissenschaft eine erhöhte Verantwortung für die Entwicklung von Lehrplänen und akademischen Programmen zu übernehmen.

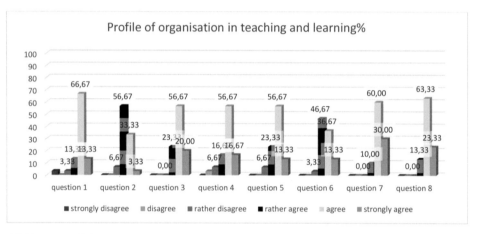

Abbildung 2: Profil der Organisation im Lehren und Lernen – Verteilung der Antworten auf die in der Befragung vorgelegten Aussagen (s. Abb. 1)

Ebenso sind E-Learning-Strategien nicht allgemein entwickelt, obwohl wir davon ausgehen, dass aufgrund der Pandemie bestimmte Voraussetzungen vorhanden sein müssen, damit – etwa durch die Bereitstellung digitaler Ausstattung, mit denen jede*r eine schnelle und erschwingliche Verbindung nutzen kann – praktische Schulungen für Lehrer*innen und Lernende allgemein möglich sind. Hier sollten Hochschulen und Berufsbildungseinrichtungen in diejenigen Abteilungen investieren, die sich mit Lerntechnologien befassen, um deren Einsatz auf die gesamte Institution auszudehnen. Die Unterstützung sollte durch Erhebungen geplant werden, die identifizieren, welche Materialien und Ressourcen für die jeweiligen Lernumgebungen und für die Organisation von Lehr-Lernprozessen notwendig und nützlich sind.

Abgesehen von traditionellen Workshops und Schulungen sollten die Abteilungen bei längeren Pandemie-bedingten Schließungen die Lehrer*innen und Schüler*innen mittels Blogposts, Leitfäden, Webinaren und Podcasts unterstützen, um den Adressatinnen und Adressaten dabei zu helfen, sich in unbekannten Bereichen zurechtzufinden. Wir haben auch festgestellt, dass qualifizierte Studierende, die Lerntechnologien verwenden, normalerweise nicht von Trainerinnen und Trainern als Tutorinnen und Tutoren für andere Studierende und Kolleginnen bzw. Kollegen ernannt werden. Außerdem wurden die Medienkompetenzen von Studierenden normalerweise nicht getestet, bevor Online-Kurse angeboten wurden. Das Fehlen einer Bewertung und Evaluation der Studierendenleistung beim Online-Lernen könnte letztendlich sowohl für Ausbilder*innen als auch für Studierende Probleme bereiten, insbesondere bei praktischen Aufgaben. Theoretisch kann erwartet werden, dass die digitalen Fähigkeiten der Studierenden die ihrer Lehrkräfte übertreffen. In diesem Kontext würde die Bereitschaft der Studierenden zum Online-Lernen jedoch ein hohes Maß an Motivation und Selbstständigkeit erfordern sowie eine angemessene Bewertung ihrer technischen Kompetenzen und Fähigkeiten, moderne Medien zu nutzen.

Weitere Bereiche, die wir ebenfalls untersucht haben, betrafen a) das Profil der beteiligten Fakultäten, b) die verfügbaren Informations- und Kommunikationstechnologie-Infrastrukturen, c) Lehr- und Ausbildungsmöglichkeiten für Lehrkräfte aufgrund praxisorientierter Bildung, d) Online-Lernen und e) die mögliche Nutzung des dualen Systems. Einige Aspekte, die laut Befragten Beachtung verdienen, waren das Angebot (oder das Fehlen) umfassender Praktikumsprogramme, die den Studierenden berufliche Fähigkeiten und Kompetenzen vermitteln. Hier werden Weiterentwicklungen vorgenommen. Die Stärkung der praxisorientierten Bildungsprogramme, die enge Zusammenarbeit der Universitäten mit dem Arbeitsmarkt und die Entwicklung von Bildungsprogrammen auf der Grundlage professioneller Standards sind Prioritäten, die in der jüngsten Hochschulreform der kasachischen Regierung vom 4. Juli 2018 festgelegt wurden.

Perspektiven

Wichtige Schwerpunkte der neuen Reformen in der Hochschulbildung sind die Modernisierung und Stärkung der digitalen Kompetenzen von Wissenschaftlerinnen und Wissenschaftlern und Lehrkräften sowie die Anpassung der kasachischen Berufsbildungseinrichtungen an die technologischen Veränderungen in der Produktion und an die Anforderungen des Arbeitsmarktes (Prime Minister of the Republic of Kazakhstan, 2019). Ein weiterer wichtiger Punkt ist die Vorbereitung von Fachkräften auf die spezifischen Anforderungen der Unternehmen bereits in der Ausbildung (Regierung der Republik Kasachstan, 2018). Dieser Bildungsansatz wurde im Rahmen der Erweiterung der akademischen Unabhängigkeit bereits für die Hochschulbildung übernommen.

Durch die neuen Änderungen können Colleges, die mit Universitäten zusammenarbeiten, wie es bei den Berufsbildungszentren in Karaganda und Semey der Fall ist, einen staatlichen Auftrag für die Personalausbildung auf Kosten des Universitätsbudgets erhalten, was bisher nicht möglich war. Für die berufliche Bildung werden zudem weniger bürokratische Hürden in Bezug auf Akkreditierungsverfahren bestehen, sodass Berufsbildungsorganisationen künftig ohne Akkreditierung an der Vergabe von staatlichen Aufträgen teilnehmen können, sofern diese lizenziert sind und die von den autorisierten Stellen festgelegten Anforderungen erfüllen. Die Reformen machen deutlich, dass Institutionen und das Bildungssystem zur Umsetzung der Berufsbildung und des dualen Systems flexibler, anpassungsfähiger und effizienter werden und sich auf die Ausbildung der am häufigsten nachgefragten Fähigkeiten und Kompetenzen konzentrieren sollten.

Eine der großen Herausforderungen für die kasachischen Partner*innen stellt die Gestaltung der handlungsorientierten Bildung dar. Wie Maßmann et al. (2020) feststellen, sollte der Fokus des Projekts auf der Stärkung der Zusammenarbeit zwischen privaten und öffentlichen Organisationen bzw. Unternehmen liegen. Ein weiterer Fokus liegt auf der Förderung des Beitrags zur beruflichen Entwicklung und der Steigerung der Sensibilität und Handlungsfähigkeit aller Beteiligten, die sich für nachhaltige und grüne Praktiken einsetzen. Das kompetenzbasierte Curriculum wird damit zu einem kasachischen Modell, das den Expertinnen und Experten des Projekts zur Verfügung steht, und dient der in den Projektzielen definierten Entwicklung von praxisorientierten Ausbildungsmöglichkeiten in den Bereichen Logistik, Mechatronik und nachhaltige Energieversorgung.

Literatur

Álvarez-Galván, J. (2014): A Skills beyond School Review of Kazakhstan, OECD Reviews of Vocational Education and Training, OECD Publishing.

NUK (2017): Nationale Unternehmerkammer, Genehmigung des professionellen Standards. Beschluss des Vorstandsvorsitzenden der Nationalen Unternehmerkammer der Republik Kasachstan „Atameken" vom 8. Juni 2017. № 133, https://online.zakon.kz/Document/?doc_id=36778129 (05.05.2021).

Kenzhegaliyeva, M. (2018): German Dual System: A Model for Kazakhstan? In: Education in Modern Society, BCES Conference Books, Vol. 16, Sofia: Bulgarian Comparative Education Society, S. 80–84, http://files.eric.ed.gov/fulltext/ED586117.pdf (11.05.2021).

Maßmann, M. et al. (2020): Implikationen für die berufliche Kompetenzentwicklung im Bereich der erneuerbaren Energien im deutsch-kasachischen Kontext. In: Berufsbildung International, Nachhaltigkeit, BMBF, S. 11–15.

OECD (2018): Education Policy Outlook Kazakhstan. OECD.

Silva, P. et al. (2018): The million-dollar question: Can internships boost employment? In: Studies in Higher Education, 43. Jahrgang, Ausgabe 1, S. 2–21.

Prime Minister of the Republic of Kazakhstan (2019): State Program of Education Development until 2025: Updating curricula, supporting science and electronic. Official Information Source of the Prime Minister of the Republic of Kazakhstan, 19.12.2019, https://primeminister.kz/en/news/gosprogramma-razvitiya-obrazovaniya-do-2025-goda-obnovlenie-uchebnyh-programm-podderzhka-nauki-i-elektronnoe-ent (05.05.2021).

Regierung der Republik Kasachstan (2018): Änderungsgesetz über die Einführung von Änderungen und Ergänzungen einiger Rechtsakte über die Ausweitung der akademischen und geschäftsführungen Unabhängigkeit von Hochschuleinrichtungen" am 4. Juli 2018 N. 172-VI

Regierung der Republik Kasachstan (2019): Über die Genehmigung des staatlichen Programms zur Entwicklung von Bildung und Wissenschaft der Republik Kasachstan für den Zeitraum 2020–2025 Beschluss der Regierung der Republik Kasachstan vom 27. Dezember 2019 № 988, https://adilet.zan.kz/rus/docs/P1900000988 (05.05.2021).

THE (2020): Universities' digital transformation will be focus of next THE forum: Topics including strategising, the benefits of online learning, and international research will be explored in conversations across two virtual stages, THE World Summit Series team, October 13, 2020, https://www.timeshighereducation.com/universities-digital-transformation-will-be-focus-next-forum (05.05.2021).

Abbildungsverzeichnis

Aspekte des lebenslangen Lernens im Kontext von Industrie 4.0 und nachhaltiger Entwicklung: Perspektiven der Umsetzung deutscher Erfahrungen in das System der technischen und beruflichen Bildung (TVET) in Kasachstan

Svetlana Karstina, Olga Zechiel

Abstract

Die Rolle der Bildung hat sich über die vergangenen Jahre durch neue Ziele im Bereich der nachhaltigen Entwicklung und des Konzeptes „Lebenslanges Lernen" verändert. Moderne Bildungssysteme sind durch kontinuierliche Entwicklungsprozesse und die Aus- und Weiterbildung von Fachkräften mit interdisziplinären Kompetenzen gekennzeichnet. Dabei werden Bildungsträger zunehmend zu „Corporate Training"-Einrichtungen, um flexibel auf Veränderungen des Arbeitsmarktes zu reagieren und zusätzliche Qualifizierungsprogramme anzubieten. Das strategische Vorhaben, den Bedarf an qualifizierten Arbeitskräften zu decken, wird durch internationale Projekte zu innovativen Konzepten des lebenslangen Lernens mit Fokus auf Industrie 4.0 und auf nachhaltige Wirtschaftsentwicklung unterstützt.

The role of education has changed over the past years, for example in the implementation of sustainable development goals or the concept of "lifelong learning". Modern education systems are characterized by continuous education and training of professionals with interdisciplinary competencies. In order to respond flexibly to changes in the labor market and offer additional qualification programs, education providers are more frequently becoming "corporate training" institutions. The facilitation of strategic approaches is taking place through international projects on innovative lifelong learning concepts, with a focus on Industry 4.0, sustainable economic development and the need for a skilled workforce.

В последнее время существенно повысилась роль образования в реализации целей устойчивого развития, возрос спрос на обучение на протяжении всей жизни. Современные системы образования характеризуются непрерывным процессом обучения и подготовки специалистов с междисциплинарными компетенциями. В этом контексте провайдеры образования все чаще становятся учреждениями "корпоративного обучения", чтобы гибко реагировать на изменения рынка труда и предлагать программы дополнительной квалификации. Стратегическим толчком для вектора развития при подготовке квалифицированной рабочей силы являются международные проекты по инновационным концепциям обучения на протяжении всей жизни с акцентом на Промышленность 4.0, устойчивое экономическое развитие.

Herausforderungen für das Bildungssystem allgemein

Die vierte Industrielle Revolution, geopolitische Instabilität, demografische Veränderungen, soziale Krisen und ihre Folgen haben die Entwicklungslinien der Bildungssysteme in vielen Ländern erheblich verändert (Padur & Zinke, 2015), ebenso wie die Rolle der Bildung bei der Erreichung der Ziele nachhaltiger Entwicklung (Abb. 1). Bildungsreformen und nationale Entwicklungsvorhaben zielen dementsprechend darauf ab,

- die Widersprüche zwischen der Qualität der Ausbildung und den Anforderungen des globalen Arbeitsmarktes zu verringern,
- die Flexibilität der Lehrpläne zu gewährleisten,
- integrative Aspekte und differenzierende Ansätze einzubeziehen,
- neue mediale Ressourcen anzuwenden,
- die Bedeutung des nicht-formalen Lernens zu steigern,
- das ausgeprägte Ungleichgewicht in der Fachkräfteversorgung verschiedener Branchen zu überwinden,
- die Beschäftigungsquote von Universitäts- und Hochschulabsolvierenden zu steigern und
- Arbeitsplätze im Bereich der Hochtechnologie (Robotik, Nanotechnologie, Biotechnologie, Kommunikation, Energie, „grüne" Technologie, etc.) zu schaffen (BIBB, 2018).

Diesen Trends folgend müssen die Systeme der gewerblich-technischen Berufsausbildung (TVET) und der Hochschulbildung zusammen mit den Programmen der beruflichen Weiterbildung einen kontinuierlichen Prozess der Kompetenz- und Qualifikationsentwicklung gewährleisten. Beide Bildungssysteme haben die Möglichkeit, sich in „Corporate Training"-Einrichtungen mit überwiegendem On-the-job-Training zu transformieren. Sowohl Berufsbildung als auch akademische Bildungsinstitutionen sollten die umfassende Implementierung von Personalentwicklungsprogrammen und die Anerkennung von Leistungen und Qualifikationen seitens der Unternehmen anstreben (Song & Li 2020) sowie auf die Ausbildung von multifunktionalen Fachkräften abzielen, die flexibel auf Veränderungen in der Arbeitswelt und den Anforderungen der Berufsbilder reagieren können. Die Veränderungen der Arbeitswelt erfordern die Entwicklung eines breiteren Kompetenzspektrums, das über betriebsspezifische Aufgaben hinausgeht und durch Programme zum Erwerb von Zusatzqualifikationen (ZQ) abgedeckt werden kann (Euler, 2013; Akther, 2020).

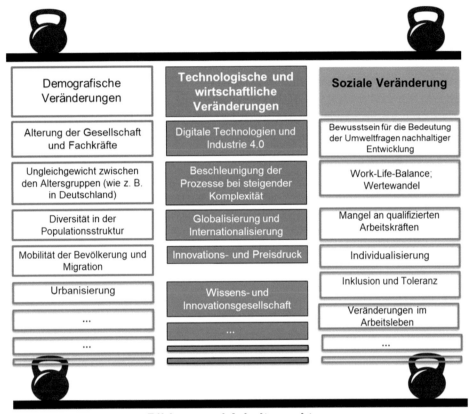

Demografische Veränderungen	Technologische und wirtschaftliche Veränderungen	Soziale Veränderung
Alterung der Gesellschaft und Fachkräfte	Digitale Technologien und Industrie 4.0	Bewusstsein für die Bedeutung der Umweltfragen nachhaltiger Entwicklung
Ungleichgewicht zwischen den Altersgruppen (wie z. B. in Deutschland)	Beschleunigung der Prozesse bei steigender Komplexität	Work-Life-Balance; Wertewandel
Diversität in der Populationsstruktur	Globalisierung und Internationalisierung	Mangel an qualifizierten Arbeitskräften
Mobilität der Bevölkerung und Migration	Innovations- und Preisdruck	Individualisierung
Urbanisierung	Wissens- und Innovationsgesellschaft	Inklusion und Toleranz
...		Veränderungen im Arbeitsleben
...	...	...

Bildung und Arbeitsmarkt

Abbildung 1: Auswirkungen des demografischen, sozialen, technologischen und wirtschaftlichen Wandels auf das Bildungssystem und auf den Arbeitsmarkt

Zusatzqualifikationen als Antwort auf die neuen Anforderungen des Arbeitsmarktes

Laut dem deutschen Berufsbildungsgesetz (§ 49 BBiG) sind Zusatzqualifikationen hauptsächlich Wahlangebote seitens der Ausbildungsbetriebe im dualen Berufsbildungssystem. Bei den ZQ handelt es sich um standardisierte Einheiten von Fähigkeiten, Kenntnissen und Fertigkeiten, die über die in den Verordnungen beschriebenen Ausbildungsberufsbilder hinausgehen (DIHK, 2018). Ausgehend davon lassen sich in Anlehnung an deutsche Erfahrungen (Bläsche et al., 2017) drei Teilbereiche von Zusatzqualifikationsprogrammen unterscheiden:

1. innerbetriebliche Fort- und Weiterbildung,
2. individuelle berufliche Aus- und Weiterbildung sowie
3. berufliche Fortbildung für Arbeitsuchende und von Arbeitslosigkeit bedrohte Berufsgruppen im Rahmen einer aktiven Arbeitsmarktpolitik.

Die Umsetzung der jeweiligen Teilbereiche der ZQ ist stark branchen- und regional-spezifisch und hängt beispielsweise vom Digitalisierungsgrad der Produktion in einem Betrieb ab.

Je nach Ausbildungsstand und Vorhandensein beruflicher Erfahrung sind verschiedene Zielkomponenten beim Erwerb von ZQ zu unterscheiden. Das ist zum einen die Weiterbildung im Sinne einer Verbesserung und Aktualisierung fachlicher Kompetenzen. Zum anderen steht der Erwerb metakognitiver Kompetenzen hinsichtlich des „Lernen Lernens", Gruppenarbeit, Konfliktbewältigung und -vermeidung sowie des kreativen Denkens usw. im Fokus. Die Gestaltung von Zusatzqualifikationen zur Vertiefung von Kenntnissen und Fähigkeiten im Kontext von Industrie 4.0 lässt sich beispielsweise in folgenden vier Blöcken darstellen (Fostec & Company, o. J.):

1. Kommunikation und Verständigung (im Sinne von Industrielles Internet der Dinge, Cloud und Cybersicherheit usw.);
2. Daten, Intelligenz und Analyse (Big Data und Analytics, künstliche Intelligenz);
3. Mensch-Maschine-Interaktion (beispielsweise AR/VR/MR) sowie
4. Advanced Manufacturing (Robotik, additive Verfahren).

Die in diesen Blöcken ausgebildeten Hard Skills sind durch den Erwerb von interdisziplinären Soft Skills zu ergänzen, die sich auf die wichtigsten beruflichen Cluster (Bhatti, 2017) konzentrieren und betriebswirtschaftliche, technologische und informationstechnische Fähigkeiten umfassen (Führungsfähigkeit, Kooperationsfähigkeit, Problemlösung mittels Technologieeinsatz, Entwicklung technologischer Innovationen zur Steigerung des Profits und der Produktivität etc.). Dieser Ansatz bietet den Lernenden zusätzliche berufliche Wettbewerbsvorteile und sorgt für eine bessere Abstimmung der Lehrpläne auf die Anforderungen des Arbeitsmarktes.

Zur Steigerung der Attraktivität sollten ZQ-Programme gut strukturiert, technologieorientiert ausgerichtet und mit operationalisierbaren Ergebnissen versehen sein (TACC, 2021). Dabei sollen Anregungen aus zukunftsträchtigen Branchen, technologische, soziale, demografische und andere Veränderungen (siehe Abb. 1, Du & Liu, 2020) sowie die Karriereerwartungen und -präferenzen der Auszubildenden berücksichtigt werden. Gleichzeitig muss sichergestellt werden, dass die Lernenden Formen, Methoden, Ort und Zeitpunkt des Lernens selbstbestimmt wählen können und im ständigen Austausch mit den Ausbildenden stehen (Stahl, 2020). Der Erfolg eines solchen Ansatzes hängt weitgehend davon ab, dass eine geeignete Methodik und ein wirksames Instrumentarium zur Verfügung stehen, die den sich ständig verändernden Anforderungen an fachliche Qualifikationen und Kompetenzniveaus, den Kriterien der Beschäftigungsfähigkeit, der Anwendung moderner Lerntechnologien und dem Bildungsmarketing Rechnung tragen. Daher sollten Programme für ZQ Lernende aller Altersgruppen, in allen Kontexten und zu jedem Zeitpunkt ihres Lebens erreichen, über die traditionellen Zielgruppen hinausgehen und Menschen dabei unterstützen und befähigen, aktiv an der Gesellschaft teilzunehmen.

Der Ansatz zur Implementierung von ZQ als Teil des lebenslangen Lernens ist untrennbar mit den Zielen für nachhaltige Entwicklung (Sustainable Development

Goals) verbunden, die 2015 von den Vereinten Nationen beschlossen wurden (UNO, 2015). Diese sind wie folgt zusammengefasst (Bundesregierung, o. J.):

Ziel 1: Armut in jeder Form und überall beenden
Ziel 2: Ernährung weltweit sichern
Ziel 3: Gesundheit und Wohlergehen
Ziel 4: Hochwertige Bildung weltweit
Ziel 5: Gleichstellung von Frauen und Männern
Ziel 6: Ausreichend Wasser in bester Qualität
Ziel 7: Bezahlbare und saubere Energie
Ziel 8: Nachhaltig wirtschaften als Chance für alle
Ziel 9: Industrie, Innovation und Infrastruktur
Ziel 10: Weniger Ungleichheiten
Ziel 11: Nachhaltige Städte und Gemeinden
Ziel 12: Nachhaltig produzieren und konsumieren
Ziel 13: Weltweit Klimaschutz umsetzen
Ziel 14: Leben unter Wasser schützen
Ziel 15: Leben an Land
Ziel 16: Starke und transparente Institutionen fördern
Ziel 17: Globale Partnerschaft.

Beispielsweise haben die Ziele 1, 3 und 8, die sich auf die Schaffung nachhaltiger Beschäftigung mit angemessenen Löhnen, das Vermeiden von prekärer Beschäftigung und die Verbesserung von Sicherheit und Gesundheitsschutz am Arbeitsplatz beziehen, eine besondere Beziehung zum Bildungssystem und zum Arbeitsmarkt in jedem Land. Je flexibler ein Bildungssystem ist, desto besser passt es sich an industrielle Innovationen an und schafft damit die Voraussetzungen für die Verringerung systemischer Ungleichheiten (Ziele 4, 5 und 10). Ziel 17 erklärt die Notwendigkeit von globaler Zusammenarbeit und Partnerschaften. Greifbare Auswirkungen des lebenslangen Lernens auf die Ziele für nachhaltige Entwicklung sind vor allem in europäischen Ländern, einigen asiatischen Ländern und den USA zu beobachten. In Indien zeichnet sich ein langsamer, aber stetiger Fortschritt ab. Überdies betrachtet Kasachstan die Umsetzung des Konzepts des lebenslangen Lernens als die wichtigste Voraussetzung für innovative Bildungsaktivitäten. In dieser Hinsicht sollten Fragen der nachhaltigen Entwicklung auch in den Programmen der beruflichen und hochschulischen Bildung integriert sein.

Zweifellos wird die Umsetzung der Grundsätze nachhaltiger Entwicklung auch durch Industrie 4.0 beeinflusst (UNO, 2019), wobei das Verhältnis dazu derzeit sehr uneindeutig ist. So diskutieren die Expertinnen und Experten intensiv über die negativen Auswirkungen von Industrie 4.0 auf die Umwelt, den verschärften Wettbewerb zwischen Unternehmen und Ländern, Ungleichheiten auf dem Arbeitsmarkt und den Verlust von Arbeitsplätzen. Gleichzeitig sind die entstehenden positiven Synergien nicht zu unterschätzen, die aus dem Einsatz intelligenter digitaler Technologien bei Entscheidungsprozessen in Wirtschaftskreisläufen und dem bedingungsspezifisch höchstmöglichen Wirkungsgrad der Ressourcenschonung resultieren.

Daraus erwachsen wiederum neue Ansprüche an die Ausbildung, und die zukünftigen Anforderungen an die Fachkräfte werden ausgeweitet (BMWI, 2020). Daher sollte die Rolle der Bildung bei der Erreichung der Ziele für nachhaltige Entwicklung in der Kette „Bildungssystem – Arbeitsmarkt – Industrie 4.0 – nachhaltige Entwicklung – Wirtschaft – Gesellschaft" betrachtet werden. In dieser hängen die Entwicklungsperspektiven und eine für alle Beteiligten gewinnbringende Kooperation von ausgewogenen Entscheidungen und der kritischen Bewertung der Risiken, der negativen Folgen und der Auswirkungen jedes Teils der Kette auf andere Teile und die gesamte Kette ab (UNO, 2019).

Dabei ist es wichtig, regionale, geografische, kulturell-demografische, sozioökonomische und sonstige Besonderheiten zu berücksichtigen (Abb. 1). Ein Beispiel dafür ist die Entwicklung des deutschen Produktionssektors. Zu den zu beachtenden Faktoren dieses Wirtschaftsbereiches gehören zum einen die Auswirkungen des demografischen Wandels wie die Alterung der Bevölkerung und die dadurch schwindende Zahl der Personen im erwerbsfähigen Alter sowie der zunehmende regionale Fachkräftemangel (siehe Abb. 1, BMWI, 2021). Zum anderen müssen Produktionsprozesse dahingehend optimiert werden, dass die Kosten für die Einführung innovativer Technologien, die Energieversorgung und die Sicherung von Arbeitsplätzen gedeckt sind. Somit wird eine ressourceneffiziente und CO_2-neutrale, digitalisierte Produktion mit Arbeitsplätzen auf allen Qualifikationsniveaus und Graden der körperlichen und geistigen Leistungsfähigkeit zum Ziel der industriellen Entwicklung.

Besonderheiten der kasachischen Berufsbildung in Bezug auf die Industrie 4.0 und nachhaltige Entwicklung

In Kasachstan wird der Übergang zur Industrie 4.0 vor allem durch wirtschaftliche Perspektiven bedingt:
- Steigerung der Wettbewerbsfähigkeit der Unternehmen;
- Entstehen neuer Einkommensquellen und Marktnischen;
- Einbindung Kasachstans in das globale industrielle Netzwerk;
- Verbesserung der Arbeitsbedingungen sowie die Reduzierung von Arbeitsunfällen und Verletzungen (KAZ, 2020).

Gleichzeitig soll die Umweltverträglichkeit der Produktion durch die technologische Modernisierung fokussiert werden. Als Ziele hat sich das Land beispielsweise das Erreichen einer Nullbilanz bei der Emission von Treibhausgasen bis 2060 und die schrittweise Dekarbonisierung der Landwirtschaft gesetzt (KAZ, 2021). In Kasachstan herrscht jedoch ein Mangel an qualifizierten Arbeitskräften – die Qualität der Ausbildung an Universitäten und Hochschulen ist immer noch ein akutes Problem (OECD, 2019). Es gibt zudem keine systematische Erfassung analytischer Daten der Bedürfnisse der Akteurinnen und Akteure, Instrumente und Mechanismen zur Einbeziehung der an der Ausbildung beteiligten Akteurinnen und Akteure sind schwach entwickelt (Karstina et al., 2021). Eine schematische Beschreibung des aktuellen Zustands des kasachischen TVET-Systems ist in Abbildung 2 dargestellt.

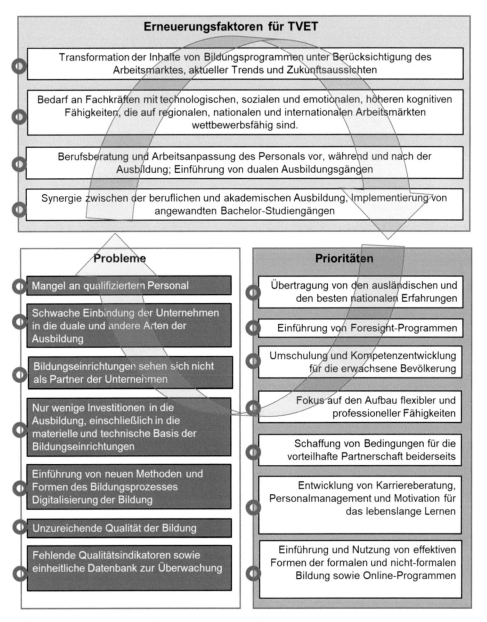

Abbildung 2: Das kasachische TVET-System: Zustand, Probleme und Perspektiven

Um die in Abbildung 2 dargestellten Schwierigkeiten in den Schlüsselsegmenten des Arbeitsmarktes zu überwinden, müssen neue Ansätze für die berufliche Aus- und Weiterbildung im Land entwickelt werden, die auf den eigenen bildungspolitischen, sozialen und wirtschaftlichen Zielen und Bedürfnissen (Spasenović, 2013) sowie auf den Erfahrungen anderer Länder mit einem qualitativ hochwertigen und nachhaltigen Berufsbildungssystem basieren. Das schließt auch Länder wie Deutschland ein, deren Berufsbildungssystem auf einem dualen Ausbildungsmodell begründet ist. Die kritische Analyse und Bewertung der Besonderheiten des eigenen Bildungssystems im politischen, kulturellen und wirtschaftlichen Kontext ermöglicht es Kasachstan, das für sich effektivste Bildungsmodell zu finden, die dafür am besten geeigneten Instrumente zu identifizieren sowie deren Integration in bestehende Kontexte zu gewährleisten. Das von 2017 bis 2021 vom Deutschem Bundesministerium für Bildung und Forschung (BMBF) geförderte kasachisch-deutsche Projekt „GeKaVoC – Transfer von dualen Ausbildungsgängen in Logistik, Mechatronik und nachhaltiger Energieversorgung in Kasachstan" geht einige dieser Herausforderungen an. Die Relevanz des Projekts ergibt sich aus den deutschen und kasachischen Plänen und Programmen zur Zusammenarbeit in den Bereichen Bildung, Umwelt und Technologie, Globalisierung, Klimawandel und globaler Transformation zu alternativen Energiequellen sowie zu Migration, Digitalisierung und Industrie 4.0 (Askarow, 2020).

Schlussfolgerungen und Perspektiven

Die Umsetzung der Prinzipien des lebenslangen Lernens im Kontext von Industrie 4.0 und nachhaltiger wirtschaftlicher Entwicklung hängt von vielen Faktoren ab, einschließlich moderner Methoden und effektiver Instrumente, die den sich ständig ändernden Anforderungen des Arbeitsmarktes an Fachqualifikationen und Kompetenzniveaus entsprechen.

Gemeinsame länder-, regionen- und branchenübergreifende Projekte zur Entwicklung, Erprobung und Umsetzung innovativer Konzepte des lebenslangen Lernens mit Fokus auf Industrie 4.0, nachhaltige wirtschaftliche Entwicklung und den Bedarf verschiedener Zielgruppen und Branchen an qualifiziertem Personal ermöglichen den Aufbau einer strategischen Entwicklungslinie des Bildungsdienstleistungsmarktes.

Die Rolle der Bildung bei der Erreichung der Sustainable Development Goals sollte in der Kette „Bildungssystem – Arbeitsmarkt – Industrie 4.0 – nachhaltige Entwicklung – Wirtschaft – Gesellschaft" betrachtet werden, in der es wichtig ist, regionale, geografische, kulturell-demografische, sozioökonomische und andere Merkmale zu berücksichtigen.

Zusatzqualifikationsprogramme müssen Lernende aller Altersgruppen, in allen Kontexten und zu jedem Zeitpunkt ihres Lebens erfassen, über traditionelle Zielgruppen hinausgehen und die Menschen unterstützen und befähigen, aktiv an der Gesellschaft teilzunehmen. Damit die Programme erfolgreich sind, müssen sie kontinuierlich von den relevanten Akteurinnen und Akteuren begleitet und evaluiert werden. Insbesondere sind innovative Technologien unter dem Gesichtspunkt der Ziele nachhaltiger Entwicklung zu entwickeln und auszuwählen. Dabei ist die Ausbildung von nationalen Fachleuten sowie Wissensmultiplikatorinnen und -multiplikatoren, die für Analyse-, Bildungs-, Innovations- und Technologieaufgaben gerüstet sind, von besonderer Bedeutung, um die Vernetzung und Kooperation in den Themenbereichen Industrie 4.0 und nachhaltige wirtschaftliche Entwicklung zu gewährleisten.

Literatur

Askarow, A. (2020): Аскаров, А: Интервью с послом Германии в РК Тило Клиннер: Инвестиции немецких компаний в Казахстане составляют около 4 млрд евро, Центр деловой информации "Kapital.kz", 24.02.2020, https://kapital.kz/economic/84921/investitsii-nemetskikh-kompaniy-v-kazakhstane-sostavlyayut-okolo-4-mlrd-yevro.html (15.03.2021) [Die Investitionen deutscher Unternehmen in Kasachstan belaufen sich auf rund 4 Mrd. Euro, Business Informationscenter Kapital.kz] (auf Russisch).

Akther, J. (2020): Влияние ЮНЕСКО на развитие непрерывного обучения. Открытый журнал Сосоциальных наук, 8, 103–112, https://doi.org/10.4236/jss.2020.83010. DOI: 10.4236 /jss.2020.83010 (15.03.2021) [Der Einfluss der UNESCO auf die Entwicklung des lebenslangen Lernens. Offene Zeitschrift für Sozialwissenschaften] (auf Russisch).

Bhatti, H. (2017): Review of the book The Future of Jobs: Employment, Skills and Workforce Strategy for the Fourth Industrial Revolution by World Economic Forum. Knowledge Futures: Interdisciplinary Journal of Futures Studies, 1(1).

BIBB (2018): BIBB Congress 2018. Online documentation, https://kongress2018.bibb.de/en/ (15.03.2021).

Bläsche, A. et al. (2017): Qualitätsoffensive strukturierte Weiterbildung in Deutschland, Hans-Böckler-Stiftung, https://www.wissensatlas-bildung.de/publikation/qualitaetsoffensive-strukturierte-weiterbildung-in-deutschland/ (15.03.2021).

BMWI (Hrsg.) (2020): Nachhaltige Produktion: Mit Industrie 4.0 die Ökologische Transformation aktiv gestalten, https://www.plattform-i40.de/PI40/Redaktion/DE/Downloads/Publikation/Nachhaltige-Produktion.pdf?__blob=publicationFile&v=4, (15.03.2021).

BMWI (2021): Fachkräfte für Deutschland, https://www.bmwi.de/Redaktion/DE/Dossier/fachkraeftesicherung.html (15.03.2021).

Bundesregierung (o. J.): Nachhaltigkeitsziele verständlich erklärt, https://www.bundesregierung.de/breg-de/themen/nachhaltigkeitspolitik/nachhaltigkeitsziele-verstaendlich-erklaert-232174 (12.08.2021).

DIHK (2018): IHK-Leitfaden zu den Änderungen in der Prüfungsorganisation der Industriellen Metallberufe, Industriellen Elektroberufe und des Mechatronikers. o. A.

Du, W. & Liu, L. (2020): German Vocational Education in the New Century. DOI: 10.18282/l-e.v9i3.1590. 2020/Volume 9 Issue 3, 2020, p. 104–106.

Euler, D. (2013): Germany's Dual Vocational Training System: A Model for Other Countries? Gutersloh: Bertelsmann Stiftung.

Fostec & Company (o. J.): Industrie 4.0, https://www.fostec.com/de/kompetenzen/Digita lisierungsstrategie/industrie-4-0 (15.03.2021).

Karstina, S. et al. (2021): С. Г. Карстина, О. Н. Цехиель, К. Мачадо, Вклад казахстанско-немецкого сотрудничества в создание инструментария оценки программ профессионального образования; Высшее образование в России (Vysshee obrazovanie v Rossii = Higher Education in Russia), https://doi.org/ 10.31992/0869-3617-2021-30-1-132-143, Том 30, № 1 (2021), С. 132-143 (15.03.2021) [Beitrag der kasachisch-deutschen Zusammenarbeit bei der Entwicklung von Evaluationsinstrumenten für Berufsbildungsprogramme. Higher Education in Russia, Band 30, N1 (2021), S. 132-143] (auf Russisch).

KAZ (2020): Внедрение Индустрии 4.0 в Казахстане, или как «умные» заводы справились со своей работой в период карантина и мировой пандемии, 14 Сентябрь 2020, Официальный информационный ресурс Премьер-Министра Республики Казахстан, https://primeminister.kz/ru/news/reviews/vnedrenie-industrii-40-v-kazahstane-ili-kak-umnye-zavody-spravilis-so-svoey-rabotoy-v-period-karantina-i-mirovoy-pande mii-1483456 (15.03.2021) [Einführung von Industrie 4.0 in Kasachstan oder wie Smart-Factories mit Quarantäne und globaler Pandemie zurechtkommen, 14. September 2020, Offizielle Informationsquelle des Premierministers der Republik Kasachstan] (auf Russisch).

KAZ (2021): Экологические инициативы, совершенствование законодательства и меры господдержки – развитие сферы геологии и природных ресурсов Казахстана по итогам 2020 года, 18 Февраль 2021, Официальный информационный ресурс Премьер-Министра Республики Казахстан, https://primeminister.kz/ru/news/ reviews/ekologicheskie-iniciativy-sovershenstvovanie-zakonodatelstva-i-mery-go spodderzhki-razvitie-sfery-geologii-i-prirodnyh-resursov-kazahstana-po-itogam-2020-goda-181164 (15.03.2021) [Umweltinitiativen, Verbesserung der Gesetzgebung und staatliche Unterstützungsmaßnahmen – Entwicklung des kasachischen Sektors für Geologie und natürliche Ressourcen bis 2020, 18. Februar 2021, Offizielle Informationsquelle des Premierministers der Republik Kasachstan] (auf Russisch).

OECD (2019): Казахстан: мониторинг процесса повышения квалификации кадров посредством внедрения профессиональных стандартов OECD Publishing, Paris, www.oecd.org/eurasia/competitiveness-programme/central-asia/Kazakhstan-Moni toring-Skills-Development-through-Occupational-Standards-2019-RUS.pdf (15.03.2021) [Kasachstan: Überwachung der Weiterentwicklung des Personals durch die Umsetzung von Berufsstandards, OECD Publishing, Paris] (auf Russisch).

Padur, T. & Zinke, G. (2015): Digitalisation of the world of work – perspectives and challenges facing vocational education and training 4.0. 2015, https://www.bibb.de/en/ 36985.php (15.03.2021).

Song, Y. & Li, L. (2020): Exploration Into the Demand for Vocational Education System Construction/Advances in Social Science, Education and Humanities Research, volume 450 Proceedings of the 2020 International Conference on Advanced Education, Management and Information Technology (AEMIT 2020), p. 195–201, http://creativecommons.org/licenses/by-nc/4.0/ (15.03.2021).

Spasenović, V. (2013): Školski sistemi iz komparativne perspektive. Beograd: Institut za pedagogiju i andragogiju Filozofskog fakulteta Univerziteta u Beogradu.

Stahl, D. (2020): Lebenslanges Lernen – das Ende der Erwachsenenbildung? 22/12/2020 https://epale.ec.europa.eu/de/blog/lebenslanges-lernen-das-ende-der-erwachsenen bildung (15.03.2021).

ТАСС (2021): „Массового закрытия вузов не будет." Ректор ВШЭ о трендах будущего образования Ярослав Кузьминов в интервью ТАСС от 26.01.2021, https://tass.ru/interviews/10541877 (15.03.2021) [„Es wird keine Massenschließungen von Universitäten geben." Der Rektor der Hochschule für Wirtschaft Jaroslaw Kusminow über Trends in der zukünftigen Bildung in einem Interview mit TASS am 26.01.2021] (auf Russisch).

UNO (2015): Transforming our world: the 2030 Agenda for Sustainable Development, https://sdgs.un.org/2030agenda (15.03.2021).

UNO (2019): Четвертая промышленная революция – реорганизация инновационной политики в интересах обеспечения устойчивого и инклюзивного ростаОрганизация Объединенных Наций, Экономический и Социальный Совет; Европейская экономическая комиссия Комитет по инновационной деятельности, конкурентоспособности и государственно - частным партнерствам Distr.: General; 21 January 2019, Russian, Original: English, https://unece.org/fileadmin/DAM/ceci/documents/2019/CICPPP/Official_documents/ECE_CECI_2019_3_1900968R.pdf (15.03.2021) [Die vierte industrielle Revolution – Neugestaltung der Innovationspolitik für nachhaltiges und integratives Wachstum, UNO, Wirtschafts- und Sozialrat; Wirtschaftskommission für Europa, Ausschuss für Innovation, Wettbewerbsfähigkeit und öffentlich-private Partnerschaften] (auf Russisch).

Abbildungsverzeichnis

Industrie 4.0 und Modernisierungsprozesse in der Wirtschaft Kasachstans als Herausforderungen an die Bildungsarbeit und die Qualifizierung des technischen Lehrpersonals

Frank Winzerling, Madina Gainelgazykyzy, Kai Gleißner

Abstract

Modernisierungsprozesse in der Wirtschaft führen auch in Kasachstan zu weitgreifenden Veränderungen der Arbeitswelt und damit zu neuen Herausforderungen an die berufliche Bildung. Besonders die Entwicklungsgeschwindigkeit und Innovationsfähigkeit von Unternehmen im Bereich der Industrie 4.0 sind eine herausfordernde Aufgabe für die Lehrkräfte und die beruflichen Lernorte. Der Beitrag beschreibt diese Entwicklungen im kasachischen Arbeits- und Bildungssystem und daraus resultierende Anforderungen an die Bildungsarbeit und an die Qualifizierung der beruflichen Lehrkräfte.

Modernization processes in the economy are leading to major changes in work environments in Kazakhstan as well and thus to new challenges for vocational training. In particular, the pace of development and innovativeness of companies in the field of Industry 4.0 are a challenging task for teachers and vocational training sites. This article describes these developments in the Kazakh labor and education system and the resulting requirements for educational work and the qualification of vocational teachers.

Процессы модернизации в экономике приводят к далеко идущим изменениям во всем мире, а значит, к новым вызовам для профессионального образования. В частности, темпы инновационного развития компаний в области Индустрии 4.0 приводят к изменениям в преподавании и инфраструктуры профессионального обучения. В статье описаны происходящие в Казахстане изменения в сфере труда и образования и вытекающие из них требования к воспитательной работе и квалификации профессиональных педагогов.

Ausgangslage

Die Ausrichtung Kasachstans auf die Entwicklung einer modernen Wirtschaft, die Modernisierung von Technologien in den Unternehmen und eine erhöhte Flexibilisierung der Produktion weisen auf den zunehmenden Bedarf von gut qualifiziertem Fachpersonal hin. Damit bildet eine praxisbezogene Berufsausbildung eine wichtige Grundlage, den zukünftigen wirtschaftlichen Anforderungen gerecht zu werden. Die Entwicklung einer modernen Berufsausbildung orientiert sich an Leitprinzipien und Strategien, die von den gesellschaftlich und wirtschaftlich Beteiligten als Ziele formuliert werden.

Die Bearbeitung der folgenden Fragestellungen ist hierbei von entscheidender Bedeutung:

- Welche Entwicklungstendenzen kennzeichnen moderne Berufsbildungskonzepte?
- Welche Ziele sollte eine moderne Berufsausbildung verfolgen und welche Ansätze sind geeignet, diese als praxisnahe Ausbildung zu realisieren und den Lernenden umfassende Kompetenzen zu vermitteln?

Einen wesentlichen Erfolgsfaktor stellt dabei die Fokussierung auf die Vermittlung von beruflichen Handlungskompetenzen dar. Diese können in den unterschiedlichen Berufsbildungssystemen in verschiedenen Formen organisiert werden. Während die deutsche Berufsausbildung wesentlich durch das duale System bestimmt wird, orientieren sich andere Länder an kompetenzbasierten Bausteinen.

Bildungspolitischer Handlungsrahmen

Die kasachische Regierung setzt umfassende Reformen im Berufsbildungssektor um. In den vergangenen Jahren wurden Programme zum Ausbau der Berufsbildungseinrichtungen, zur Einführung der dualen Berufsausbildung sowie zur Umstrukturierung der Colleges mit einem stärkeren Fokus auf technische Fächer, Innovation und Praxisnähe begonnen (LIPortal, o. J.). Die Beteiligung der Betriebe an der dualen Berufsausbildung (bzw. die stärkere Einbeziehung der Wirtschaft) kann derzeit noch als moderat bezeichnet werden. Vor allem sind Großbetriebe aktiv, dies liegt zum Teil daran, dass sie die sowjetische Tradition der Nachwuchskräfte-Ausbildung beibehalten haben. Außerdem fällt es ihnen viel leichter als kleinen und mittleren Unternehmen (KMU), ihren langfristigen Fachkräftebedarf zu planen.

KMU sind dagegen oft mit Existenzrisiken konfrontiert. Darum wird in Kasachstan mehr und mehr Richtung Etablierung überbetrieblicher Ausbildungszentren (Kompetenzzentren) gedacht, und die Nationale Unternehmerkammer engagiert sich dazu. Die Ausbildung in den Betrieben ist nur in Einzelfällen wie in Deutschland organisiert. Meistens, und wenn überhaupt, werden die Auszubildenden nur in einfacheren Produktionsprozessen eingesetzt. Aber wenn man bedenkt, dass vor der Nazarbayev-Merkel-Initiative zur Einführung der dualen Berufsausbildung die Studierenden der Colleges während ihres Praktikums nur Beobachter*innen waren, sind die Fortschritte bei der Entwicklung der Berufsbildung in Kasachstan offensichtlich. Auszubildende können den Status als Lernende oder Arbeitskräfte erhalten – je nach Betrieb und je nach Vertrag, den der Betrieb mit dem College unterzeichnet. Dementsprechend hängen davon die Ausbildungsbedingungen ab.

Die Qualität der Ausbildung an Betrieben überprüft derzeit das College, gemäß der Anordnung N50 des Ministers für Bildung und Wissenschaft vom 21.01.2016 (Adilet, 2016). Es hängt jedoch von der jeweiligen regionalen Kammer ab, ob sie auch diese Kontrolle mittragen. Die Deutsche Gesellschaft für Internationale Zusammenarbeit (GIZ) hat der Nationalen Unternehmerkammer geraten, diese Bestimmung gesetzlich zu verankern. Das Bildungsgesetz wurde insoweit abgeändert, dass 60 Prozent der Praxis in Form der dualen Ausbildung im Betrieb und als Betriebspraktika stattfinden sollen (Artikel 17, Punkt 6 des Gesetzes „Über die Bildung"), darüber hinaus wurden Prinzipien der dualen Ausbildung im Gesetz festgehalten (Artikel 1, Punkt 19–1 des Gesetzes „Über die Bildung"). Es wurde eine Novelle des obligatorischen Bildungsstandards für berufliche Bildung verabschiedet[1], dessen Inhalt die Colleges in Hinsicht auf Praxisvermittlung bis zu 80 Prozent flexibel gestalten und Theoriestunden zugunsten der Praktika abändern können (Kostanaycontrol, 2017).

Darüber hinaus werden mit den Arbeitgeberinnen und Arbeitgebern Vereinbarungen getroffen, wonach Auszubildende einen Antrag auf ein Stipendium von Unternehmen während der Ausbildungszeit stellen können. Diese Art Vergütung wird im Gesetz „Über die Bildung" Kompensationszahlung genannt. Betriebe, die im System der dualen Berufsausbildung aktiv sind, haben zudem Anspruch auf gewisse Steuererleichterungen. Anreize sind gesetzlich für Einzelpersonen und juristische Personen vorgesehen, die bestimmte Kriterien erfüllen.

Berufsbildungsreform

Die anlässlich des Staatsbesuchs von Nazarbayev in Deutschland eingeleiteten Bestrebungen der kasachischen Regierung, die duale Berufsausbildung nach dem deutschen Modell in Kasachstan einzuführen, haben den Namen „Nazarbayev-Merkel-Initiative" bekommen. In diesem Zusammenhang wurden die Beziehungen zu Deutschland weiter ausgebaut: 2013 wurde eine Vereinbarung zwischen der GIZ und dem kasachischen Bildungsministerium unterzeichnet, die 2015 für weitere drei Jahre verlängert wurde. In diesem Rahmen beriet der von der GIZ in das Bildungsministerium entsandte internationale Berater auf der nationalen Ebene in Fragen der institutionellen Etablierung der dualen Ausbildung. Auf der lokalen Ebene arbeiteten von März 2015 bis Februar 2019 im Rahmen des GIZ develoPPP-Programms „Strategische Allianz der dualen Berufsausbildung" die deutschen Unternehmen Evonik

---

1 In Kasachstan gibt es Bildungsstandards für jede Bildungsstufe (Schulbildung, Berufliche Bildung, Hochschulbildung). Diese Standards sind für jede Bildungseinrichtung verbindlich.

Industries AG, HeidelbergCement sowie CLAAS und John Deere mit kasachischen Pilotcolleges zusammen. Ziel war es, in drei kasachischen Regionen deutsche duale Ausbildungsberufe für Industrie-, Landmaschinen- und Automatisierungstechnik einzuführen. Deutsche Ausbildungsordnungen wurden an kasachische Bedingungen angepasst und in den Pilotcolleges umgesetzt. Eine umfassende Bewertung des dualen Ausbildungssystems wurde in Kasachstan noch nicht durchgeführt. Es ist jedoch deutlich, dass die Voraussetzungen für diese Ausbildungsform in Großbetrieben viel mehr vorhanden sind als bei KMU. Darum werden in den Regionen Ressourcenzentren (Ausbildungszentren) an gut ausgestatteten Colleges oder Unternehmen initiiert, die die Möglichkeiten besitzen, Praktika und Kurzzeitkurse anzubieten.

Das Berufsbildungssystem Kasachstans wird kontinuierlich reformiert: Es wird angestrebt, die Berufsbildung zugänglicher und attraktiver zu machen und ihre Qualität und Bedarfsorientierung zu erhöhen. Denn die internationale Erfahrung zeigt, dass Investitionen in Humankapital und insbesondere in Bildung erhebliche Vorteile bringen. Bildungsinvestitionen sind besonders relevant für die Entstehung technologisch fortschrittlicher und produktiver Arbeitskräfte, die zur Wettbewerbsfähigkeit und Attraktivität des Landes für ausländische Investoren beitragen können. Der kasachische Staat steigert somit kontinuierlich die Bildungsausgaben und strebt an, Anreize für den privaten Sektor, in Bildung, Wissenschaft und Innovationen zu investieren, weiterzuentwickeln.

Derzeit sind im Berufsbildungssystem jedoch viele Herausforderungen festzustellen. Darum stehen für die Weiterentwicklung der Berufsbildung in Kasachstan folgende Aspekte im Vordergrund:
- Aufbau des National Quality Standard (NQS), Entwicklung der National Qualification Frameworks (NQF), eines Sectoral Qualification Frameworks (SQF) und von Berufsbildungsstandards;
- Modernisierung der Ausbildungsinhalte und ihre Entsprechung in den Berufsbildungsstandards;
- Einführung neuer praxisorientierter Unterrichts- und Lernmethoden, insbesondere der modularen und kompetenzorientierten Ausbildung;
- Verbesserung der materiell-technischen Ausstattung (Lernwerkstätten, Übungsplätze) und der Unterrichtsmaterialien;
- Entwicklung der Infrastruktur zur Qualifizierung des Bildungspersonals, sowohl in Berufsbildungseinrichtungen als auch in Betrieben;
- Erhöhung der Attraktivität der beruflichen Bildung sowohl für Schulabgänger und ihre Eltern als auch für Praktiker in Betrieben und für Nachwuchslehrkräfte;
- Einführung neuer Finanzierungsmodelle der Berufsbildungseinrichtungen (Treuhand-Verwaltung, Pro-Kopf-Finanzierung);
- Orientierung am Bedarf der Wirtschaft und des Arbeitsmarkts, insbesondere in Bezug auf Industrie 4.0 und neue technologische Entwicklungen;
- Reformierung der Berufsorientierung;
- Integration in den globalen Bildungsraum (Durchlässigkeit der Bildungsstufen, Bologna-Prozess).

Bereits die iMOVE-Studie (2016) zeigte einen sehr hohen Bedarf an qualifizierten Fachkräften. So wurde mit Verweis auf die Befragung des Zentrums für Informationsanalysen in Beschäftigungsfragen herausgestellt, dass Unternehmen einen hohen Bedarf an Mitarbeiterinnen und Mitarbeitern mit niedrigen oder mittleren Berufsqualifikationen (73 %) haben und insbesondere in den Bereichen Bildung, sonstige Dienstleistungen, Gesundheits- und Sozialwesen, Bau, Verwaltung und Sozialversicherung, Bergbau, Information und Kommunikation zukünftig weitere Fachkräfte benötigt werden. Doch auch die Transformation der Wirtschaft weg von einem vom Erdöl abhängigen zu einem zukunftsorientierten Wirtschaftssystem wird zu neuen Bedarfen führen.

Digitalisierung als Veränderungstreiber für die Ausbildungs- und Arbeitswelt

Neue Technologien, Digitalisierung, Robotisierung und Automatisierung verändern den Bedarf an Arbeitskräften und die Qualität des Humankapitals. Heute sind globale und lokale Herausforderungen eng miteinander verflochten. Unter diesen Bedingungen ist die Entwicklung von Zukunftsstrategien eine Notwendigkeit, um die aktuellen Herausforderungen zu bewältigen, und bildet den Schlüssel zum Erfolg für die Staaten. Mark Cahill, U. K.-Geschäftsführer von Manpower, warnte bereits 2017 davor, dass 65 Prozent der Berufe der zukünftigen Generationen heute noch gar nicht existieren (Payscale, 2017). Resultierend aus den betrieblichen Konsequenzen der Automatisierung werden neue Berufe entstehen und alte verschwinden oder sich zum Teil verändern. Durch Automatisierung und Robotisierung sind Berufe, die vorrangig Routineaufgaben enthalten, vom Aussterben bedroht. Berufe, die keine Routineaufgaben aufweisen, aber heutzutage für die Durchführung der Routineaufgaben relevant sind, werden im Zuge der Automatisierung nicht mehr benötigt werden. Für Berufe, die teilweise aus Routineaufgaben bestehen, werden Veränderungen anstehen (etwa durch Teilautomatisierung oder erhöhten Qualifikationsbedarf). In diesen Berufen werden Arbeitnehmer*innen zunehmend geistig komplexe und kreative Aufgaben übernehmen, die derzeit nicht von Robotern ausgeführt werden können. Diese Veränderungen werden dazu führen, dass sich die Arbeitsproduktivität erhöht.

Die wirtschaftliche Entwicklung und der technologische Wandel werden in den nächsten Jahrzehnten neue Berufe hervorbringen. Diese neuen Berufe werden neue Qualifikationen und Fertigkeiten der Arbeitnehmer*innen erfordern – in erster Linie technische Fertigkeiten und Qualifikationen sowie Softskills.

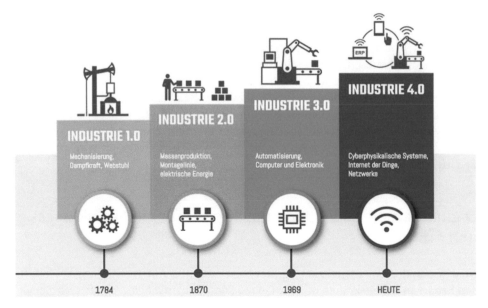

Abbildung 1: Industrie im Wandel (Inray, 2018)

Das kasachische Berufsbildungssystem hat viele Herausforderungen zu meistern, um eine bessere Verzahnung mit dem Arbeitsmarkt zu erzielen und den allgemeinen Wandel der Arbeitswelt zu berücksichtigen. Kernprobleme liegen vielfach darin, dass die in meisten Colleges vermittelten Fähigkeiten und Kompetenzen nicht dem Bedarf des Arbeitsmarkts entsprechen und der Praxisbezug der Ausbildung noch ziemlich ausbaubedürftig ist. Dabei wurden diese Herausforderungen erkannt und es werden Bestrebungen auf allen Ebenen unternommen, um diese zu überwinden.

Die Digitalisierung der Arbeitswelt als globaler Trend (s. Abb. 1) unter Berücksichtigung der Anforderungen im Bereich der beruflichen Bildung erfordert die Qualifizierung von Fachkräften für die Industrie 4.0-Entwicklungen. Die Ausbildung im Metall-, Elektro- und IT-Bereich als Schlüsselberufe für Industrie 4.0 ist hierbei von entscheidender Bedeutung.

Anforderungen an die Qualifizierung des beruflichen Bildungspersonals

Kasachische Unternehmen stehen jetzt und in der Zukunft unter einem verschärften Qualitäts-, Kosten- und Zeitdruck. Der bestehende weltweite Wettbewerbsdruck verlangt von Unternehmen einen rationellen Einsatz von Technik und Personal. Es wird eingeschätzt, dass die derzeitigen Qualifikationen von Lehrkräften in den Schlüsselberufen der Industrie 4.0-Entwicklung sowohl fachlich als auch didaktisch-methodisch nicht den Anforderungen der Gegenwart entsprechen. Es fehlen Lehrkräfte, die moderne Technik in Theorie und Praxis beherrschen. Deshalb ist eine diesbezügliche

Qualifizierung der Lehrkräfte Voraussetzung für eine Ausbildung von Fachkräften mit hoher beruflicher Handlungskompetenz.

Durch die fortschreitende Verzahnung von Informations- und Kommunikationstechnik (IKT), Produktions- und Automatisierungstechnik sowie Softwaresystemen werden immer mehr Arbeitsaufgaben in einem technologisch, organisatorisch und sozial sehr breit gefassten Handlungsfeld zu bewältigen sein. Diese geänderten beruflichen Anforderungen müssen zu Anpassungen in der schulischen, universitären und Erwachsenenbildung führen. Die im Kontext von Industrie 4.0 besonders zu berücksichtigenden Technologiebereiche stellt Abbildung 2 dar.

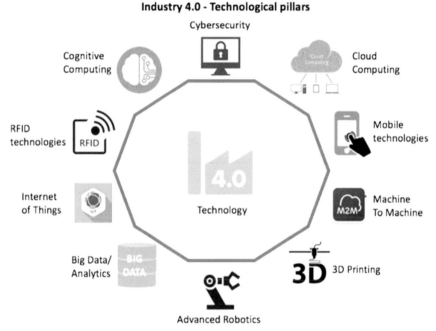

Abbildung 2: Technologiefelder der Industrie 4.0 (Saturno et al., 2017)

Als Schlüsselkomponenten sind hierbei die Integration von Informationstechnologie und die Betriebstechnik zu betrachten. Jede Fortbildungsmaßnahme im Bereich der Industrie 4.0 hat Ansätze und Probleme in diesen zwei Bereichen zu adressieren. Eine erfolgreiche Verknüpfung von Betriebs- und Informationstechnik schafft Potenziale zur Nutzung der Vorteile der Industrie 4.0.

Bei der Adaptierung und dem Einsatz dieser Technologien gibt es unterschiedliche Prioritäten. Die Betriebstechnik ist häufig fokussiert auf Sicherheitsaspekte, Effizienz und einen reibungslosen und störungsfreien Produktionsprozess. Ausfallzeiten und Fehler sind maßgebliche Kostentreiber und der Grund für Unterbrechungen von Operationen. Im Gegensatz dazu sind informationstechnische Systeme eher auf Geschwindigkeit der Ausführung, Sicherheit der digitalen Ressourcen und Analyseaufgaben fokussiert.

Um diese beiden Schlüsselkomponenten im Berufsbildungsbereich im Rahmen der Vermittlung beruflicher Handlungskompetenz zu berücksichtigen, sind passende Lehr- und Lernmittel an den Institutionen der Berufsbildung erforderlich. Diese Lehr- und Lernmaterialien, insbesondere im Bereich Industrie 4.0, erfordern ein erhebliches Investitionsvolumen. Die sinnvolle Einbindung in den Unterricht stellt die verantwortlichen Lehrkräfte vor erhebliche Herausforderungen.

Beobachtungen lieferten in den vergangenen Jahren (sowohl in Kasachstan als auch im Kontext anderer Länder) eine Beschreibung von Situationen vor Ort, welche aus verschiedenen Gründen zu einer mangelhaften Vermittlung beruflicher Handlungskompetenzen geführt haben. Diese betreffen u. a.:

- die mangelnde fachliche und/oder pädagogische Kompetenz der Lehrkräfte,
- fehlende Unterlagen zum Einsatz der vorhandenen Lehr- und Lernmittel (häufig liegen nur Bedienungsanleitungen vor),
- mangelhafte Möglichkeiten zur Reparatur von defekten Einheiten,
- zu komplizierte Lehr- und Lernmittel für den Einsatz im Unterricht,
- Lehr- und Lernmittel, die nicht dem Stand der Technik entsprechen oder keinen Bezug zur Arbeitsrealität besitzen.

Hieraus resultiert, dass sowohl die fachlich-pädagogische Kompetenz der Lehrkräfte als auch das jeweilige Ausstattungsniveau der Bildungsstätten im Bereich der Industrie 4.0-Technologien die Eckpunkte für eine aktuelle Modernisierungsstrategie bilden. Hier setzt der Handlungsansatz des GeKaVoc-Projekts und seiner Partnerinstitutionen an.

Fazit

Es ist auf Grundlage der vorstehenden Ausführungen erkennbar, dass auch in Kasachstan die Digitalisierung insbesondere der industriellen Produktion weitgreifende Veränderungen in der Berufs- und Arbeitswelt nach sich zieht. Vor dem Hintergrund dieser Wandlungsprozesse entsteht ein deutlicher Veränderungsdruck auch für die Tätigkeit und Qualifizierung des beruflichen Bildungspersonals. Einer der aufgegriffenen Handlungsansätze – die Weiterbildung beruflicher Lehrkräfte im Bereich der Mechatronik – wird im Praxisbeitrag von Winzerling, Jördens und Höhle in diesem Band vorgestellt.

Literatur

Adilet (2016): Об утверждении Правил организации дуального обучения, Приказ Министра образования и науки Республики Казахстан от 21 января 2016 года № 50. Зарегистрирован в Министерстве юстиции Республики Казахстан 9 марта 2016 года № 13422, http://adilet.zan.kz/rus/docs/V1600013422 (14.4.2021) [Genehmigung der Regeln für die Organisation der dualen Asusbildung, Verordnung Nr. 50 des Ministers für Bildung und Wissenschaft der Republik Kasachstan vom 21. Januar 2016. Eingetragen beim Justizministerium der Republik Kasachstan am 9. März 2016 unter der Nummer 13422] (auf Russisch).

iMOVE (2016): Marktstudie Kasachstan: für den Export beruflicher Aus- und Weiterbildung, Reihe iMOVE-Publikationen, 2016, https://www.bibb.de/dienst/veroeffent lichungen/de/publication/show/8218 (14.4.2021).

Inray (2018): Der Weg von Industrie 1.0 zu Industrie 4.0, 18.08.2020, https://www.inray.de/ aktuelles/der-weg-von-industrie-1-0-nach-industrie-4-0 (14.04.2021).

Kostanaycontrol (2017): Государственный общеобязательный стандарт технического и профессионального образования как совокупность общих требований по техническому и профессиональному образованию, 7 Декабря 2017, Раздел Новости, https://kostanaycontrol.gov.kz/gosudarstvennyj-obshheobyazatelnyj-standart-texni cheskogo-i-professionalnogo-obrazovaniya-kak-sovokupnost-obshhix-trebovanij-po-texnicheskomu-i-professionalnomu-obrazovaniyu/ (14.04.2021) [Staatliche Pflichtstandards für die technische und berufliche Bildung als allgemeine Anforderungen an die technische und berufliche Bildung, 7. Dezember 2017] (auf Russisch).

LIPortal (o. J.): LIPortal, Das Länder-Informations-Portal, Kasachstan, https://www.lipor tal.de/kasachstan/gesellschaft/ (01.02.2016).

Payscale (2017): 65 Percent of Tomorrow's Workers Will Have Jobs That Don't Exist Today, Topics: Career Advice, August 31, 2017, https://www.payscale.com/career-news/2017/08/65-percent-tomorrows-workers-jobs-dont-exist-today (14.04.2021).

Saturno, M. et al. (2017): Proposal of an automation solutions architecture for Industry 4.0. 24th International Conference on Production Research (ICPR 2017).

Abbildungsverzeichnis

Handlungsfelder, Handlungsstrategien und Praxisbeispiele

Internationale Bildungsprojekte und Kooperationen – neue Herausforderungen für das Managementsystem von Bildungsinstitutionen

Svetlana Karstina, Yuliya Nepom'yashcha

Abstract

Kasachische Bildungsorganisationen stehen aktuell vor großen Herausforderungen; hierzu zählen der Einfluss globaler und nationaler Trends auf die Bildungssystemreform sowie der globale Wettbewerb. Neben der Implementierung effektiver Management-Tools bemühen sie sich um die Angebotserweiterung und suchen nach effektiven Wegen der Interaktion mit wichtigen Interessengruppen und des schnellen Reagierens auf Herausforderungen. Angesichts dieser Veränderungen und den gestiegenen Anforderungen stellt dieser Artikel einige Ergebnisse des kasachisch-deutschen Projekts „GeKaVoC" vor. Motivationsfaktoren waren die Aussichten, neue Ansätze für die Berufsausbildung zu entwickeln, den Status der dualen Ausbildung zu erhöhen und die duale Ausbildung am Arbeitsplatz zu erweitern.

Kazakh educational institutions are currently facing major changes, including the influence of global and national trends on education system reform, as well as global competition, which can be challenging. In addition to implementing effective management tools, institutions are striving to expand their service, search for effective ways to interact with key stakeholders and strive to respond quickly to challenges. In view of these changes and increased demands, this article presents some results of the Kazakh-German project GeKaVoC - Transfer of Dual Training Courses in Logistics, Mechatronics and Sustainable Energy Supply to Kazakhstan. Motivating factors were the prospects of developing new approaches to vocational education and training, raising the status of dual training and expanding dual training in the workplace.

В настоящее время казахстанские образовательные организации сталкиваются с серьезными вызовами, включая влияние глобальных и национальных трендов на реформирование системы образования, а также глобальную конкуренцию. Помимо внедрения эффективных инструментов управления, образовательные организации стремятся расширить свои предложения, найти эффективные способы взаимодействия с ключевыми стейкхолдерами и быстро реагировать на возникающие проблемы и изменения. В связи с этими изменениями и возросшими требованиями к специалистам в данной статье представлены некоторые результаты казахстанско-германского проекта „GeKaVoC". Мотивирующими факторами были перспективы разработки и использования новых подходов к подготовке профессиональных кадров, повышение статуса дуального обучения и расширение дуального обучения на рабочем месте.

Management von Bildungseinrichtungen in Kasachstan

In den letzten Jahren hat sich das Bildungssystem in Kasachstan stark verändert. Die Universitäten sind in akademischen, management- und personalbezogenen Fragen autonom geworden (Adilet, 2019). In Bildungsorganisationen begann die Arbeit an der Implementierung von innovativen Management-Strukturen sowie an der Veränderung des Designs der organisatorischen und administrativen Umgebung und des Entscheidungssystems. Durch den Einsatz digitaler und intelligenter Management-Services, zusammen mit der Schaffung eines digitalen Ökosystems, entwickelt sich ein Talentpool von Managerinnen und Managern aus den führenden Startups und Gründerinnen und Gründern des Bildungssektors.

Einerseits tragen die laufenden Reformen im Land dazu bei, dass sich Bildungsorganisationen von der Uniformität der angebotenen Bildungsdienstleistungen entfernen. Andererseits sind Bildungsorganisationen beim Finden effektiver Wege der Interaktion mit allen Interessengruppen herausgefordert, die effektivsten Managemententscheidungen zu kreieren (Asambayev & Karibayeva, 2020). Einen besonderen Platz in der Verwaltung der Bildungseinrichtungen nahm neben den Fragen der Entwicklung der Image-Strategie und des Ausbaus innovativer Bildungssysteme (Maslovskaya 2016, S. 29 ff.) auch die Aufgabe ein, eine interinstitutionelle Umgebung für die externe Zusammenarbeit zu entwickeln.

Zur Lösung sollten Bildungsorganisationen die für die internen und externen Bedingungen ihrer Tätigkeit am besten geeigneten Managementinstrumente wählen, welche es ermöglichen, die eigenen intellektuellen, materiellen und finanziellen Ressourcen zu mobilisieren (Shklyaeva, 2012). Auch auf Grundlage dieser Managementinstrumente ist es anspruchsvoll, eine objektive Analyse der laufenden und prognostizierten Veränderungen der Kundennachfrage durchzuführen, Wettbewerbsvorteile zu bewerten und Empfehlungen für die schnelle Transformation der angebotenen Dienstleistungen vorzubereiten.

Die bestimmenden Faktoren bei der Wahl und Anwendung solcher Werkzeuge sind nicht nur das Bildungsumfeld und die Humanressourcen, welche ständige qualitative Veränderungen erfordern, sondern auch die Ebene der Interaktion zwischen den Subjekten des Bildungsprozesses, welche durch das Konzept der strategischen Partnerschaft bestimmt wird.

Einfluss globaler Trends auf die wandelnden Kompetenzanforderungen des Führungspersonals von Bildungsorganisationen

Zusätzlich zu den nationalen Reformen haben globale Trends einen bedeutenden Einfluss auf die Entwicklung des nationalen Bildungssystems und deren Managementmethoden. Beispielsweise werden professionelle Praxisgemeinschaften, die gegenseitig Möglichkeiten zum Lernen und zur beruflichen Entwicklung bieten, zu einem neuen und sehr wichtigen Raum. Gleichzeitig gewinnt das Blended Learning immer mehr an Popularität. Eine wichtige Rolle bei der Bereitstellung von Wissen begannen globale Online-Bildungsplattformen und internationale private Anbieter zu spielen, mit denen die Barriere für den Zugang zu qualitativ hochwertiger Bildung gesenkt werden konnte. Diese selbstorganisierenden Wissensgemeinschaften sind in der Lage, grundlegendes Wissen mit seiner praktischen Anwendung zu verbinden und die Teilnehmerinnen und Teilnehmer des Bildungsprozesses in virtuellen Modellen realer Systeme zu verknüpfen (Shklyarova & Tiunova, 2018, S. 286). All dies deutet darauf hin, dass Bildungsorganisationen in eine Ära des Wettbewerbsdrucks in globalisierte und internationale Märkte eingetreten sind und ihr Erfolg weitgehend von ihrer Fähigkeit abhängt, schnell auf Veränderungen zu reagieren.

Mit den laufenden systemischen Veränderungen im Bildungswesen haben sich auch die Anforderungen an die Leitung einer Bildungsorganisation und an die Führungskräfte auf den verschiedenen Ebenen verändert. Moderne Manager*innen im Bildungssystem müssen nicht nur innovative Managementstrategien beherrschen, um neuen Herausforderungen zu begegnen, sondern auch darauf vorbereitet sein, neue Rollen zu meistern, die parallel zu den Veränderungen in Wirtschaft und Gesellschaft verlaufen (Ganaeva & Maslovskaya, 2018a; Cerezo-Narvaez et al., 2019, S. 44; Flores-Parra et al., 2018; Kubeyev et al., 2017, S. 171 ff.). Außerdem setzt dies voraus, die Komplexität und Multifunktionalität sowie die multivariate und nicht lineare Natur der zugrundeliegenden Aktivitätsprozesse zu verstehen (Dulin, 2005). Zu den täglichen Aufgaben eines Managementteams in einer Bildungsorganisation sollten das Innovationsmanagement, die Schulung der Personalreserve und die Motivation des Personals zur beruflichen Entwicklung sowie die Suche und Umsetzung neuer Formen der Organisation von Bildungsprozessen zur Erweiterung des Angebots an Bildungsdienstleistungen gehören.

Den Alltag eines Managementteams in einer Bildungsorganisation bilden neben der Analyse von Angebot und Nachfrage und der Modellierung der Organisationsaktivitäten zur Berücksichtigung der Veränderungen des Arbeitsumfeldes und dessen Anforderungen auch die Überwachung der Kundenzufriedenheit und die rechtzeitige Reaktion auf sich abzeichnende Veränderungen sowie die effektive Nutzung aller Ressourcen (Ganaeva & Maslovskaya, 2018b) und Dienstleistungen. Letzteres erfordert besondere Aufmerksamkeit für das kasachische Bildungssystem, da die Unternehmen des Landes nicht immer zur gegenseitigen Zusammenarbeit bereit sind, um ein regionales Innovationsumfeld zu bilden. Unternehmensmanager*innen betrachten

Universitäten und Hochschulen nicht immer als Faktoren der professionellen Geschäftsentwicklung, weshalb sie beim Aufbau nachhaltiger horizontaler Verbindungen mit Organisationen der höheren, technischen und beruflichen Bildung passiv sind und wenig Interesse am gegenseitigen Austausch von intellektuellen, innovativen, technischen und anderen Ressourcen mit Bildungsorganisationen haben. Dabei bleibt jedoch ausgeblendet, dass das Wachstum der regionalen Wirtschaft, die Verringerung der Ungleichheiten auf dem Arbeitsmarkt und die Verbesserung der Qualität der Bildung im Allgemeinen direkt von der Effektivität der Interaktion zwischen Bildungsorganisationen und Unternehmen abhängen.

In dieser Hinsicht ist es wichtig, erfolgreiche Erfahrungen anderer Länder zu berücksichtigen, um einen ganzheitlichen Ansatz für die Bildung der interinstitutionellen Kooperationsumgebung zu verfolgen und Bedingungen für eine erfolgreiche Entwicklung der Netzwerk-Interaktion von Universitäten und Hochschulen mit wichtigen Akteurinnen und Akteuren im regionalen Raum zu schaffen. Von besonderer Bedeutung ist es nicht nur, Management-Modelle der Interaktion und Methoden der Partnerschaftsleistungsbewertung zu verbessern, sondern auch, charakteristische Treiber und Barrieren bei der Verbesserung der Effizienz der Interaktion zwischen Bildungsorganisationen und Unternehmensstrukturen zu identifizieren. Vor diesem Hintergrund treten einige Aspekte der Umsetzung des kasachisch-deutschen Projekts „GeKaVoC – Transfer von dualen Ausbildungsgängen in den Bereichen Logistik, Mechatronik und nachhaltige Energieversorgung nach Kasachstan" in den Betrachtungsfokus.

Bildung einer interinstitutionellen Kooperationsumgebung

Eine wichtige strategische Aufgabe für Bildungsorganisationen besteht darin, einen ganzheitlichen Ansatz für eine interinstitutionelle Kooperationsumgebung zu entwickeln. Die Bildung einer solchen Umgebung findet in der Regel im Rahmen verschiedener Projekte sowohl im lokalen als auch im internationalen Maßstab statt. Ein Merkmal der interinstitutionellen kollaborativen Umgebung ist, dass sie aus selbstorganisierenden Projektteams mit Entscheidungsbefugnis und starker Führung besteht (Utyomov & Shadrin, 2019, S. 1 ff.; Sedykh, 2019). Zeitgenössische Projektteams neigen dazu, eine Vielzahl von Arbeitertypen mit unterschiedlichen Rollen im Projekt zu integrieren. Demzufolge werden Formen des Managements und der täglichen Kommunikation komplexer. Die Arbeitsdynamik unterliegt stetigen Veränderungen und erfordert neue Herangehensweisen an Projektaufgaben. Mit der Einführung von hybriden Formen der Arbeitsorganisation steigt zudem der Bedarf an Prognosen und Risikoanalysen, die Unternehmenskultur verändert sich (Brownlee, 2019; Musienko, 2019; Rastogi, 2019; Bornevasser, 2018, S. 2). Damit einhergehend wurde das Projektmanagement in den letzten Jahren maßgeblich durch technologische Entwicklungen, Fernkommunikationsmittel und Vernetzung beeinflusst (Bornevasser, 2018, S. 19).

Um diverse Teams erfolgreich zu managen, müssen Projektmanager*innen ihr Wissen über Diversity Management erweitern, um alle Projektteammitglieder effektiv einzubinden und ihre Fähigkeiten zu maximieren (Boogaard, 2019). Gleichzeitig müssen die Teammitglieder die gemeinsamen Werte des umzusetzenden Projekts und die Auswirkungen seiner Ergebnisse auf die verschiedenen Interessengruppen verstehen und Wege finden, um den Multiplikatoreffekt über einen breiten Zeitrahmen zu gewährleisten. Eine Bildungsorganisation sollte Bedingungen schaffen, um Führungskräfte in verschiedenen Projektstadien zu identifizieren und die folgenden Managementkompetenzen zu entwickeln: Systemdenken, Lösen von Nicht-Standardaufgaben, Anwenden von interdisziplinärem Wissen, Beherrschen der Methodik der sozialen Partnerschaft, Bereitschaft zum kontinuierlichen Selbstlernen und Fähigkeiten der Arbeit in der Informationsumgebung.

In Anbetracht des Umstandes, dass viele Projekte, die auf den Kapazitätsaufbau von Bildungsorganisationen abzielen, interdisziplinärer Natur sind, ist es bei ihrer Umsetzung (Pokholkov, 2016) notwendig,

1. Zentren für die Generierung neuer Ideen und Bedingungen für kreative Arbeit zu schaffen;
2. eine Auswahl der effektivsten und am besten umsetzbaren Ideen für die weitere Entwicklung unter Beteiligung verschiedener Fokusgruppen zu treffen;
3. die Interessen der Stakeholder zu berücksichtigen und die Auswirkungen der einzelnen Elemente des Projekts auf das Endergebnis zu analysieren;
4. die obligatorische soziale Bewertung der Projektergebnisse durchzuführen;
5. synergetische Ansätze im Projektmanagement zu nutzen;
6. einzigartige Endergebnisse zu planen und zu erhalten.

Umsetzung am Beispiel des kasachisch-deutschen Projekts GeKaVoC

Die Umsetzung der oben genannten Prinzipien kann am Beispiel der Leistungen und Empfehlungen des GeKaVoC-Projekts bei der Sicherstellung einer effektiven interinstitutionellen Interaktion der Projektteams und dem Management der Aktivitäten zur Erreichung der Projektziele nachverfolgt werden.

Um das Projekt erfolgreich zu implementieren, war es wichtig, nicht nur die allgemeine Struktur und Funktionen des Projektteams zu definieren, die Fähigkeiten des Projektteams zu analysieren und den Projektlebenszyklus zu gestalten, sondern auch die Projektmanagement-Strategie zu entwickeln. Darüber hinaus sollten neben der Bestimmung der an den Projektergebnissen interessierten Stakeholder auch die Arten und Mittel der Kommunikation mit den Projektteilnehmenden, einschließlich regelmäßiger Kontakte mit den Leitenden des Projektteams und den Vertreterinnen und Vertretern der Interessengruppen, gewählt werden. Zudem war es erforderlich, die Schulungsformen und -methoden in Bezug auf die Projektteilnehmenden festzulegen und sich für bestimmte Bewertungsformen und -systeme innerhalb der jeweiligen Projektphase zu entscheiden (Utyomov & Shadrin, 2019).

In Übereinstimmung mit dem oben Genannten wurden die regionalen Projektteams für die Projektdurchführung gebildet. Um ein effektives GeKaVoC-Projektmanagement-Tool auszuwählen und die Projektteams an die zukünftige Managementlandschaft anzupassen, wurden im ersten Schritt ihre Fähigkeiten, Erwartungen an die Projektumsetzung und das Verständnis der wichtigsten Projektziele sowie die Mechanismen zu deren Erreichung im Hinblick auf die sozialen, ökologischen, wirtschaftlichen und technologischen Veränderungen im Land bewertet (Lebedev, 2011, S. 108; Senge, 2018, S. 496; Pedler, 2013, S. 217; McGrath & Kostalova, 2020). Analog zu Arnolds Kompetenzaufsatz einer lernenden Organisation (2018, S. 17 f.) ist es wichtig zu bemerken, dass alle Projektteams ihre Kompetenzen in den Bereichen der Transformation, Selbstwirksamkeit und Vernetzung sowie des Lernens demonstrierten. Einerseits wirkte sich das positiv auf die Bildung gemeinsamer Einstellungen zur Projektumsetzung aus. Andererseits ermöglichte es ihnen, die Arbeitsmethoden entsprechend den bestehenden Bedürfnissen anzupassen. Zum Beispiel wurde das Projektteam aus Karaganda nach dem Prinzip der Multidisziplinarität gebildet. Während des Projekts erwarb das Team notwendige Kompetenzen, die es ihm in naher Zukunft ermöglichen werden, nicht nur vollwertige Partnerinnen und Partner des überbetrieblichen Ausbildungszentrums GeKaVoC in der beruflichen Bildung zu werden, sondern auch selbstständig in der Region den Transfer von dualen Lerntechnologien, sowohl in der formalen als auch in der nicht-formalen Bildung, fortzusetzen.

Die Gesamtkompetenz der kasachischen Projektteams ermöglichte es, das Projekt auf der Basis von konstruktiver Vernetzung, kollegialer Beratung, fachlicher Unterstützung und dezentraler Autonomie sowie gegenseitiger Verantwortung zu steuern. Wichtige Motivationsfaktoren für das Projekt waren die Aussichten, neue Ansätze für die Organisation des Berufsbildungssystems zu nutzen, den Stellenwert der dualen Ausbildung in Kasachstan zu erhöhen und die Zusammenarbeit zwischen den Beteiligten (Regierung, Arbeitgeberverbände, Unternehmen und andere Sozialpartnerinnen und -partner) bei der Entwicklung und Umsetzung der dualen Ausbildung zu erweitern. Besondere Bedeutung hat dabei vor allem die Erweiterung des praktischen Lernens am Arbeitsplatz. Die Voraussetzung hierfür bildet die Aus- und Weiterbildung des Lehr- und Ausbildungspersonals, das sowohl in beruflichen als auch in theoretischen Fragen kompetent ist. Auf der Grundlage der Entwicklung von Forschungsaktivitäten im Bereich der beruflichen Bildung und des Arbeitsmarktes konnten die Formen der Berufsberatung für junge Menschen verbessert werden. All diese Aspekte sind vor dem Hintergrund der laufenden Reformen in Kasachstan zur Aktualisierung der Inhalte der technischen und beruflichen Bildung sehr relevant.

Zu Beginn der GeKaVoC-Projektimplementierung standen die Projektteams vor Problemen wie:

- Ungewissheit über die qualitativen Eigenschaften der Abnehmerinnen und Abnehmer der zu entwickelnden Programme,
- unzureichendes Bewusstsein für deren Bildungsansprüche sowie
- unzureichendes Niveau der Interaktion zwischen den direkten Abnehmerinnen und Abnehmern von Bildungsdienstleistungen und der Bildungsorganisation.

Um diese Probleme zu lösen, wurden im Rahmen des Projekts Fragebogenerhebungen und Interviews durchgeführt. Beteiligt waren Managementfachleute, Mitarbeiterinnen und Mitarbeiter wichtiger Unternehmen in den Regionen, Universitäts- und Hochschulpersonal sowie Mitarbeitende von Institutionen, die sich mit Fragen des Managements und der Entwicklung des Systems der technischen und beruflichen Bildung befassen. Auf Basis der Analyseergebnisse wurden in den Regionen Schlüsselberufe in den Bereichen Logistik, Mechatronik und Technologien für erneuerbare Energien identifiziert. Neben der Ermittlung der Hauptschwierigkeiten junger Arbeitnehmerinnen und Arbeitnehmer in diesen Bereichen wurden eine Liste der für die Tätigkeiten erforderlichen Kompetenzen erstellt, bestehende technische und berufliche Bildungsprogramme bewertet und Möglichkeiten zu deren Verbesserung aufgezeigt.

Um den Transfer von dualen Ausbildungsprogrammen in den Bereichen Logistik, Mechatronik und nachhaltige Energieversorgung sowie Weiterbildungs- und Umschulungsprogramme personell zu unterstützen, wurden Workshops zur Curriculumentwicklung und zum Train the Trainer für kasachische Projektexperten organisiert. Basierend auf der Grundlage der fortgeschrittenen deutschen Erfahrungen in der dualen Berufsausbildung und auf den gewonnenen Erkenntnissen optimierten, entwickelten und erprobten die kasachischen Projektteams Berufsausbildungs- und Weiterbildungsprogramme. Die entwickelten und pilotierten Programme wurden durch Expertinnen und Experten der TÜV Rheinland Akademie analysiert, bewertet und entsprechend dem Feedback stufenweise evaluiert.

Anhand der durchgeführten Projektaktivitäten und der erzielten Ergebnisse lassen sich folgende Schlussfolgerungen über die Auswirkungen des Projekts auf die Teilnehmenden ziehen. Das Projekt:
- bildete ein Netzwerk von deutsch-kasachischen Expertinnen und Experten aus der Berufs- und Hochschulbildung, Industrie und Politik;
- trug zur Kompetenzentwicklung des beteiligten Bildungspersonals für die Entwicklung und Umsetzung von Qualifizierungsangeboten in Zusammenarbeit mit der Industrie und anderen Akteurinnen und Akteuren in der beruflichen Aus- und Weiterbildung sowie zur Entwicklung von methodischen und methodologischen Grundlagen für die duale Ausbildung und zur Bildung einer Ressourcenbasis im Bereich der Logistik, Mechatronik und nachhaltigen Energieversorgung in Kasachstan bei;
- machte die kasachischen Partnerinnen und Partner nicht nur mit grundlegenden Konzepten und Tendenzen der dualen Ausbildung vertraut, sondern auch mit spezifischen Strategien und Best Practices zur Implementierung der betrieblichen Aus- und Weiterbildung;
- bot Trainingsmöglichkeiten in einer interaktiven und internationalen Umgebung, die auf reale Bedingungen anwendbar sind;
- förderte den gegenseitigen Austausch, das Lernen und Zusammenarbeiten zwischen den Beteiligten;
- erlaubte es, ein wissenschaftliches Tool zur Evaluierung der Aus- und Weiterbildung sowie der Qualifizierung des Ausbildungspersonals (Mentorinnen und Mentoren) für das Berufsbildungssystem in Kasachstan zu testen.

Fazit

Das moderne kasachische Bildungssystem wird von globalen und nationalen Trends sowie dem globalen Wettbewerb zwischen akademischen und nicht akademischen Anbieterinnen und Anbietern von Bildungsdienstleistungen beeinflusst. Dies erfordert von den kasachischen Bildungsorganisationen nicht nur die Implementierung effektiver Managementinstrumente, die Erweiterung des Angebots an Bildungsdienstleistungen und die Suche nach effektiven Wegen der Interaktion mit den wichtigsten Interessengruppen, sondern auch die schnelle Reaktion auf soziale, wirtschaftliche, technologische und andere Veränderungen sowie den Transfer erfolgreicher internationaler Bildungstechnologien und deren Anpassung an die eigenen Realitäten.

In Übereinstimmung damit kann die Umsetzung des deutsch-kasachischen Projekts GeKaVoC als ein modellhafter Ansatz zur Modernisierung des Managements von Bildungseinrichtungen betrachtet werden. Insbesondere die Entwicklung einer interinstitutionellen Kooperationsumgebung trug zur Bildung eines GeKaVoC-Netzwerks aus beteiligten Expertinnen und Experten der Bildung, Industrie und Politik bei. Für das Management von interregionalen Projektteams wurden die Grundprinzipien der interdisziplinären Projektdurchführung gewählt. Die Arbeit der Projektteams basierte vor allem auf Vernetzung, kollegialer Beratung, fachlicher Unterstützung und dezentraler Autonomie sowie gegenseitiger Verantwortung.

Wichtige Motivationsfaktoren für das Projekt waren die Aussichten, fortgeschrittene deutsche Erfahrungen in die kasachische berufliche Aus- und Weiterbildung zu transferieren, Lehrkräfte und das Ausbildungspersonal entsprechend fortzubilden sowie nachfrageorientierte Qualifizierungsangebote zu entwickeln und anzubieten. Um den Stellenwert der dualen Ausbildung für wirtschaftliche Repräsentantinnen und Repräsentanten in Kasachstan zu erhöhen und die Praxis während der Ausbildung am Arbeitsplatz zu etablieren, wurde die Zusammenarbeit zwischen den Hauptakteurinnen und -akteuren (Staat, Arbeitgeberverbände, Unternehmen und andere Sozialpartnerinnen und -partner) sowohl bei der Entwicklung als auch bei der Umsetzung einer dualen Ausbildung initiiert und intensiviert.

Literatur

Asambayev, M. & Karibayeva, M. (2020): Асамбаев, М.; Карибаева, М. Разработка, внедрение и совершенствование системы менеджмента качества образования в средней школе, https://bilimdinews.kz/?p=97434 (06.02.2021) [Entwicklung, Umsetzung und Verbesserung des Qualitätsmanagementsystems für den Bildungsbereich an Sekundarschulen] (auf Russisch).

Arnold, R. (2018): Das kompetente Unternehmen. Pädagogische Professionalisierung als Unternehmensstrategie. Springer Fachmedien Wiesbaden.

Adilet (2019): Әділет. Об утверждении Государственной программы развития образования и науки Республики Казахстан на 2020–2025 годы. Постановление Правительства Республики Казахстан от 27 декабря 2019 года № 988. Информационно-правовая система нормативных правовых актов Республики Казахстан, http://adilet.zan.kz/rus/docs/P1900000988 (06.02.2021) [Über die Verabschiedung des staatlichen Programms zur Entwicklung von Bildung und Wissenschaft der Republik Kasachstan für den Zeitraum 2020 - 2025. Erlass der Regierung der Republik Kasachstan vom 27. Dezember 2019, Nr. 988. Informations- und Rechtssystem der Rechtsakte der Republik Kasachstan] (auf Russisch).

Boogaard, K. (2019): Project Management Trends and Predictions for 2019, https://www.goskills.com/Project-Management/Articles/Project-management-trends-predictions-2019 (06.02.2021).

Bornewasser, M. (2018): Digitalisierung als Megatrend. In: M. Bornewasser (Hrsg.). Vernetztes Kompetenzmanagement. Gestaltung von Lernprozessen in organisationsübergreifenden Strukturen. Mit 22 Abbildungen. Springer-Verlag.

Brownlee, D. (2019): 4 Project Management Trends On The Horizon… Are You Ready? https://www.forbes.com/sites/danabrownlee/2019/07/21/4-project-management-trends-on-the-horizonare-you-ready/#23c3db976769 (06.02.2021).

Cerezo-Narváez, A. et al. (2019): Projectmanagement competences by teaching and research staff for the sustained success of engineering education. Education Sciences. 9(1). P. 44, https://www.mdpi.com/2227-7102/9/1/44 (06.02.2021).

Dulin, Y. N. (2005): Methodischer Ansatz für die Untersuchung der beruflichen Bildung von Manager*innen [Дулин, Ю. Н. Методологический подход к исследованию профессионального образования менеджеров, https://cyberleninka.ru/article/n/metodologicheskiy-podhod-k-issledovaniyu-professionalnogo-obrazovaniya-menedzherov (06.02.2021)] (auf Russisch).

Flores-Parra, J.-M. et al. (2018): Towards Team Formation Using Belbin Role Types and a Social Networks Analysis Approach. IEEE Technology and Engineering Management Conference. TEMSCON. 8488386, https://bura.brunel.ac.uk/bitstream/2438/18442/1/FullText.pdf (06.02.2021).

Ganaeva, E. A. & Maslovskaya, S. V. (2018a): Ганаева, Е. А.; Масловская, С. В. О профессиональном росте руководителя образо-вательной организации в системе дополнительного профессионального образования. Вестник Марийского государственного университета. Т. 12. № 2. С. 9–16, https://cyberleninka.ru/article/n/o-professionalnom-roste-rukovoditelya-obrazovatelnoy-organizatsii-v-sisteme-dopolnitelnogo-professionalnogo-obrazovaniya (06.02.2021) [Über die berufliche Entwicklung des Leiters einer Bildungseinrichtung im System der beruflichen Zusatzausbildung. Nachrichten der Staatlichen Universität Mari. Т. 12. № 2. S. 9-16.] (auf Russisch).

Ganaeva, E. A. & Maslovskaya, S. V. (2018b): Ганаева, Е. А.; Масловская, С. В. Маркетинг взаимодействия субъектов образовательного процесса в системе дополнительного образования. Вестник Оренбургского государственного университета. № 3 (215). С. 6–12, http://vestnik.osu.ru/doc/1033/article/9381/lang/0 (06.02.2021) [Marketing der Wechselwirkung von Subjekten des Bildungsprozesses im System der zusätzlichen Weiterbildung. Nachrichten der Staatlichen Universität Orenburg. № 3 (215). S. 6-12] (auf Russisch).

Kubeyev, E. K. et al. (2017): Кубеев, Е. К.; Шкутина, Л. А.; Карстина, С. Г. Развитие менеджмента образования в Республике Казахстан на современном этапе. Вестник Новосибирского государственного педагогического университета. Том 7. № 4. С. 171–184, http://sciforedu.ru/article/2265 (06.02.2021) [Entwicklung des Bildungsmanagements in der Republik Kasachstan in der gegenwärtigen Phase. Nachrichten der Staatlichen Pädagogischen Universität Nowosibirsk. Bd. 7] (auf Russisch).

Lebedev, O. E. (2011): Лебедев, О. Е. Управление образовательными системами: теория и практика: учеб.-метод. пособие. СПб.: Отдел оперативной полиграфии НИУ ВШЭ – Санкт-Петербург. С. 108, http://window.edu.ru/resource/006/78006 (06.02.2021) [Management des Bildungssystems: Theorie und Praxis: Lehrbuch. St. Petersburg: Abteilung für operative Drucktechnik NIU HSE - St. Petersburg. S. 108] (auf Russisch).

Maslovskaya, S. V. (2016): Масловская, С. В. Качество образования как культурно-антропологический феномен. Модернизация регионального образования: опыт педагогов Оренбуржья. Научно-методический журнал 2016 № 4(12). С. 29–37, http://www.orenipk.ru/nauka/jour/met4-2016Masl.PDF (06.02.2021) [Die Qualität der Bildung als kulturelles und anthropologisches Phänomen. Modernisierung des regionalen Bildungswesens: die Erfahrungen der Orenburger Lehrer*innen. Wissenschaftlich-methodische Zeitschrift 2016 Nr. 4(12). S. 29-37] (auf Russisch).

McGrath, J. & Kostalova, J. (2020): Project Management Trends and New Challenges, https://www.researchgate.net/publication/340387660 (06.02.2021).

Musienko, Y. (2019): Project Management Trends in 2020, https://merehead.com/blog/trends-in-project-management-in-2020/ (06.02.2021).

Pedler, M. (2013): Facilitating Action Learning: A Practitioner's Guide. OpenUniversityPress.

Pokholkov, Y. P. (2016): Похолков, Ю. П. Управление подготовкой инженеров для работы в междисциплинарных проектах и командах. Инженерное образование. № 20. С. 23–32. [Management der Bildung von Ingenieuren für die Arbeit in interdisziplinären Projekten und Teams. Ingenieurausbildung. № 20. S. 23–32] (auf Russisch).

Rastogi, A. (2019): Project Management 2019 trends, https://www.greycampus.com/blog/project-management/top-project-management-trends-in-2019 (06.02.2021).

Shklyaeva, N. A. (2012): Шкляева Надежда Анатольевна Проблемы определения компетентности руководителя муниципального образовательного учреждения // УЭкС. 2012. №9 (45), https://cyberleninka.ru/article/n/problemy-opredeleniya-kompetentnosti-rukovoditelya-munitsipalnogo-obrazovatelnogo-uchrezhdeniya (06.02.2021) [Probleme der Feststellung der Kompetenz des Leiters bzw. der Leiterin einer kommunalen Bildungseinrichtung. Management von Wirtschaftssystemen] (auf Russisch).

Shklyarova, O. A. & Tiunova, V. V. (2018): Шклярова, О. А.; Тиунова, В. В. Проектный менеджмент как ресурс развития образовательной организации. Практико-ориентированная монография. Издательство: ООО «5 за знания». С. 286, https://www.elibrary.ru/item.asp?id=37537132 (06.02.2021) [Projektmanagement als Ressource für die Entwicklung von Bildungsorganisationen. Praxisorientierte Monographie. Herausgeber: „5 for Knowledge" GmbH, S. 286] (auf Russisch).

Sedykh, E. P. (2019): Седых, Е. П. Система нормативного правового обеспечения проектного управления в образовании. Вестник Мининского университета. № 1(26), https://cyberleninka.ru/article/n/sistema-normativnogo-pravovogo-obespecheniya-proektnogo-upravleniya-v-obrazovanii (06.02.2021) [Das System der normativen rechtlichen Unterstützung des Projektmanagements im Bildungswesen. Die Zeitschrift der Universität Minin. № 1(26)] (auf Russisch).

Senge, P. (2018): Сенге, П. Пятая дисциплина. Искусство и практика обучающейся организации. М.: Манн, ИвановиФербер. С. 496 [Die Fünfte Disziplin. Die Kunst und Praxis der lernenden Organisation. M.: Mann, IvanoviFerber, S. 496] (auf Russisch).

Utyomov, V. V. & Shadrin, A. V. (2019): Утёмов, В. В.; Шадрин, А. В. Формирование проектной команды в образовательных системах. Научно-методический электронный журнал «Концепт». № 6 (июнь). С. 1–9, https://cyberleninka.ru/article/n/formirovanie-proektnoi-komandy-v-obrazovatelnyh-sistemah (06.02.2021) [Projektteambildung in Bildungssystemen. Wissenschaftlich-methodische elektronische Zeitschrift „Concept". Nr. 6 (Juni). S. 1–9] (auf Russisch).

Duale Ausbildung – Ausgangslage und Perspektiven aus Sicht des Höheren Polytechnischen Colleges Karaganda

Gabdisagit Aubakirov, Dina Takshylykova

Abstract

Der Beitrag betrachtet die Vorteile des dualen Ausbildungssystems gegenüber dem in Kasachstan überwiegend üblichen traditionellen System. Es werden die Unterscheidungsmerkmale des dualen und des traditionellen Systems der Fachkräfteausbildung aufgezeigt. Besonders wird auf die Vorteile der dualen Ausbildung für die Beteiligten (Unternehmen, Berufsbildungseinrichtungen, Staat) und die im Polytechnischen College Karaganda vorliegenden Umsetzungserfahrungen eingegangen.

The article discusses the advantages of a dual training system over the traditional one. The distinctive characteristics of the dual and traditional system of training specialists are revealed. The advantages for participants in dual education (enterprises, vocational education system, the state) and the implementation experience available at the Karaganda Polytechnic College will be discussed.

В статье рассматриваются преимущества дуальной системы обучения перед традиционной в системе профессионального образования, выявляются отличительные характеристики дуальной и традиционной системы подготовки специалистов. Особое внимание уделяется преимуществам дуального обучения для участвующих сторон (компаний, учреждений профессионального образования, государства) и опыту внедрения, имеющемуся в Высшем Карагандинском политехническом колледже.

Vorbemerkung

Heute spielt das duale Ausbildungssystem – eine der effektivsten Formen der Berufsausbildung in der Welt – eine wichtige Rolle im System der Fachkräftebildung. Das duale Ausbildungssystem ist heute zu einem der internationalen Trends in der Entwicklung des Bildungswesens geworden. Dabei basiert sie auf einer engen Zusammenarbeit zwischen Unternehmen und Bildungseinrichtungen und gewährleistet eine Kombination von theoretischer und praktischer Ausbildung während des gesamten Bildungsprozesses. Für Absolventinnen und Absolventen sind der Erwerb fachlicher Kompetenzen in frühen Phasen der Ausbildung sowie der Erwerb sozialer Kompetenzen, beispielsweise die Fähigkeit zur Teamarbeit, von besonderer Bedeutung.

Aktuelle wirtschaftliche Entwicklungen und Konsequenzen für den Fachkräftebedarf

Unter den Bedingungen innovativer technologischer Entwicklung entwickelt sich in Kasachstan ein Fachkräftebedarf nicht nur auf der Facharbeiterebene, sondern auch ein Bedarf an kompetenten Spezialistinnen und Spezialisten der mittleren Ebene. Fachkräfte mit gewerblich-technischer Ausbildung bilden die Basis für die Industrialisierung des Landes.

In den vergangenen Jahren wurden radikale Veränderungen in Fragen der Ausbildung des gewerblich-technischen Personals vorgenommen, wobei zwei Momente eine besondere Rolle spielten:

- zum einen die Verabschiedung und Umsetzung des staatlichen Programms zum Forcieren der industriellen und innovativen Entwicklung Kasachstans;
- zum anderen die Gründung des Nationalen Rates für Fachkräftebildung unter Beteiligung von Wirtschaftsvertreterinnen und -vertretern.

Der erste Faktor hat dazu geführt, dass in der Wirtschaft grundlegend der Bedarf an Fachkräften mit einem völlig neuen Ausbildungsniveau gestiegen ist. Der zweite Faktor führt zu einer nachhaltigen Verstärkung der Orientierung des Systems der gewerblich-technischen Ausbildung an den Bedürfnissen der Wirtschaft (Adilet, 2018). Das neue System der Ausbildung verlangt in der technisch-beruflichen Bildung, dass alle Absolvierenden praxisnahe Kompetenzen besitzen, um die Anforderungen der Arbeitgeber*innen ohne weitere Trainings- und Umschulungsprogramme zu erfüllen.

Es wird dabei deutlich, dass das Bildungssystem der Republik Kasachstan nicht mit den sich rasch entwickelnden Wirtschaftssektoren mithalten kann. Vor allem gibt es bislang keine Wechselwirkung des Bildungssystems in der Republik Kasachstan mit dem Arbeitsmarkt und der Befriedigung des Fachkräftebedarfs der einheimischen Unternehmen. Diese Tatsache hängt damit zusammen, dass die meisten Betriebe auf älteres Personal setzen, da die fachliche Kompetenz der Absolvierenden des Berufsbildungssystems aus ihrer Sicht nicht zufriedenstellend ist. Deshalb ist es gemäß der Botschaft des Präsidenten der Republik Kasachstan notwendig, ein System der dualen technischen und beruflichen Ausbildung einzuführen und in Zukunft den Übergang zu einer staatlich garantierten technischen Ausbildung für junge Menschen zu gewährleisten.

Notwendige Reaktionen des Bildungssystems

Konsequenz ist die Forderung nach Entwicklung eines flexiblen, der staatlichen Bildungsordnung entsprechenden Ausbildungsprogramms, das die Umsetzung des dualen Systems in der Praxis ermöglicht. Das duale Ausbildungssystem sieht die Kombination der theoretischen Ausbildung mit Zeiten der betrieblichen Tätigkeit vor. Angehende Fachkräfte werden an zwei Institutionen ausgebildet: Die Auszubildenden erhalten eine Ausbildung einerseits am College (es vermittelt theoretisches Wissen), andererseits im Ausbildungsbetrieb, wo die für eine bestimmte Produktion notwendigen Kompetenzen entwickelt werden. Beide Institutionen sind Partner*innen. Es ist sehr wichtig, dass junge Menschen die theoretische Ausbildung und die Praxis kombinieren, dadurch steigt auch die Wahrscheinlichkeit einer späteren Übernahme in eine Beschäftigung im Ausbildungsbetrieb.

Die Lehrpläne werden dadurch mehr auf die Bedürfnisse und Interessen der Arbeitgeber*innen zugeschnitten. Die Betriebe haben die Möglichkeit, die Ausbildungsinhalte des entsprechenden Berufes auf ihre eigenen Produktionsbedingungen und -abläufe anzupassen. Neben der Theorie erhält die Praxis einen vergleichbaren Zeitanteil. In der betrieblichen Ausbildung wird die Rolle der Lehrer*innen von den ausbildenden Mitarbeitenden des Unternehmens übernommen. Diese sind zwar nicht alle geborene Lehrkräfte, doch nach Meinung der Schüler*innen können sie nur von solchen Lehrkräften lernen, wie und was in der konkreten Berufsausübung zu tun ist (Atameken, o. J.).

Umsetzungsstrategie des Polytechnischen Colleges Karaganda

In Kasachstan kommt der Abteilung für Methodik des dualen Ausbildungssystems, die die Arbeit in dieser Richtung leitet und koordiniert, eine besondere Verantwortung zu: Von ihr werden Mustercurricula und Ausbildungsprogramme für unterschiedliche Fachrichtungen entwickelt, deren Neuheit darin besteht, dass mehr als 40 bis 50 Prozent der Ausbildungszeit der industriellen Praxis gewidmet ist.

In der Phase der Modernisierung des Bildungssystems steht das Polytechnische College Karaganda vor einer Reihe von Fragen: Was soll das College in Zukunft sein? Wie organisieren wir zukünftig eine berufliche Bildung? Wie können wir das Prestige einer Bildungseinrichtung auf dem Markt der Bildungsdienstleistungen erhöhen? Wie erreichen wir eine globale Wettbewerbsfähigkeit und wie gewährleisten wir eine 100-prozentige Beschäftigung unserer Absolvierenden?

Die Entwicklung der Sozialpartnerschaft und die Gestaltung von Bedingungen für eine breitere Beteiligung des privaten Sektors an der Modernisierung des Landes machen es möglich, das Hauptproblem der beruflichen Bildung zu lösen – die Kluft zwischen Theorie und Praxis in der modernen Wirtschaft. Die Nachfrage an Fachleuten neuen Formats wird durch die Realisierung von Projekten des Staatsprogramms der wirtschaftlichen Entwicklung des Landes diktiert (Palata, o. J.).

Das duale Ausbildungssystem ist heute eine der effektivsten Formen der Ausbildung von Fachkräften in der beruflichen Bildung, es entspricht den Interessen aller beteiligten Parteien – Unternehmen, Arbeitnehmer*innen und Staat. Für ein Unternehmen ist es eine Möglichkeit, Personal für sich selbst auszubilden und damit Kosten für die Suche und Auswahl von Arbeitskräften, deren Umschulung und Anpassung möglicherweise notwendig ist, einzusparen oder zu reduzieren. Für den Staat bedeutet diese Entwicklung eine investive Unterstützung der Ausbildung durch die Unternehmen. Und für junge Menschen ist die duale Ausbildung eine hervorragende Möglichkeit, sich leichter an das Erwachsenen- bzw. Berufsleben anzupassen.

Berufsbildende Schulen in Kasachstan zeigen einen positiven Trend zur Einführung von Elementen des dualen Ausbildungssystems. Im Zusammenhang mit der fortschreitenden Modernisierung stellt sich insbesondere die Frage nach den steigenden Anforderungen an die Qualifizierung von Fachkräften, die vor allem in der Industrie gefragt sind, was wiederum den Bedarf an neuen Bildungsprogrammen für die Ausbildung begründet.

Erfahrungen

Unsere Bildungseinrichtung, das Höhere Polytechnische College Karaganda, implementiert die duale Form der Ausbildung seit 2011. In diesem Jahr wurde das Abkommen über die Partnerschaft in der Fachrichtung „Wartung, Reparatur und Betrieb der Kraftfahrzeuge" mit der „Borusan Makina Kazakhstan" GmbH abgeschlossen. Das College wurde in das Geschäftsentwicklungsprogramm des Unternehmens aufgenommen, das auf dem Produktionsmanagementkonzept „6 Sigma" basiert. Zusätzlich wurde 2013 eine trilaterale Vereinbarung über die Zusammenarbeit mit dem Bildungsdezernat der Region Karaganda, der Kazakhstan Electricity Grid Operating Company (KEGOC AG) und dem Fachbereich „Elektrische Ausstattung von elektrischen Stationen und Netzen" des Polytechnischen Colleges Karaganda unterzeichnet. Im Jahr 2013 wurde das College als Grant Recipient der Weltbank im Rahmen des Projekts „Modernization of Technical and Vocational Education" für die Entwicklung des Fachbereichs benannt. Während des kurzen Zeitraums der Implementierung des dualen Ausbildungsprogramms wurde eine Reihe von Detailproblemen festgestellt. Das Hauptproblem bleibt jedoch die Qualität der Ausbildung von Fachkräften, ihre geringe Wettbewerbsfähigkeit und die mangelnde Übereinstimmung der Qualifikationen mit den Anforderungen des Arbeitsmarktes. Der grundlegende Faktor ist die unbefriedigende Interaktion der Berufsbildung mit dem Arbeitsmarkt, bedingt u. a. durch die extrem schwache Beteiligung der Arbeitgeber*innen an der Entwicklung der Bildungsinhalte, am eigentlichen Prozess der Ausbildung und der Unterstützung der Berufsbildungsorganisationen.

Das duale Ausbildungssystem, das sowohl das theoretische als auch das praktische Lernen im Bildungsprozess kombiniert, hat keine derartigen Defizite. Zweifellos ist es am einfachsten, das System der dualen Ausbildung in jenen Bildungseinrichtungen zu implementieren, in denen ein oder mehrere große Unternehmen als Sozialpartner fungieren und in denen das Management aus der Perspektive der Personalpolitik tätig ist. Aber in der Region Karaganda gibt es nur wenige große Betriebe und eine hohe Anzahl von kleinen und mittleren Unternehmen; eine solche Ausgangssituation ist für die Einführung einer dualen Ausbildung problematisch. Ein Beispiel stellt die Unmöglichkeit dar, eine ganze Gruppe von Auszubildenden für ein Praktikum zu entsenden und sich dabei auf die Bedingungen des Praktikums und dessen Inhalt zu einigen. Hinzu kommt, dass die Initiative zur Umsetzung der dualen Ausbildung bisher eher von Bildungseinrichtungen als von Arbeitgeberinnen und Arbeitgebern ausgeht.

Neben solchen Herausforderungen gibt es auch positive Aspekte. Die wichtigsten können in einer kurzen Übersicht skizziert werden:

- Verbesserung der beruflichen Kompetenz von Lehrkräften sowie Meisterinnen und Meistern in den auszubildenden Betrieben;
- Modernisierung der Lern-/Lehrtechnologien im Bildungsprozess;
- Motivation der Lernaktivitäten der Studierenden bzw. Auszubildenden durch den Erwerb von berufspraktischen Fähigkeiten und Fertigkeiten;
- Verstärkung des Praxisbezugs der Ausbildung;
- Beseitigung der Hauptnachteile der traditionellen Ausbildungsformen und -methoden: die Lücke zwischen Theorie und Praxis;
- Maximale Annäherung der Ausbildung an die spezifischen Bedürfnisse der Industrie und hiermit der Arbeitgeber*innen.

Zudem lernen zukünftige Fachkräfte viel bewusster und interessierter, sie streben danach, ihre Position im Unternehmen nach der Ausbildung zu festigen. Daraus resultiert ein sehr hohes Maß an Motivation.

Zukünftige Chancen durch internationale Zusammenarbeit

Eines der Ziele des Colleges ist die ständige Erweiterung der Aktivitäten im Bereich der internationalen Zusammenarbeit durch die Teilnahme an internationalen Projekten, insbesondere denen, die auf innovative Aktivitäten, einen unternehmerischen Ansatz und die Steigerung der Qualität der Ausbildung von Spezialistinnen und Spezialisten ausgerichtet sind. Neben der Beteiligung an den GeKaVoC-Aktivitäten beteiligt sich das College in den kommenden Jahren am neu eingerichteten Erasmus-Projekt KAZDUAL der Europäischen Union.[1] Das Programm Erasmus+ eröffnet neue Möglichkeiten für Studierende und Lehrer*innen des Colleges.

---

1 Erasmus+ „Capacity Building in Higher Education" Nr. 618835-EPP-1-2020-1-KZ-EPPKA2-CBHE-SP KAZDUAL „Implementation of Dual System in Kazakhstan"

Zentrale Ziele des Projekts sind die Implementierung des dualen Systems zur Verbesserung der Kompetenz der Studierenden in Übereinstimmung mit den Bedürfnissen der Arbeitgeber*innen sowie die Erhöhung der Beschäftigung der Absolvierenden und Zusammenarbeit mit dem privaten Sektor. Dabei werden im Einzelnen die folgenden Ziele angestrebt:

1. Erarbeitung eines Vorschlags zur Änderung der Gesetzgebung/Regelungsdokumente zur Anpassung der dualen Bildung in Kasachstan.
2. Entwicklung neuer Möglichkeiten für Studierende, relevantere Kenntnisse und Fähigkeiten zu erwerben, indem sie die formale Bildung mit dem Training am Arbeitsplatz kombinieren.
3. Synchronisierung der Programme der Berufsbildenden Schulen mit den Anforderungen für den Eintritt in höhere Bildungseinrichtungen.
4. Erhöhung der Lernmotivation der Studierenden und des Interesses von berufsbildenden Schulen und Unternehmen an der Unterstützung und Umsetzung der dualen Ausbildung, Reduzierung des Studienabbruchs.
5. Schaffung eines Netzwerks und Forschungszentrums für die duale Bildung.
6. Weiterer Ausbau der internationalen Beziehungen.
7. Stärkung der Zusammenarbeit zwischen jungen Menschen aus verschiedenen Ländern auf der Basis gemeinsamer Alters- und Berufsinteressen.

Mit diesen Aktivitäten werden die im Rahmen von GeKaVoC aufgenommenen Entwicklungen weitergeführt und auf einer breiteren Basis implementiert.

Schlussbemerkung

Der Beginn der Implementierung des Pilotprogramms der dualen Ausbildung im Höheren Polytechnischen College Karaganda wurde festgelegt, aber es gibt noch mehr zu tun. Die Zusammenarbeit mit der Industrie und die systematische Begleitung durch praktizierende Fachleute wird durch die Ausbildung kompetenter Fachkräften helfen, einen bedeutenden sozioökonomischen Effekt im ganzen Land zu erzielen. Damit wird ein Versuch unternommen, eine völlig neue Ebene der Dreierpartnerschaft zu erreichen – um die Interessen von Wirtschaft, Jugend und Staat zu vereinen.

Die breite Anwendung des dualen (Aus-)Bildungssystems wird einerseits den Absolvierenden die Möglichkeit geben, eine Beschäftigung in ihrem gewählten Fachgebiet zu finden, und andererseits ermöglichen, entsprechende Fachgebiete bzw. den Bedarf an Fachkräften zu identifizieren. Im Ergebnis trägt die Einführung des dualen Systems im Land zur wirtschaftlichen Entwicklung bei, unter anderem durch die Ausbildung von wettbewerbsfähigen Fachkräften, die den internationalen Anforderungen entsprechen.

Das Modell der dualen (Aus-)Bildung sozialisiert die jungen Menschen, die sonst ohne Anpassungszeit ins Erwachsenenalter sowie ins Berufsleben eintreten. Die hohe Zuverlässigkeit des dualen Ausbildungssystems ist darauf zurückzuführen, dass es den Interessen aller Beteiligten – Unternehmen, Arbeitnehmer*innen und Staat – gerecht wird:

- Für die Unternehmen ist die duale Ausbildung eine Möglichkeit, für sich selbst das Personal „nach Maß" auszubilden und so sicherzustellen, dass ihre Anforderungen maximal erfüllt werden, und die Kosten für die Suche und Auswahl von Mitarbeitenden und deren Umschulung und Anpassung zu reduzieren. Darüber hinaus besteht die Möglichkeit, die besten Auszubildenden bzw. Studierenden auszuwählen.
- Die duale Ausbildung ist für junge Menschen eine hervorragende Chance, frühzeitig Selbstständigkeit zu erlangen und sich leichter in das Erwachsenenleben einzugliedern.
- Der Staat hat einen großen Vorteil, da er die Aufgabe effizient lösen kann, qualifiziertes Personal für seine Wirtschaft auszubilden.

Somit ist das duale Ausbildungssystem eine innovative Art der Organisation der angestrebten Berufsausbildung, die ein koordiniertes Zusammenwirken von pädagogischen und industriellen Bereichen der Ausbildung von Fachkräften impliziert. Die Idee der dualen Ausbildung erhält ihre realen praktischen Konturen. Die Interaktion der Bildung mit den Unternehmen und den Themen des Arbeitsmarktes ist eine der Komponenten des modernen Modells, das in der Gesellschaft gefragt ist.

Zusammenfassend lässt sich sagen, dass die Umsetzung eines innovativen Programms, das auf der dualen Ausbildung basiert, zum Übergang auf ein qualitativ neues Niveau der Ausbildung und Umschulung von Fachkräften für die Produktion, zur Bildung von kompetenten Hochschulabsolvierenden, zur Sicherstellung ihrer Nachfrage auf dem Arbeitsmarkt und zur Entwicklung der Sozialpartnerschaft in der Bildung beitragen wird und damit zu einer nachhaltigen Modernisierung der Berufs- und Arbeitswelt führt.

Literatur

Adilet (2018): Правила организации дуального обучения. Приказ Министра образования и науки РК от 11.09.2018 № 455, http://adilet.zan.kz/rus/docs/V1600013422 (22.07.2021) [Regelungen für die Organisation der dualen Ausbildung. Verordnung Nr. 455 des Ministers für Bildung und Wissenschaft vom 11.09.2018] (auf Russisch).

Atameken (o. J.): О дуальном обучении: Дуальная подготовки кадров Карагандинской области, https://atameken.kz/ru/pages/646-about-dual-edu (22.07.2021) [Zur dualen Ausbildung: Duale Ausbildung für die Region Karaganda] (auf Russisch).

Palata (o. J.): Дуальное обучение для рабочих кадров: Национальная палата предпринимателей Республики Казахстан «Атамекен», Дуальная подготовка кадров Карагандинской области, http://www.palata.kz (22.07.2021) [Duale Ausbildung für Arbeitnehmer*innen: Nationale Unternehmerkammer der Republik Kasachstan „Atameken", Duale Ausbildung für die Region Karaganda] (auf Russisch).

Erfahrungen mit der Implementierung eines dualen Ausbildungssystems bei „Alageum Electric" in Kasachstan

Nurzhamal Jumartbayeva, Bakhritdin Yergeshov

Abstract

In diesem Beitrag geht es um die Einführung der dualen Ausbildung am Kasachisch-Deutschen Polytechnischen College mit Unterstützung durch den Sozialpartner „Kentau Transformatorenwerk AG" (führender Betrieb der Unternehmensgruppe „Alageum Electric", welche das College gründete), die Ergebnisse der nach dem dualen System ausgebildeten Absolvierenden, die Zusammenarbeit mit der TÜV Rheinland Akademie GmbH im Bereich der Weiterbildung mit anschließender Vergabe von Zertifikaten sowie um die deutsche Expertise bei der Umsetzung der dualen Ausbildung in der technischen und beruflichen Bildung im Rahmen des Projekts GeKaVoC.

This article discusses the introduction of the dual education at the Kazakh-German Polytechnic College with the support of the social partner "Kentau Transformer Plant JSC" (leading manufacturer of the "Alageum Electric" enterprise group, which founded the college), including the results of graduates training according to the dual system, the cooperation with TÜV Rheinland Akademie GmbH in the field of advanced training with subsequent issuance of international certificates, as well as the German expertise in implementing dual education in technical and vocational education within the GeKaVoC project.

Данная статья посвящена анализу опыта о внедрения дуального обучения в Казахско-немецком политехническом колледже при поддержке социального партнера, акционерного общества «Кентауский трансформаторный завод», ведущего производителя электротехнической продукции в Казахстане, лидера группы компаний «Alageum Electric». Завод является единственным Учредителем данного колледжа. Статья содержит сведения о результатах подготовки выпускников, обучившихся по дуальной системе, а так же о роли сотрудничества с TÜV Rheinland Akademie GmbH в сфере дополнительного образования и внедрении Германского опыта дуального обучения в сфере технического и профессионального образования в образовательные программы колледжа в рамках проекта GeKaVoC.

Vorbemerkung

Ein duales Ausbildungssystem oder -programm versucht, Bildung (in einer berufsbildenden Schule, einem College) und Ausbildung (in einer Firma, einem Unternehmen) gleichermaßen auszubalancieren, um die nächste Generation junger Menschen zu qualifizieren, zu erziehen und zu sozialisieren.

Neben diesen Effekten (Qualifizierung, Bildung und Sozialisation) ermöglicht das duale Bildungssystem dem Land ökonomische (z. B. Wirtschaftswachstum) und soziale Ziele (z. B. Integration junger Menschen in den Arbeitsmarkt) zu erreichen, weshalb in verschiedenen Ländern versucht wird, duale Bildungsstrukturen zu entwickeln oder zu erhalten.

Der Beitrag ist der Herausforderung gewidmet, die Lücke zwischen dem theoretischen Wissen, das innerhalb der berufsbildenden Schulen vermittelt wird, und den praktischen Fähigkeiten, die in der Berufstätigkeit zu erwerben sind, zu schließen. Das moderne System der dualen Ausbildung, das in Kasachstan eingeführt wurde, legt diese Aufgabe allen Beteiligten gleichermaßen auf: der Wirtschaft, dem Staat und dem System der gewerblich-technischen Ausbildung.

Duale Ausbildung als Grundlage der Fachkräftesicherung

Das Wirtschaftswachstum und die Entwicklung der Industriebetriebe in der Republik Kasachstan sorgten für die Entstehung eines großen Bedarfs an technischem Personal. Mit diesem Problem war auch die Gesellschaft „Alageum Electric" konfrontiert, zu der Produktionsbetriebe wie „Transformatorenwerk Kentau AG", „Elektromechanisches Werk Almaty GmbH", „Transformatorenwerk Ural GmbH", Transformatorenwerk Schymkent „ASIA TRAFO" und andere Maschinenbauunternehmen Kasachstans gehören. Um das Problem des Fachkräftemangels im Transformatorenwerk Kentau zu lösen, wurde 2012 die Kasachisch-Deutsche Polytechnische Berufsschule (College) gegründet, die als eine der Ersten in der Republik ein duales Ausbildungssystem einführte.

Beteiligte der dualen Ausbildung sind: das College, das Bildungsprogramme der technischen und beruflichen Bildung durchführt, das Kentau Transformatorenwerk (Produktionsunternehmen, das einen Teil des Konzerns „Alageum Electric" bildet) sowie Studierende (Trainees) bzw. Auszubildende im Rahmen der dualen Ausbildung.

Gemäß der Verordnung des Ministers für Bildung und Wissenschaft der Republik Kasachstan vom 21. Januar 2016 № 50 „Über die Festlegung der Regeln der Organisation der dualen Ausbildung" wird der dreiseitige Vertrag über die duale Ausbildung zwischen dem College, dem Unternehmen und den Studierenden (im Falle der Minderjährigkeit der Studierenden: Eltern oder gesetzliche Sorgeberechtigte der Studierenden) geschlossen. In der Vereinbarung regeln die Colleges die Organisation und alle Belange des Praktikums. Die Unternehmen sind verpflichtet, obligatorische

Sicherheitsunterweisungen durchzuführen und den Studierenden die Grundlagen für sicheres Arbeiten während des Praktikums zu vermitteln. Der Vertrag sieht die Ernennung von zwei Praktikumsbetreuenden vor: Mentorinnen und Mentoren aus den Reihen der führenden Fachleute und Praktikumsbetreuer*innen des Colleges.

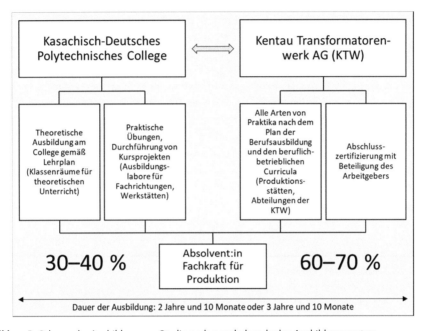

Abbildung 1: Schema der Ausbildung von Studierenden nach dem dualen Ausbildungssystem

Die Curricula der dualen Ausbildung werden in der Vorstandssitzung des Transformatorenwerks Kentau in Abstimmung mit dem Unternehmen festgelegt und von der Bildungseinrichtung genehmigt.

Der Ausbildungsprozess am College umfasst theoretischen, labor-praktischen und rechnerisch-grafischen Unterricht. Die Ausbildung am Arbeitsplatz – Berufspraxis und Abschlussprojekt – wird direkt am Arbeitsort durchgeführt.

Die Ausbildung am Arbeitsplatz

Curricula und Bildungsprogramme der technischen und beruflichen Ausbildung (mit dualem Charakter) beinhalten neben der theoretischen Ausbildung in Bildungseinrichtungen auch die praktische (nicht weniger als 60 Prozent) bzw. betriebliche Ausbildung, die einen vertieften Einblick in die Praxis des Unternehmens bietet.

Die Ausbildung am Arbeitsplatz wird von einer theoretischen Ausbildung begleitet, bei der der Zeitplan des Ausbildungsprozesses mit der Organisation (dem Unternehmen) abgestimmt wird. So werden im ersten Ausbildungsjahr (nach der 9. Klasse) die allgemeinbildenden Fächer durchlaufen. Ab dem zweiten Jahr, nach der Unterweisung in Arbeitssicherheit, absolvieren die Auszubildenden (in Kasachstan oft auch Studentinnen und Studenten gennant) ein Praktikum im Transformatorenwerk Kentau. Das Praktikum findet an zwei Wochentagen im Umfang von zwölf Stunden pro Woche statt, um die theoretischen Kenntnisse, die im College erworben wurden, zu festigen. Für ältere Studierende (3.-4. Ausbildungsjahr) wird die Zeit der praktischen Ausbildung im Werk auf bis zu 18 Stunden pro Woche erhöht. Studierende des 3. und 4. Jahrgangs haben mit Zustimmung der Eltern die Möglichkeit, in den Sommerferien ein bezahltes Praktikum in anderen Alageum Electric-Werken in verschiedenen Regionen des Landes zu absolvieren, wo sie eine Entschädigung für Reise, Unterkunft und Verpflegung erhalten. Planmäßige Unterweisungen zum Arbeitsschutz finden zu Beginn eines jeden Semesters statt, außerplanmäßige Unterweisungen zu Beginn jeder Woche und beim Wechsel des Arbeitsplatzes der Auszubildenden. In Übereinstimmung mit den Anforderungen des Arbeitsgesetzes der Republik Kasachstan vom 23. November 2015 gelten für die Praktikantinnen und Praktikanten während der Zeit der industriellen Ausbildung und der Berufspraxis die Regeln der Arbeitsordnung des Transformatorenwerkes Kentau oder einer anderen strukturellen Unterabteilung der „Alageum Electric".

Den Studierenden werden im Unternehmen Mentorinnen und Mentoren (Ausbilder*innen) zugewiesen, die den kompletten Produktionsprozess erklären. Die Mentorinnen und Mentoren geben während der praktischen Arbeit einfache Aufgaben und erklären den Prozess der Umsetzung.

Das duale System der Ausbildung in der Berufsschule ist so gestaltet, dass die Studierenden während der gesamten Ausbildungszeit alle Prozesse der Produktion des Transformatorenwerks Kentau kennenlernen. Während der industriellen Ausbildung und Praxis wählen die Studierenden ihren zukünftigen Arbeitsbereich. Nach den Ergebnissen der Ausbildung werden die während der Ausbildung erworbenen Kenntnisse der Absolvierenden von den Mitarbeitenden des Werkes bei der Verteidigung der Diplomarbeiten bewertet.

Duale Ausbildung aus der Perspektive des Colleges

Seit der Eröffnung des Colleges haben sich eine Reihe von Vorteilen des dualen Ausbildungssystems gezeigt:

- Absolvierende des Colleges erhalten alle notwendigen Kenntnisse und Fähigkeiten, um mit den in der Produktionsstätte installierten Geräten zu arbeiten, was die Kosten für zusätzliche Schulungen und die Einstellung von externen Spezialistinnen und Spezialisten reduziert;
- Vermeidung oder zumindest Verringerung der Personalfluktuation, geringere Kosten aufgrund von Personalfluktuation;
- Verringerung des Risikos von Unstimmigkeiten bei der Besetzung einer Stelle, Bildung einer Personalreserve;
- langfristige Sicherung des Fachkräftebedarfs für einen möglichst rationellen Einsatz der Mitarbeiter*innen.

Außerdem traten bei der Umsetzung des dualen Ausbildungssystems folgende Probleme auf, die zum Teil noch auf gesetzlicher Ebene ungelöst sind:

- Fehlen eines geeigneten rechtlichen Rahmens, der den Mechanismus des dualen Ausbildungssystems vollständig regelt;
- der Mechanismus der Mentorenvergütung wurde nicht ausgearbeitet;
- es gibt keinen einheitlichen Standard für das duale Ausbildungssystem;
- geringer Kenntnisstand der Studierenden im technischen Profil;
- Abwesenheit eines kontinuierlichen Ausbildungssystems unter der Schirmherrschaft eines Unternehmens: Kindergarten – Schule – College (Universität) – Unternehmen.
- Fehlen einer einheitlichen nationalen Datenbank des Personalbedarfs, auf deren Grundlage die Berufsberatungsarbeit durchgeführt würde.

Die Lösung all dieser Probleme wird zur Entwicklung eines neuen Berufsbildungsmodells beitragen, das es ermöglicht, die Lücke zwischen der Struktur, dem Umfang und der Qualität der Fachkräfte und den tatsächlichen Anforderungen der einzelnen Unternehmen zu schließen.

Bisherige Ergebnisse

Die Firma „Alageum Electric" arbeitet eng mit der Regierung der Republik Kasachstan und den Akimaten der Regionen zusammen. Dank der erzielten Ergebnisse erhält das Kasachisch-Deutsche Polytechnische College jährlich staatliche Bildungszuschüsse und die Studierenden haben die Möglichkeit, kostenlos zu studieren und ein Stipendium zu erhalten. Die Firma „Alageum Electric" und das Transformatorenwerk Kentau garantieren ihrerseits eine nahezu 100-prozentige Beschäftigung der Absolvierenden.

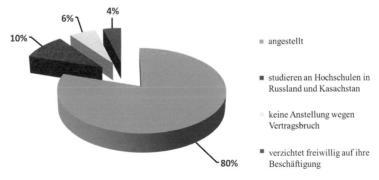

Abbildung 2: Diagramm der durchschnittlichen Beschäftigungsstatistik der Absolvierenden des Kasachisch-Deutschen Polytechnischen Colleges für die letzten fünf Jahre

Trotz des jungen Alters des Colleges haben sich die Absolvierenden positiv bewährt und sind erfolgreich auf der Karriereleiter aufgestiegen, indem sie Positionen von Chefdesignerinnen und -designern, Hauptbuchhalterinnen und -buchhaltern, Finanzanalystinnen und -analysten oder Verkaufsleiterinnen und -leitern in verschiedenen Unternehmen Kasachstans eingenommen haben. Ein weiterer Indikator für die Ergebnisse der Arbeit kann die Teilnahme der Studierenden an der nationalen Meisterschaft WorldSkills Kasachstan sein. Im Laufe der Teilnahmejahre des Colleges an den regionalen und nationalen Meisterschaften WorldSkills Kasachstan wurden folgende Ergebnisse erzielt:

- 13 erste Platzierungen in der regionalen Meisterschaft;
- ein erster Platz, ein zweiter Platz, ein dritter Platz, eine Fertigkeitsmedaille, drei vierte Plätze in den Kompetenzen „Internet of Things", „Electronics", „IT Solutions for Business", „Industrial Automation", „CAD Engineering" und „Mechatronics" bei der nationalen Meisterschaft WorldSkills Kasachstan.

Das Transformatorenwerk Kentau ist an gut ausgebildeten Fachkräften interessiert, deshalb werden einige der College-Absolvierenden, die sich im theoretischen und praktischen Unterricht hervorragend bewährt haben, zur weiteren Ausbildung an Universitäten in Kasachstan, Russland und der Ukraine geschickt. Zum Beispiel setzen College-Absolvierende ihre Weiterbildung an den staatlichen technischen Universitäten in Omsk, Kemerovo (Russland) oder Zaporozhye (Ukraine) fort.

Aktuelle Entwicklungen

Ein nicht minder wichtiges Ereignis für das College ist die Unterzeichnung einer Kooperationsvereinbarung zwischen der „Kentau Transformatorenwerk AG", der allgemeinen Bildungseinrichtung „Kasachisch-Deutsches Polytechnisches College" und der TÜV Rheinland Akademie GmbH. Im Rahmen der unterzeichneten Vereinbarung ist geplant, die folgenden Ziele zu erreichen:

- Förderung der Partnerschaft, Portfolio-Entwicklung, Kennenlernen neuer Trainingsmethoden;
- Ausbildung von Studierenden nach den Programmen und Modulen, die nach den Anforderungen der TÜV Rheinland Akademie GmbH entwickelt wurden, mit der Ausstellung eines Zertifikats über die Kompetenz in den Arbeitsberufen;
- Bewertung des Niveaus der Personalausbildung, kompetenzbasierte Zertifizierung von Lehr- und Fachkräften von College und Unternehmen;
- Zertifizierung von Ausgangsprodukten (für Unternehmen in Kasachstan).

Im August 2019 fand eine Praktikums- und Weiterbildungsreise nach Magdeburg im Rahmen des Projekts GeKaVoC (Germany Kazakhstan Vocation) statt, das duale Ausbildungen in den Bereichen Logistik, Mechatronik und alternative Energien nach Kasachstan transferiert. Während des Aufenthaltes in Deutschland wurden Exkursionen zu großen Unternehmen organisiert, wie der „Volkswagen Aktiengesellschaft", „Enercon" und anderen. Im Rahmen der Schulung wurde ein umfangreicher Überblick der Besonderheiten der dualen Ausbildung und der Lehrplanentwicklung in den Bereichen Logistik, Mechatronik und erneuerbare Energien gegeben.

Zwei Prüfungsphasen wurden von deutschen Fachleuten der internationalen TÜV Rheinland Group erfolgreich absolviert; die 3. Phase der Prüfung wurde in Kasachstan in praktischer Form an den Produktionsstandorten der „Almaty Electromechanical Plant" und „Festo" durchgeführt. Am Ende des Kurses wurden die Zertifikate der TÜV Rheinland Akademie überreicht.

Als Ergebnis des Praktikums wurden die folgenden Änderungen im Bildungsprozess des Colleges vorgenommen:

- Es wurde eine vierstufige Methode der Ausbildung im Unternehmen eingeführt: Reproduktion – Erklärung – Imitation – Praxis;
- Erstellung von Unterrichtsplänen der betrieblichen Praxis nach deutschen Standards;
- Teilnahme von Vertreterinnen und Vertretern der Unternehmerkammer „Atameken" zur Verbesserung der Arbeitscurricula, Anwesenheit bei den Abschlussbescheinigungen als Teil der Kommission.

Schlussbemerkung

Heute können wir feststellen, dass die technologische Ausstattung der Werke von Alageum Electric so fortschrittlich ist wie in allen oben genannten Ländern. Die fortschrittliche Technologie ist die Hälfte des Erfolgs. Der zweite, nicht weniger wichtige Teil ist das Personalwesen. Gleichzeitig ist festzustellen, dass die Produktionskultur durchschnittlicher Arbeiter*innen in Westeuropa oder Japan höher ist als bei uns. Daher ist die Hauptfrage der Entwicklung unserer Unternehmen heute die Frage der Humanressourcen. Es ist möglich, moderne Produktionskapazitäten zu erwerben, wozu wir über Spezialistinnen und Spezialisten verfügen, die in der Lage sind, mit diesen Kapazitäten zu arbeiten. Das Ziel der dualen Ausbildung ist also, ohne monate- und jahrelange Vorbereitungszeit Fachkräfte zu gewinnen, die auf die betrieblichen Anforderungen umfangreich vorbereitet sind. Das ist durchaus machbar und in jeder Hinsicht sehr vorteilhaft – gesellschaftlich, pädagogisch und persönlich.

Abbildungsverzeichnis

Gewappnet für den Klimawandel? Denkanstöße für die gewerblich-technische Berufsausbildung aus Unternehmensperspektive des Photovoltaiksektors

Marcel Maßmann

Abstract

Das wachsende Interesse an der Nutzung der Photovoltaik zur Energiegewinnung geht mit der Notwendigkeit einer adäquaten Berufsausbildungsstruktur zur nachhaltigen Beschäftigungssicherung einher. Die gewerblich-technische Photovoltaikbranche besticht aktuell durch einen relativ heterogenen beruflichen Hintergrund der Mitarbeiter*innen und ist, als Sektor des beruflichen Quereinstiegs, auf einer Fort- und Weiterbildungsstruktur aufgebaut. Dieser Artikel bezieht die aktuellen Kompetenzentwicklungsstrategien im Bereich der beruflichen Bildung für nachhaltige Entwicklung auf die faktische Situation der Photovoltaikbranche sowie die daraus resultierenden fachspezifischen Kompetenzanforderungen an Mitarbeiter*innen und zeigt potenzielle Handlungs- und Neuordnungsmöglichkeiten zur (Um-)Gestaltung der beruflichen Aus- und Weiterbildungsstruktur auf.

The increasing interest in the use of photovoltaics goes hand in hand with the need for an adequate vocational training structure to secure sustainable employment opportunities. The industrial-technical photovoltaic sector is currently characterised by a relatively heterogeneous professional background within its employees and is, as a sector of professional lateral entry, based on a further education and training structure. This article relates the current competence development strategies in the field of vocational education for sustainable development to the factual situation of the photovoltaic sector as well as the resulting technical competence requirements for employees and shows potential possibilities for action and reorganisation for the (re-)design of the vocational education and training structure.

Растущий интерес к развитию производства солнечной энергии порождает одновременно необходимость создания надлежащей структуры профессионального обучения для обеспечения стабильной трудовой занятости. Промышленно-технический сектор солнечной энергетики характеризуется относительно разнородной профессиональной подготовкой кадров и, будучи отраслью дополнительной профессиональной подготовки, опирается на структуру повышения квалификации и профессионального обучения. Данная статья рассматривает текущие стратегии развития компетенций в области профессионального образования по вопросам устойчивого развития, ссылаясь на фактическую ситуацию в отрасли солнечной энергетики, и вытекающие из этого требования к компетенциям кадров, а также описывает потенциальные возможности продвижения и реорганизации структуры профессионального образования и курсов повышения квалификации.

Einleitung und ein Einblick in die berufliche Kompetenzentwicklung

Die Klimaziele Deutschlands, Treibhausgasemissionen bis 2050 um 80 bis 95 Prozent zu senken und parallel den Anteil der erneuerbaren Energien am Bruttoenergieverbrauch auf 60 Prozent zu steigern (BMU 2016, S. 7 ff.), erfordern ambitionierte Umstrukturierungen und Innovationen auf verschiedensten Wirtschaftsebenen. In der gesellschaftlichen und bildungspolitischen Diskussion werden Nachhaltigkeit, Ressourcenschonung und erneuerbare Energien ununterbrochen thematisiert. In einer Kurzstudie, über die der vorliegende Beitrag berichtet, steht als Technologie die Photovoltaik im Vordergrund.[1]

Dementsprechend sind besonders die Rahmenbedingungen des Erneuerbare-Energien-Gesetzes (EEG) und der damit verbundenen Einspeisevergütung für Photovoltaikanlagen für die Erreichung der Klimaziele bestimmend. Das erwartete Wegfallen der Einspeisevergütung durch die Erreichung des Zubaudeckels von 52 Gigawatt Leistung im Jahre 2020 war für die Unternehmen im Photovoltaiksektor eine besondere Herausforderung. Mit der Neuerung des EEG 2021 wurde dieser Zubaudeckel auf 100 GW insgesamt mit einem jährlichen Zubau von 4,6 GW (im Vergleich dazu: vorher 2,5 GW) (Energie-Experten, 2020, o. S.) angehoben. Aktuell hat die Photovoltaik einen Anteil am deutschen Bruttostromverbrauch von lediglich 8,2 Prozent (Fraunhofer ISE, 2020, S. 5), obwohl das Energiepotenzial der Sonne den weltweiten Energiebedarf um das 7.000- bis 10.000-Fache übersteigt (Mertens 2018, S. 61; Quaschning, 2013, S. 36). Dies kann mit der aktuellen Diskussion zu Speichermöglichkeiten photovoltaisch erzeugter Energie verknüpft werden, wobei Mertens in diesem Fall davon spricht, dass aktuell die Stromeinspeisung in das Energieversorgungsnetz „gewissermaßen als Speicher" (Mertens, 2018, S. 200) fungiert, da der generierte Strom ins Versorgungsnetz eingespeist und von dort aus wieder bezogen wird.

---

1   Die dem Beitrag zugrundeliegende explorative Kurzstudie ist als methodenkombinierendes Verfahren angelegt und beinhaltet einerseits eine Dokumentenanalyse (Mühlich 2008, S. 55; Noetzel 2018, S. 24) der Ausbildungscurricula der Elektroniker*innen mit Fachrichtung Energie- und Gebäudetechnik auf photovoltaikspezifische Fachkompetenzen. Andererseits wurden drei Experteninterviews mit insgesamt vier Mitarbeitenden aus PV-spezifischen Unternehmen geführt, um die betriebliche Perspektive genauer zu erkunden (Gläser & Laudel 2010, S. 111; Meuser & Nagel 1989, S. 3 f.). Die Erstellung des Interviewleitfadens wurde durch das SPSS-Prinzip von Helfferich (2011, S. 182 f.) gestützt, während die Auswertung der Dokumente und Interviews unter Anwendung der qualitativen Inhaltsanalyse nach Mayring (2010, S. 602 ff.) erfolgte.

Die derzeitige KMK-Kompetenzentwicklungsstrategie der lernfeldorientierten Ausbildungspläne (KMK, 2018, S. 14 ff.) wird durch die Berufliche Bildung für nachhaltige Entwicklung (BBNE) und die dadurch hinzugekommenen Dimensionen der Gestaltungskompetenz (de Haan 2008, S. 31) und Systemkompetenz (Hahne, 2007, S. 14) im Feld der Nachhaltigkeit ergänzt. Dieser Nachhaltigkeitsgedanke scheint die Integration eines dreidimensionalen Nachhaltigkeitsverständnisses unter Beachtung der sozialen, ökologischen und ökonomischen Ebene zu implizieren, insbesondere da die Herausbildung einer vollständigen beruflichen Handlungskompetenz nicht nur das Berufsleben, sondern auch das Privatleben einschließt (KMK, 2018, S. 14 f.).

Nachhaltigkeit ist dementsprechend ein Querschnittsthema der beruflichen Bildung; zeitgleich bleibt jedoch die Frage nach spezifischen gewerblich-technischen Fachinhalten offen. Diesen fehlenden Fachbezug kritisierten bereits Granz et al. (2014, S. 18). Hiervon ausgehend werden in der explorativen Studie, die in diesem Beitrag vorgestellt wird,

- eine Inhaltsanalyse des Rahmenlehrplans und der Ausbildungsordnung der Berufsausbildung der Elektroniker*innen mit Fachrichtung Energie- und Gebäudetechnik durchgeführt und
- Interviews mit betrieblichen Fach- und Führungskräften aus Photovoltaik-Unternehmen zur Ausgestaltung betrieblicher Arbeitsprozesse und zur Umsetzung betrieblicher Qualifikationsanforderungen in den aktuellen beruflichen Curricula geführt.

Bei der Untersuchung der Lernfelder auf Photovoltaikbezug hat sich gezeigt, dass fast die Hälfte der Lernfelder des Rahmenlehrplans notwendige Fachkompetenzen im Bereich der Photovoltaik abdecken. Des Weiteren konnte festgestellt werden, dass in über der Hälfte der Lernfelder der Ausbildungsordnung keine Notwendigkeit für weitere Kompetenzentwicklungsmaßnahmen für den Photovoltaikbereich abgeleitet werden konnte; wobei hier selbstverständlich erwähnt werden muss, dass der betriebliche Ausbildungsteil selten durch Unternehmen abgedeckt wird, die im Photovoltaiksektor aktiv sind. Daraus leitet sich das erste Ergebnis dieses Forschungsvorhabens ab:

Die bildungspolitische Diskussion um Nachhaltigkeit und die daraus resultierende immanente Integration von Nachhaltigkeitsdimensionen und spezifischen Kompetenzmodellen in Ausbildungscurricula sollten den Bereich der erneuerbaren Energiesysteme mit einschließen. Bislang decken die vorliegenden Curricula entsprechende branchenspezifische Inhalte aber nur unzureichend ab.

Berufsaus- und -weiterbildung im Bereich Photovoltaik

Studien, die von Hartmann und Mayer (2012) oder durch Meingast et al. (2014) durchgeführt wurden, haben gezeigt, dass die beruflichen Hintergründe der Mitarbeiter*innen des Sektors eine hohe Diversität und Heterogenität aufweisen. Auffällig ist jedoch, dass die Studienergebnisse im Bereich des Handwerks darin übereinstimmen, dass besonders die Elektroniker*innen mit der Fachrichtung Energie- und Gebäudetechnik für eine Beschäftigung im Photovoltaiksektor geeignet sind (Hartmann & Mayer, 2012, S. 121; Meingast et al., 2014, S. 10). Besonders das Fehlen einer beruflichen Erstausbildung im Bereich Photovoltaik bzw. erneuerbare Energien (Meingast et al., 2014, S. 9; Spangenberger et al., 2016, S. i) führt im Photovoltaiksektor zu einer Branche des Quereinstiegs, was nicht zuletzt auch an den begrenzten Ausbildungsmöglichkeiten der in der Kurzstudie befragten Unternehmen liegt. Die heterogenen beruflichen Qualifikationen der Mitarbeiter*innen verschiedener Unternehmen im Vergleich zu vorangestellten Forschungsergebnissen findet sich in nachstehender tabellarischer Aufstellung.

Tabelle 1: Berufsausbildungen der Beschäftigten in Photovoltaikunternehmen — Vergleich zwischen der Erwartung einschlägiger Literatur und der betrieblichen Realsituation (eigene Darstellung)

Grundlegende Berufsausbildungen					
Meingast et al. 2014, S. 10	**Hartmann & Mayer 2012, S. 121**	**Unternehmen 1**	**Unternehmen 2**	**Unternehmen 3**	
Elektroniker*in, FR Energie- und Gebäudetechnik	Elektroniker*in, FR Energie- und Gebäudetechnik	Elektroniker*in	Elektriker*in Elektromeister*in	Elektroniker*in Elektromeister*in	
Elektroniker*in für Betriebstechnik	Elektroniker*in für Betriebstechnik	Dachdecker*in	Dachdecker*in	Dachdecker*in	
Elektroanlagenmonteur*in	Konstruktionsmechaniker*in	Mechatroniker*in	Zimmereihandwerk		
	Mechatroniker*in	Fleischer*in	Verwaltungsfachangestellte*r		
	Elektroniker*in für Maschinen- und Antriebstechnik	Maler*in/ Lackierer*in	Maler*in/ Lackierer*in		
	Metallbauer*in, FR Konstruktionstechnik				

Die Tabelle zeigt deutlich, dass die angeführten Studien und die geführten Interviews in der Nennung der Elektronik als geeignete berufliche Fachrichtung für die Arbeitsaufgaben des Photovoltaiksektors konform sind. Für die vorliegende Studie begründet sich dementsprechend die Wahl des Ausbildungsberufes Elektroniker*in mit Fachrichtung Energie- und Gebäudetechnik für die Analyse des Rahmenlehrplans und der Ausbildungsordnung und führt ebenfalls zu folgender These:

*In der aktuellen Berufsausbildungsstruktur ist die berufliche Erstausbildung zum/zur Elektroniker*in mit Fachrichtung Energie- und Gebäudetechnik am ehesten zur Erfüllung der Arbeitsprozessaufgaben des Handwerks im Bereich Photovoltaik geeignet.*

Die Interviews bestätigen die Annahme, dass innerhalb der Praxis der PV-Technik zwar besonders Elektroniker*innen von Bedeutung zu sein scheinen, zeitgleich jedoch eine Vielzahl an Dachdecker*innen vertreten ist. Zusätzlich wurde durch die Fachleute deutlich, dass sich die scheinbar paradoxe hohe Anzahl der Dachdecker*innen des Sektors in Kombination mit dem derzeitigen Bedarf an spezifischen elektrotechnischen Kompetenzen aus der Entwicklung des Photovoltaiksektors ergaben, da sich die Veränderung der Arbeitsaufgaben hin zur Elektronik in den letzten Jahren ergeben habe. Es wird deutlich, dass die Elektronik als berufliche Fachrichtung aktuell als äußerst geeignet für den Photovoltaikbereich angesehen wird, zeitgleich jedoch eine Ambivalenz in der tatsächlichen Einschätzung der Wichtigkeit und der Nutzungshäufigkeit der notwendigen elektronischen Fachkompetenzen zu herrschen scheint. Des Weiteren zeigte sich, dass der berufliche Hintergrund der Mitarbeiter*innen der Photovoltaikunternehmen dieser Studie, wo Unternehmen neben Dachdeckerinnen und Dachdeckern und Elektronikerinnen und Elektronikern auch Personen mit Berufsausbildungen als Fleischer*innen oder Maler*innen/Lackierer*innen beschäftigen, derart heterogen ist, dass von einem Quereinstiegssektor gesprochen werden kann.[2]

Diese heterogenen beruflichen Hintergründe in Kombination mit den Gewerke übergreifenden Arbeitsanforderungen des Sektors (bspw. durch den Bedarf an elektrotechnischen und dacharbeitsspezifischen Fachkompetenzen) hat zur Folge, dass die Mitarbeiter*innen, oft auf Anregung durch die Unternehmen, gezwungen sind, Fort- und Weiterbildungen zu besuchen, um den Arbeitsaufgaben gerecht zu werden und dementsprechend etwaige Qualifikationslücken zu schließen (Meingast et al., 2014, S. 10). Dies bestätigen auch die Ergebnisse dieser Studie. Alle Betriebe gaben dabei an, ihre Mitarbeiter*innen regelmäßig weiterzubilden, sowohl im Unternehmen selbst als auch überbetrieblich. Auf dieser Grundlage entwickelte sich das dritte Ergebnis:

Die nach der beruflichen Erstausbildung bestehenden Kompetenzlücken bezüglich einer vollständigen beruflichen Handlungskompetenz im Bereich Photovoltaik werden durch inner- oder überbetriebliche Fort- und Weiterbildungen geschlossen.

Obwohl beispielsweise die Forschungsergebnisse von Meingast et al. (2014, S. 19) zeigen, dass eine berufliche Erstausbildung innerhalb des Arbeitsfeldes der erneuerbaren Energien von Fachleuten als nicht notwendig erachtet werden, zeigt sich jedoch in den Interviews, dass diese Einschätzung aus Unternehmerperspektive nicht zutrifft. Die Befragungen haben gezeigt, dass sich die Unternehmen eine Neuordnung oder die Entwicklung einer fachspezifischen beruflichen Erstausbildung im Bereich der Photovoltaik wünschen. Außerdem wurde von einer halbjährigen Weiterbildung ge-

---

2 Bereits Kuhlmeier & Vollmer (2011) haben in einer Studie mit Experteninterviews herausgearbeitet, dass die derzeitige Trennung der verschiedenen Gewerke, wie beispielsweise Dachdeckerbetriebe und Elektrobetriebe, zukünftig verschwimmen werden (Kuhlmeier & Vollmer 2011, S. 122). Analog dazu steht folgendes Zitat aus einem der Interviews: „Man muss eben Elektriker[*innen] ausbilden, dass die […] sich auf'm Dach bewegen können und dass die auch auf'm Dach arbeiten können."

sprochen, die verpflichtend an die berufliche Erstausbildung herangestellt wird, weswegen folgendes Ergebnis formuliert werden kann:

Eine bedarfsgerechte Modifizierung oder Neuordnung der Berufsausbildung der Elektroniker*innen ist für die Sicherstellung einer vollumfänglich ausgebildeten beruflichen Handlungskompetenz notwendig.

Handlungsempfehlungen

Die Ergebnisse der Kurzstudie zeigen die Notwendigkeit einer Veränderung der Berufsbildungskonzeption im Zusammenhang mit der Photovoltaik auf mehreren Ebenen. Dazu bieten die folgenden Empfehlungen eine Übersicht.

Weitere Institutionalisierung der Photovoltaik und Ausweitung des berufsbildungspolitischen Diskurses

Zunächst soll dabei die Institutionalisierung der Photovoltaik auf politischer und damit rechtlicher Ebene bedacht werden, besonders die Annahme des Fraunhofer ISE, wonach zur Erreichung eines Anteils der erneuerbaren Energien von 65 Prozent am Bruttostromverbrauch ein Ausbau der Neuinstallationen auf eine Kapazität von 5 bis 10 GW pro Jahr erforderlich wäre (Fraunhofer ISE 2020, S. 5). Dies bedeutet zum einen, dass der neue 100 GW-Deckel des Photovoltaikausbaus des EEGs sowie die jährliche Zubauquote von 4,6 GW Leistung fällt und weitere Förderprogramme zur Verfügung gestellt werden, um den weiteren Ausbau der PV voranzutreiben und die mit der individuellen Amortisationszeit der Privathaushalte zusammenhängende Einspeisevergütung zu sichern. Diese Sicherung der Nachfrage wirkt sich ebenfalls auf den beruflichen Ausbildungsbedarf aus; besonders, wenn bedacht wird, dass berufliche Ausbildungsgänge bedarfs- und wirtschaftsorientiert sowie zukunftswirksam gestaltet werden. Obwohl die Bundesregierung ein Wegfallen dieses Deckels verspricht und auch die Betriebe sich sicher sind, dass dieser nicht tragfähig ist, wird die endgültige Entscheidung der Neuerung des EEGs zu diesem Zeitpunkt weiter ausgesetzt. Im selben Zug muss sich der berufsbildungspolitische Diskurs weiter auf Fachkompetenzen konzentrieren. Dabei sollte die nachhaltigkeitsorientierte Kompetenzentwicklung nicht ausgesetzt, sondern um eine, von betrieblichen Bedarfen abgeleitete, Ebene der photovoltaischen Fachkompetenzentwicklung erweitert werden.

Stärkung der Fort- und Weiterbildungsstruktur

Selbst wenn es in Zukunft eine neue berufliche Erstausbildung im Bereich Photovoltaik gibt oder bereits bestehende Ausbildungsgänge dahingehend angepasst werden, verbleibt eine Art „Implementierungslücke", bis der erste Jahrgang an Gesellinnen und Gesellen die Ausbildung abgeschlossen hat. Dementsprechend ist es unabdingbar, die Fort- und Weiterbildungsstruktur weiter zu stärken und zu modifizieren. Dies geht mit der Forderung der Fachleute dieser Studie zur Implementierung einer zentralen Stelle für fachliche Weiterbildungen einher. Derzeit werden einige Fachkompetenzen durch Herstellerschulungen abgedeckt. Dies wird weiterhin vonnöten sein, besonders durch den schnellen Innovationszyklus im Photovoltaiksektor.

Dennoch sollte darüber nachgedacht werden, Herstellerschulungen mit Grundlagen- oder Weiterbildungskursen zu kombinieren, um eine schnellere, umfassendere Handlungskompetenz zu erreichen und die Betriebe finanziell zu entlasten. Die Investitionskosten in das Personal sollten besonders im Kontext der Kleinstunternehmen sowie kleinen und mittleren Unternehmen (KMU) nicht unterschätzt werden. Das aktuell vorherrschende System des „learning-by-doing" mit Erweiterung durch Herstellerschulungen könnte durch Webinare und weitere E-Learning-Angebote abgedeckt und durch die praktische Arbeit im Unternehmen ergänzt werden, wie es in den Betrieben teilweise bereits geschieht.

Eine weitere Empfehlung wurde in Bezug auf den Vorschlag der Erweiterung der Berufsausbildung um eine verpflichtende Weiterbildung erwähnt.

> „... sondern es kann ja auch 'ne vorgeschriebene [...], halbjährliche Ausbildung sein, in der alle Inhalte übermittelt werden und mit dem Zertifikat, dass man berechtigt dazu, 'ne Photovoltaikanlage zu errichten." (Expert*in eines Interviews)

Diese Empfehlung kann zusätzlich als Grundlage zur Erweiterung oder Modifizierung der existierenden Berufsausbildung zum/zur Elektroniker*in mit Fachrichtung Energie- und Gebäudetechnik genutzt werden.

Vorschlag für eine Veränderung der Berufsausbildung mit Blick auf PV-Systeme

Mit Bezug auf die ordnungspolitischen Instrumente der beruflichen Bildung durch Krenn (2014, S. 152 f.) können sowohl eine eigenständige Berufsausbildung im Bereich erneuerbare Energien/Photovoltaik umgesetzt als auch eine Fachrichtung in der bestehenden Ausbildung der Elektroniker*innen überdacht werden. Des Weiteren kann auch eine Wahlpflichtqualifikation in die Ausbildung eingebaut werden. Es fällt auf, dass der Photovoltaiksektor besonders auf elektrotechnische als auch auf dachdeckerische Fachkompetenzen aufbaut. Dementsprechend können auf der einen Seite die Fachrichtung „Gebäude- und Solartechnik" innerhalb der beruflichen Erstausbildung der Elektroniker*innen als auch eine eigenständige berufliche Ausbildung als, wie im Experteninterview beschrieben, „Solarteur*in", die die Inhalte aus dem elektrotechnischen und dachdeckerischen Handwerk kombiniert, für die adäquate Deckung der zukünftigen betrieblichen Kompetenzbedarfe zielführend sein.

> „Also ich persönlich würde mir mindestens erstmal 'ne Ausbildung als ‚Solarteur oder Solarteurin' wünschen [...] und schön wär's, wenn's da nebenher dann eben auch was Erweitertes gibt." (Expert*in eines Interviews)

Als Beispiel ist in nachstehender Tabelle die Elektronikerausbildung mit Fachrichtung Energie- und Gebäudetechnik nur leicht modifiziert. Die Lernfelder 1 bis 11 sind dabei aus dem Rahmenlehrplan der Elektronikerausbildung entnommen, genauso wie die

Wahlpflichtoption „Kommunikations- und Informationssysteme", die aktuell immanenter Bestandteil der beruflichen Erstausbildung ist und in diesem Beispiel durch die weitere Wahloption „Solarenergietechnik" erweitert wird (KMK, 2008).

Tabelle 2: Lernfelder mit Wahlpflichtqualifikation des Ausbildungsberuf Elektroniker*in für Energie- und Gebäudetechnik

Lernfelder für den Ausbildungsberuf Elektroniker*in für Energie- und Gebäudetechnik					
Nr.	**Lernfelder**	**Zeitrichtwerte**			
		1. Jahr	**2. Jahr**	**3. Jahr**	**4. Jahr**
1–11	Gemeinsame Grundbildung Elektroniker*innen für Energie- und Gebäudetechnik	240	280	180	140
	Wahlpflicht: Solarenergietechnik				
12 PV	Photovoltaikanlagen projektieren, planen, installieren und instand halten			100	
13 PV	Kundenberatung zur Energienutzung und -effizienz durchführen, Rentabilitätsprüfung vornehmen				80
	Wahlpflicht: Kommunikations- und Informationssysteme				
12 KI	Kommunikationssysteme in Wohn- und Zweckbauten planen und realisieren			100	
13 KI	Informationstechnische Systeme bereitstellen				80

Tabelle 3: Vorschlag für Lernfelder und -inhalte der Fachrichtung Gebäude- und Solartechnik

FR: Gebäude- und Solartechnik		
Lernfelder		**Inhalte**
8 GS	Energietechnische Anlagen errichten, in Betrieb nehmen und instand setzen	• Netzformen; Aufbau und Schaltgruppen von Drehstromtransformatoren • Vorschriften für Schalthandlungen und das Errichten von Energieeinspeisungssystemen • Schaltgeräte; Kraft-Wärme-Kopplung; Brennstoffzelle • Wechselrichter; Unterbrechungs- und störungsfreie Stromversorgung; Kompensation
9 GS	Photovoltaikanlagen projektieren und planen	• Verschattungsanalyse und Flächenausnutzung; Modulneigungen • Produktlebenszyklus PV-Anlage • PV-Anlagenplanung für Dach und Freiflächen; Planung (softwaregestützt, Berechnung, Faustregeln); Komponenten für PV-Anlagen unterschiedlicher Hersteller • Kommunikation mit Versorgungsnetzbetreibern
10 GS	Kundenberatung zur Energienutzung und -effizienz durchführen, Rentabilitätsprüfung vornehmen	• Refinanzierung durch Einspeisevergütung; Gesetzesgrundlagen (bspw. EEG); Politische Rahmenbedingungen (bspw. 100.000-Dächer-Programm) • Kundenberatung und -gespräche, Verkaufsgespräche • Medienrecht, Datenschutz, Urheberrecht

(Fortsetzung Tabelle 3)

FR: Gebäude- und Solartechnik		
Lernfelder		**Inhalte**
11 GS	Photovoltaikanlagen installieren und instand halten	• Planung und Durchführung der Inbetriebnahme • Dacharbeiten, Höhensicherheit • Funktionskontrolle, Prüfung, Fehlerbehebung
12 GS	Elektrische Anlagen der Haustechnik in Betrieb nehmen und instand halten	• Beleuchtungsanlagen • Elektrowärmegeräte, Warmwassergeräte • Klimaanlagen, Kältegeräte, Wärmepumpen • Vorschriften zum Anschluss von elektrischen Geräten an Rohrsysteme; Hausgeräte; Blitzschutz

Eine Weiterführung dieses Gedankens ist die Entwicklung einer spezifischen Fachrichtung (Gebäude- und Solartechnik) in der Elektronikerausbildung, die, wie die aktuelle Fachrichtung der Energie- und Gebäudetechnik, einen Umfang von 480 Stunden im Rahmenlehrplan umfasst. Dabei wurden im Laufe der Studie einige zusätzlich benötigte Beispielinhalte zusammengefasst, in folgender Tabelle exemplarisch dargestellt und nach potenziellen Lernfeldern sortiert. Die ausgewählten Inhalte haben keinen Anspruch auf Vollständigkeit und wurden sowohl aus den Ergebnissen der Interviews als auch aus einschlägiger Literatur zusammengetragen (Mertens, 2018; Wesselak & Voswinckel, 2016; Watter, 2019; Quaschning, 2013).

Die Ausgestaltung einer neuen beruflichen Erstausbildung ist ein zeitaufwendiger Prozess und die vollständige Entwicklung eines solchen Ausbildungsplanes überstiege den Rahmen dieser Studie. Da deutlich wurde, dass besonders Elektroniker*innen und Dachdecker*innen für den Bereich der PV qualifiziert sind, wird der Aufbau einer neuen beruflichen Erstausbildung vorgeschlagen, welche die notwendigen grundständigen Kompetenzen der Elektroniker*innen und Dachdecker*innen mit berufsspezifischen Kompetenzen der Photovoltaikbranche verknüpft.

Tabelle 4: Lernfelder für den Ausbildungsberuf: „Solarteur*in" (eigene Darstellung nach KMK 2008, S. 9 ff. & KMK 2016, S. 8 ff.)

Lernfelder für den Ausbildungsberuf „Solarteur*in"					
Lernfelder		**Zeitrichtwerte**			
Nr.		**1. Jahr**	**2. Jahr**	**3. Jahr**	**4. Jahr**
1 E	Elektrotechnische Systeme der Photovoltaikanlagen analysieren und Funktionen prüfen	80			
2 E	Elektrische Installationen planen und ausführen	80			
3 E	Steuerungen analysieren und anpassen		80		
4 E	Anlagen und Geräte analysieren und prüfen		60		
5 E	Steuerungen für Photovoltaikanlagen programmieren und realisieren		80		
6 E	Elektrische Anlagen der Haustechnik in Betrieb nehmen und instand halten			100	

(Fortsetzung Tabelle 4)

Lernfelder für den Ausbildungsberuf „Solarteur*in"						
Lernfelder			**Zeitrichtwerte**			
Nr.		1. Jahr	2. Jahr	3. Jahr	4. Jahr	
7 E	Energietechnische Anlagen errichten, in Betrieb nehmen und instand setzen			80		
8 E	Energie- und gebäudetechnische Anlagen planen und realisieren				80	
9 E	Energie- und gebäudetechnische Anlagen instand halten und ändern				60	
10 D	Baustelle einrichten, beschichten und bekleiden	80				
11 D	Anlagen zur Ableitung von Niederschlagswasser installieren		40			
12 D	Details an Dächern mit Abdichtungen herstellen und Bauwerke abdichten		20	20		
13 D	An- und Abschlüsse an Wänden herstellen			40		
14 D	Energiesammler, Blitzschutzanlagen und Einbauteile montieren	80				
15 D	Dach- und Wandflächen instand halten			40		

Die voranstehende Tabelle zeigt hierzu den berufsschulischen Rahmen als Übersicht, bestehend aus den Lernfeldern „1E bis 9E", welche den Elektronikbereich abdecken, und den Lernfeldern „10D bis 15D", die Teil des Dachdeckerhandwerks sind.

Fazit und Ausblick

Eine zentrale Erkenntnis der Studie ist die Notwendigkeit einer aktiven Umgestaltung und des Neudenkens der beruflichen Aus- und Weiterbildung im Bereich der Photovoltaik. Die Entwicklung einer beruflichen Erstausbildung benötigt Zeit und muss sorgfältig erfolgen. Um den Prozess zu beschleunigen, sollte die berufliche Bildung innerhalb der Photovoltaik weiter in den bildungspolitischen Diskurs rücken.

> „Um die Photovoltaik insbesondere muss man sich kümmern, wenn man die Energiewende ernst nimmt." (Expert*in eines Interviews)

Wenn die Energiewende umgesetzt und die elektrische Energiegewinnung auf eine rein durch erneuerbare Energien abgedeckte Maßnahme umgewandelt werden soll, ist der Photovoltaiksektor unabdingbar und benötigt, wie auch andere Bereiche der erneuerbaren Energiegewinnung, eine adäquate berufliche Aus- und Weiterbildungsstruktur.

Literatur

BMU (Hrsg.) (2016): Klimaschutzplan 2050. Klimaschutzpolitische Grundsätze und Ziele der Bundesregierung. Bundesministerium für Umwelt, Naturschutz und nukleare Sicherheit. Druck- und Verlagshaus Zarbock.

De Haan, G. (2008): Gestaltungskompetenz als Kompetenzkonzept der Bildung für nachhaltige Entwicklung. In: G. de Haan & I. Bormann (Hrsg.), Kompetenzen der Bildung für nachhaltige Entwicklung. Operationalisierung, Messung, Rahmenbedingungen, Befunde. VS Verlag für Sozialwissenschaften. S. 23–44.

Energie-Experten (2020): EEG 2021: Alle Neu-Regelungen für Solaranlagen, https:// www.energie-experten.org/news/eeg-2021-alle-neu-regelungen-fuer-solar-anlagen (26.03.2020).

Fraunhofer ISE (2020): Aktuelle Fakten zur Photovoltaik in Deutschland. Zusammengestellt von Dr. Harry Wirth. www.pv-fakten.de (26.03.2020).

Gläser, J. & Laudel, G. (2010): Experteninterviews und qualitative Inhaltsanalyse als Instrumente rekonstruierender Untersuchungen. 4. Auflage. VS Verlag für Sozialwissenschaften, Springer Fachmedien Wiesbaden.

Grantz, T. et al. (2014): Offshore-Windenergieerzeugung – Ansätze zur Gestaltung von Aus- und Weiterbildung unter Berücksichtigung der Nachhaltigkeit. In: W. Kuhlmeier, A. Mohoric & T. Vollmer (Hrsg.), Berufsbildung für nachhaltige Entwicklung. Modellversuche 2010–2013: Erkenntnisse, Schlussfolgerungen und Ausblicke. Berichte zur Beruflichen Bildung, W. Bertelsmann Verlag, Bielefeld. S. 17–34.

Hahne, K. (2007): Benötigt Berufsbildung für nachhaltige Entwicklung ein erweitertes Verständnis von Kompetenzentwicklung? Im Blickpunkt. Nachhaltigkeit in der Beruflichen Bildung. BWP 5/ 2007.

Hartmann, M. D. & Mayer, S. (2012): Didaktische Zugänge für Ausbildungsberufe in Handlungsfeldern Erneuerbarer Energien. In: M. D. Hartmann & S. Mayer (Hrsg.), Erneuerbare Energien – Neue Ausbildungsfelder für die Zukunft. Didaktik und Ausgestaltung von zusätzlichen Qualifikationsangeboten in Kombination mit der dualen Erstausbildung. W. Bertelsmann Verlag, Bielefeld. S. 85–132.

Helfferich, C. (2011): Die Qualität qualitativer Daten. Manual für die Durchführung qualitativer Interviews. 4. Auflage. VS Verlag für Sozialwissenschaften. Springer Fachmedien Wiesbaden.

KMK (2008): Rahmenlehrplan für den Ausbildungsberuf Elektroniker/Elektronikerin. Beschluss der Kultusministerkonferenz vom 16.05.2003.

KMK (2016): Rahmenlehrplan für den Ausbildungsberuf Dachdecker und Dachdeckerin. Beschluss der Kultusministerkonferenz vom 29.01.2016. Sekretariat der Ständigen Konferenz der Kultusminister der Länder der Bundesrepublik Deutschland. Berlin/ Bonn.

KMK (2018): Handreichung für die Erarbeitung von Rahmenlehrplänen der Kultusministerkonferenz für den berufsbezogenen Unterricht in der Berufsschule und ihre Abstimmung mit Ausbildungsordnungen des Bundes für anerkannte Ausbildungsberufe. Sekretariat der Kultusministerkonferenz (Hrsg.), Berlin.

Krenn, S. (2014): Kompetenzanforderungen und Qualifizierungsbedarf in den Branchen Solar- und Windenergie: Braucht es neue Aus- und Fortbildungsberufe? In: H. Loebe & E. Severing (Hrsg.), (Aus-)Bildung für die Energiewende – Qualifizierungsbedarf und -ansätze für den Sektor erneuerbare Energien. 1. Auflage. Wirtschaft und Bildung, Band 68. f-bb Forschungsinstitut Betriebliche Bildung. W. Bertelsmann Verlag, Bielefeld. S. 119–164.

Kuhlmeier, W. & Vollmer, T. (2011) Aufgaben und Qualifizierungsbedarfe des Handwerks im Kontext der Energiewende. In: A. Bloemen & J. Porath (Hrsg.), Dimensionen und Referenzpunkte von Energiebildung in der Berufs- und Wirtschaftspädagogik. 1. Auflage 2012. Rainer Hampp Verlag, München und Mering. S. 115–134.

Meingast, M. et al. (2014): Expertise über die Aus- und Weiterbildungsangebote zur Spezialisierung von Fachkräften für den Bereich Erneuerbare Energien in Brandenburg. Ein Produkt im Rahmen des Projektes „Quali.EE – Qualitätsentwicklung in der Aus- und Weiterbildung für den Bereich Erneuerbare Energien. Forschungsinstitut Betriebliche Bildung (f-bb) (Hrsg.). www.f-bb.de.

Mertens, K. (2018): Photovoltaik: Lehrbuch zu Grundlagen, Technologie und Praxis. 4., aktualisierte Auflage. Fachbuchverlag Leipzig im Carl Hanser Verlag.

Meuser, M. & Nagel, U. (1989): Experteninterviews – vielfach erprobt, wenig bedacht: ein Beitrag zur qualitativen Methodendiskussion. (Arbeitspapier/Sfb 186, 6). Bremen: Universität Bremen. SFB 186 Statuspassagen und Risikolagen im Lebensverlauf.

Mühlich, F. (2008): Übergewicht als Politikum? Normative Überlegungen zur Ernährungspolitik Renate Künasts. 1. Auflage. VS Verlag für Sozialwissenschaften. GWV Fachverlage, Wiesbaden.

Noetzel, T. (2018): Textanalyse/Dokumentenanalyse. In: S. Salzborn (Hrsg.), Handbuch Politische Ideengeschichte. Zugänge – Methoden – Strömungen. Springer-Verlag, J. B. Metzler, Stuttgart. S. 24–28.

Quaschning, V. (2013) Regenerative Energien. Technologie – Berechnung – Simulation. 8., aktualisierte und erweiterte Auflage. Carl Hanser Verlag. München.

Spangenberger, P. et al. (2016): Technische Ausbildungsberufe im Bereich Erneuerbare Energien. Analyse von Stellenanzeigen zur Identifizierung technischer Arbeitsfelder, Ausbildungsberufe und Qualifikationsanforderungen aus Unternehmenssicht für 2014/2015. Wissenschaftsladen Bonn e. V.

Watter, H. (2019): Regenerative Energiesysteme. Grundlagen, Systemtechnik und Analysen ausgeführter Beispiele nachhaltiger Energiesysteme. 5. Auflage. Springer Fachmedien Wiesbaden, ein Teil von Springer Nature.

Wesselak, V. & Voswinckel, S. (2016): Photovoltaik. Wie Sonne zu Strom wird. Technik im Fokus. 2. Auflage. Springer-Verlag Berlin Heidelberg.

Tabellenverzeichnis

Rolle der dualen Ausbildung in der Qualifizierung der zukünftigen Fachkräfte im Bereich Logistik

Alexandr Koichubayev

Abstract

Der Artikel widmet sich dem Einfluss technologischer Trends auf die Entwicklungen in der Logistikbranche; er wirft aktuelle Fragen zur Ausbildung von Fachkräften für die Logistik der Zukunft auf. Die Analyse der statistischen Daten belegt signifikante Veränderungen in der Branche durch die Einführung innovativer Technologien. Der Autor zieht Schlussfolgerungen und begründet das Zusammenspiel von Bildung und Wirtschaft, um wettbewerbsfähiges Personal für die Logistik der Zukunft vorzubereiten.

The article is devoted to the influence of technological trends in a transition of the logistics industry, with challenging questions about training of HR for the future of logistics. The research of statistical data proves significant changes in the industry as a result of the implementation of innovative technologies. The author draws conclusions and justifies the interaction of education and business for the training of competitive HR for the future logistics.

Статья посвящена влиянию технологических трендов на изменение отрасли логистики. В статье поднимаются актуальные вопросы о подготовке кадров для логистики будущего. Исследование статистических данных доказывают значительные изменения в отрасли в результате внедрения инновационных технологий. Автором сделаны выводы и обосновано взаимодействие образования и бизнеса для подготовки конкурентоспособных кадров для логистики будущего.

Technologische Entwicklung als Treiber für die Logistik-Branche

In der heutigen Zeit, in der sich die Welt rasant verändert und die Menschheit unter den Bedingungen der vierten Industriellen Revolution lebt, sind die vertrauten Prozesse bereits schwierig zu überblicken. Die Formen der Wirtschaft, des Geschäftslebens und folglich auch des sozialen Miteinanders verändern sich. Unter solchen Bedingungen erlangen nicht nur die Wirtschaft oder einzelne Unternehmen besondere

Bedeutung, sondern auch die dahinterstehende Philosophie. Die Bereiche der Logistik und des Supply Chain Managements sind dabei keine Ausnahmen.

Zur Erfüllung der sich ständig wandelnden Erwartungen von Kundinnen und Kunden setzen Logistikunternehmen innovative und manchmal „disruptive" Technologien (Christensen, 2004) ein, die die Branche ständig erneuern. Der Übergang zu einem digitalen Lieferkettenmanagement, das das Potenzial des Internets der Dinge (IoT – Internet of Things) in der „intelligenten" Logistik nutzt, bietet die Möglichkeit, Waren während des Lieferzeitraums ständig zu verfolgen. Big-Data-Technologien haben bisher ungeahnte Möglichkeiten zur Optimierung von Lieferungen aufgezeigt und zusätzlich intelligente Lager ermöglicht, was zu einer deutlichen Steigerung der Effizienz im (Liefer-)Management, bei gleichzeitiger Senkung der Gemeinkosten, geführt hat.

Die rasante technologische Entwicklung und Innovationen haben zu einem grundlegenden Umdenken in der Logistikbranche geführt sowie zu einer Verschiebung des Verbraucherinteresses hin zu schnelleren, sichereren, kostengünstigeren und umweltfreundlichen Lösungen.

Investitionen in die Anschaffung von Drohnen, autonome Fahrzeuge und neue Wege zur Auslieferung von Produkten haben für tiefgreifende Veränderungen gesorgt. Zudem werden Quantencomputer und Blockchain-Technologien neue Möglichkeiten für die Logistik und das Lieferkettenmanagement bieten (Van Hooijdonk, 2018).

Laut Global Logistics Report wurden auf die Frage, welche Technologien eine wichtige Rolle bei den Veränderungen in der Logistik spielen, folgende Antworten genannt: 52,79 Prozent – Blockchain, 51,3 Prozent – künstliche Intelligenz, 44,61 Prozent – Robotisierung, 42,01 Prozent – autonome Fahrzeuge und 24,91 Prozent – Drohnen (Business Intelligence, 2017).

Die Digitalisierung ermöglicht die Integration in das Supply-Chain-Management-System, vereinfacht viele Verwaltungsvorgänge, erleichtert die Konsolidierung von Ladungen im multimodalen Transportsystem, macht den gesamten Transportprozess so transparent wie möglich, bietet den Kundinnen und Kunden alternative Optionen und differenzierte Ansätze zur Preisgestaltung usw.

Die Zukunft der Logistiktechnologie wird durch vielversprechende fortschrittliche technologische Veränderungen definiert, die sich grundlegend von den vergangenen Entwicklungen der Branche unterscheiden. Gleichzeitig sind Indikatoren wie Liefergeschwindigkeit und -kosten sowie Sicherheit und Umweltfreundlichkeit weiterhin relevante Kriterien im Logistik- und Supply Chain Management.

Eine vielversprechende Zukunftstechnologie, die in Bezug auf die Sicherheit noch weiter validiert werden muss, stellt beispielsweise die Lieferung per Drohne dar. Laut Expertenprognosen wird die Auslieferung von Bestellungen durch Drohnen jährlich um 30 Prozent zunehmen (Abb. 1) (Business Intelligence, 2017). Damit einhergehend wird sich die Geschwindigkeit der Leistungserbringung in Vertriebsketten erhöhen.

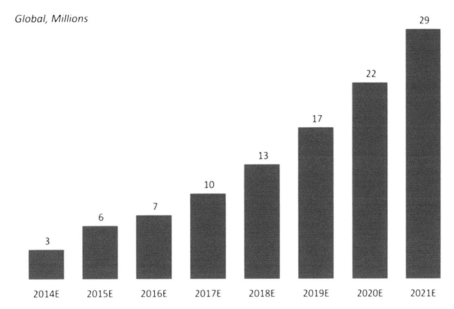

Abbildung 1: Prognose der Zunahme von Warenlieferungen durch Drohnen, Millionen von Lieferungen (Business Insider, 2017)

Diese Prognose basiert auch auf einer Studie über die Wahrnehmung von Drohnen-Lieferdiensten durch Verbraucher*innen. So glauben laut der Umfrage mehr als 55 Prozent der Befragten in den USA, dass der wesentlichste Vorteil der Drohnenlieferung ihre Geschwindigkeit und Zuverlässigkeit ist, etwa 40 Prozent glauben, dass diese Art der Lieferung günstiger sein wird (Business Intelligence, 2018).

Dank innovativer Transporttechnologien verbessern sich die Sicherheit und Umweltverträglichkeit von Lieferketten erheblich. Dies hängt auch mit der Entwicklung von autonomen Fahrzeugen zusammen, dank derer die Zahl der Verkehrsunfälle auf ein absolutes Minimum reduziert werden kann. Laut dem Index der Bereitschaft von Ländern, autonome Fahrzeuge einzusetzen (KPMG-Ranking), sind die Top-5-Länder Singapur, die Niederlande, Norwegen, die USA und Finnland. Zum Vergleich: Russland liegt auf Platz 26. Kasachstan ist in diesem Top-30-Ranking noch nicht vertreten (KPMG, 2020).

Autonome Fahrzeuge haben nicht nur dem Transportwesen, sondern auch der automatisierten Lagerung und Handhabung in Terminals und Lagern einen Schub gegeben.

Nach Angaben von Business Insider (Business Insider, 2017) wird der Markt für autonome Fahrzeuge schnell wachsen, wodurch die durchschnittliche jährliche Wachstumsrate in den kommenden Jahren (CAGR) 25,7 Prozent betragen wird (Abb. 2).

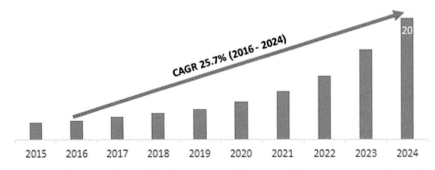

Abbildung 2: Wachstumsrate des Marktes für autonome Fahrzeuge, Mrd. USD (Business Insider, 2017)

Die oben genannten Trends werden dazu führen, dass traditionelle Transportmittel nach und nach durch selbstfahrende Autos ersetzt werden.

Ein weiterer relevanter Trend ist der Übergang zu „grünen" Technologien in Transport und Logistik. Beispielsweise ist der Einsatz von Elektrofahrzeugen im Warenverkehr heute keine revolutionäre Entwicklung mehr. Auch die weltweite Anzahl an E-Autos übersteigt im Zeitraum von 2010 bis 2020 die Schwelle von 10 Millionen und übertrifft damit die der Hybridfahrzeuge (Internationale Energieagentur, 2021).

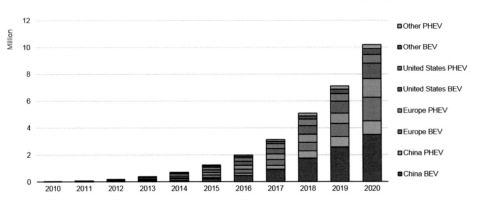

Abbildung 3: Globale Zunahme von Elektro-Pkw von 2010 bis 2020, Millionen Fahrzeuge (Internationale Energieagentur, 2021)

Die führenden Länder in Bezug auf Fahrzeugproduktion und -absatz sind in Abbildung 3 deutlich zu erkennen – dies sind China, die EU-Länder, die USA und andere.

Laut einer auf dem Jahr 2018 basierenden Prognose des Wirtschaftsberatungsunternehmens KPMG wird der Markt für Elektrofahrzeuge, ausgehend von 3.269.671 Einheiten im Jahr 2019 und einer jährlichen Wachstumsrate von 21,1 Prozent während des Prognosezeitraums bis 2030, voraussichtlich 26.951.318 Einheiten erreichen (KPMG, 2020).

Der Vorteil von Elektrofahrzeugen liegt auf der Hand, sie sind umweltfreundlicher, benötigen keine Öle und Flüssigkeiten jeglicher Art und verursachen vor allem keine schädlichen Emissionen, was zu geringeren Transportkosten führt.

Effizienzkriterien für die Logistikbranche

Die Logistikbranche und ihre Effizienz werden anhand einer Reihe von Indikatoren bewertet. Die populärste und bekannteste Methodik zur Bewertung der Logistikeffizienz ist der Logistics Performance Index (LPI) der Weltbank (World Bank, 2018).

Zur Ermittlung des Logistics Performance Index verwendet die Weltbank unter anderem folgende Indikatoren:

1. Effizienz der Zoll- und Grenzabfertigung;
2. Qualität(-sentwicklung) der Handels- und Transportinfrastruktur;
3. Einfache Organisation des internationalen Transports zu wettbewerbsfähigen Preisen;
4. Qualität und Kompetenz der Logistikdienstleistungen;
5. Verfolgung und Rückverfolgung von Sendungen;
6. Pünktlichkeit der Lieferungen.

Aggregierte logistische Leistungsindikatoren werden in Bezug auf die Lieferkette von China nach Europa dargestellt. Deutschland ist in Bezug auf Transport- und Verbrauchsmengen eines der führenden Länder in Westeuropa und verfügt über das am höchsten entwickelte Transport- und Logistiksystem der Welt. In Tabelle 1 wird der Versuch unternommen, die Lieferkette von China über die zentralasiatischen Länder nach Europa objektiv zu bewerten, um die Unterschiede zwischen den beteiligten Ländern hinsichtlich der logistischen Effizienz zu darzustellen.

Tabelle 1: Aggregierte LPI-Indikatoren (World Bank, 2018)

Länder	LPI Ranking	LPI Wert	Zoll	Infra-struktur	Inter-nationale Liefe-rungen	Kompe-tenzen in Logistik	Sen-dungs-verfol-gung	Pünkt-lichkeit
Deutschland	1	4,2	4,09	4,37	3,86	4,31	4,24	4,39
China	26	3,61	3,29	3,75	3,54	3,59	3,65	3,84
Kasachstan	71	2,81	2,66	2,55	2,73	2,58	2,78	3,53
Russland	75	2,76	2,42	2,78	2,64	2,75	2,65	3,31
Usbekistan	99	2,58	2,1	2,57	2,42	2,59	2,71	3,09
Kirgisistan	108	2,55	2,75	2,38	2,22	2,36	2,64	2,94
Turkmenistan	126	2,41	2,35	2,23	2,29	2,31	2,56	2,72
Tadschikistan	134	2,34	1,92	2,17	2,31	2,33	2,33	2,95

Die Effizienz der Logistik spielt nicht nur beim Austausch von Waren und Dienstleistungen eine wichtige Rolle, sondern auch bei der Entwicklung von Infrastruktur, Technologie, Beschäftigung und der Entwicklung des Humankapitals. Das Ziel von Tabelle 1 ist daher, den Zusammenhang zwischen den Teilindizes Infrastruktur und Logistikkompetenzen aufzuzeigen. Vor allem das Vorhandensein und die Entwicklung des ersten Teilindexes wirkt sich auf den zweiten aus, und umgekehrt.

Fachkräftebedarf und -ausbildung: Herausforderungen für Kasachstan

Die LPI-Bewertungen machen deutlich, dass die Binnenrepublik Kasachstan große Infrastrukturprojekte und multinationale Unternehmen mit ihrer Technologie und ihrem Management benötigt, die Best Practices in der Logistikausbildung und im Lieferkettenmanagement nach Kasachstan bringen können.

Die im Herzen Eurasiens gelegene Republik Kasachstan ist als Teil des Megaprojekts „One Belt, One Road" sehr wichtig für die Entwicklung des Potenzials der Neuen Seidenstraße. Diese und andere Trends stellen nicht nur neue Herausforderungen für die Wirtschaft Kasachstans dar, sondern stellen auch besondere Anforderungen an das Bildungssystem.

Um von den technologischen Trends zur Didaktik überzugehen, ist zu erwähnen, dass laut dem Atlas der Berufe und Kompetenzen Kasachstans in den nächsten 5 Jahren, mehr als 20 neue Berufe in der Logistikbranche entstehen werden, 9 bestehende Berufe umgewandelt und 16 Berufe als Folge der technologischen Entwicklung verschwinden werden (Atlas, o. J.).

Infolge der Digitalisierung und Gamification, der Automatisierung und Einführung der Robotik in der Logistik sowie der zunehmenden Berücksichtigung der Umweltverträglichkeit und veränderten Verbraucherpräferenzen werden Berufe wie digitale und Öko-Logistiker*innen, Optimierer*innen des autonomen Verkehrs, Techniker*innen für alternativen und ökologischenTransport, Gamificator*innen im Transportwesen und andere entstehen.

Aus dem Regionalbericht des GeKaVoC-Projektes, basierend auf den Ergebnissen der Arbeitgeberbefragung (nach Angaben der Shakarim Universität), ist der Bedarf an Schlüsselqualifikationen in Abbildung 4 definiert.

Die von den Arbeitgeberinnen und Arbeitgebern der Logistikunternehmen festgestellten Schlüsselqualifikationen sind demnach die Kommunikationsfähigkeit, die Problemlösungsfähigkeit, die Selbstlernfähigkeit und die fachlichen Kompetenzen selbst.

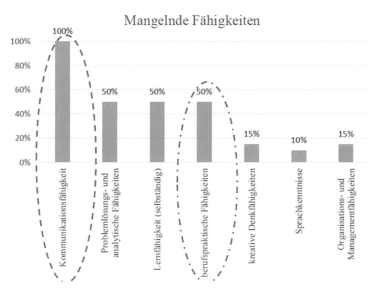

Abbildung 4: Ergebnisse der Arbeitgeberbefragung in der Region Ostkasachstan (Befragung der Shakarim Universität)

Potenziale dualer Ausbildung

Um den Technologietrends der vierten Industriellen Revolution zu folgen, ist das Zusammenspiel von Wissenschaft, Bildung und Wirtschaft unerlässlich. Die duale Ausbildung ist vielleicht eine der effektivsten Formen der Ausbildung für die Logistik der Zukunft, die Folgendes beinhalten könnte:

- Aufbau von Partnerschaften mit Logistikunternehmen, Verbänden und Gewerkschaften, die den Praxisbezug der Ausbildung erhöhen;
- Bildungsprogramme für die duale Ausbildung in der Logistik, die unter Beteiligung führender Fachleute auf dem Gebiet der Logistik entwickelt werden;
- Personal, einschließlich Wissenschaftler*innen, Methodiker*innen und Praktiker*innen auf dem Gebiet der Logistik und verwandter Bereiche (IT, Management, etc.);
- Materielle und technische Ausstattung (spezialisierte Klassenräume, Labors und Standorte), einschließlich der notwendigen Ausrüstung für die Fachgebiete der modernen Logistik, unter Berücksichtigung der technologischen Trends der Branche.

Die Technologieentwicklung trägt zu einer nachhaltigen Entwicklung und inklusivem Wachstum im Bereich der Logistik und des Lieferkettenmanagements bei und sorgt für mehr Effizienz. Gleichzeitig erzwingen weitreichende Veränderungen und „disruptive" Technologien die Interaktion und Partnerschaft von Bildungseinrichtungen mit Wirtschaft und Industrie, was zu einer effektiveren Ausbildung im Bereich der Logistik führen wird.

Literatur

Atlas (o. J): Атлас профессий транспортно-логистической отрасли РК: Атлас новых профессий и компетенций Казахстана, https://www.enbek.kz/atlas/industry/6 (14.05.2021) [Atlas des Transportes und der Logistik Kasachstans: Atlas der neuen Berufe und Kompetenzen Kasachstans] (auf Russisch).

Business Insider (2017): Drone market shows positive outlook with strong industry growth and trends. Business Insider, https://www.businessinsider.com/drone-industry-ana lysis-market-trends-growth-forecasts-2017-7 (14.05.2021).

Business Intelligence (2018): 2018 Global Logistics Report: Supply Chain & Logistics, Business Intelligence, https://www.eft.com/content/2018-global-logistics-report (14.05.2021).

Christensen, C. M. (2004): Кристенсен Клейтон М. Дилемма инноватора/Клейтон М. Кристенсен; Пер. с англ. — М.: Альпина Бизнес Букс, 2004. — 239 с., C.82 [Das Dilemma des Innovators. Übersetzung aus dem Englischen. Alpina Business Books] (auf Russisch).

Internationale Energieagentur (2021): Trends and developments in electric vehicle markets. International Energy Agency. 2021, https://www.iea.org/reports/global-ev-out look-2021/trends-and-developments-in-electric-vehicle-markets (14.10.2021).

KPMG (2021): Autonomous Vehicles Readiness Index 2020: KPMG, https://assets.kpmg/ content/dam/kpmg/uk/pdf/2020/07/2020-autonomous-vehicles-readiness-index.pdf (14.05.2021).

Mordor Intelligence (2021): Delivery Drones Market – Growth, Trends, Covid-19 Impact, and Forecasts (2021–2026). Mordor Intelligence. 2021, https://www.mordorintelligen ce.com/industry-reports/delivery-drones-market (14.05.2021).

Van Hooijdonk, R. (2018): The future of Logistics and SCM. Inspiration sessions from trend watcher & futurist, 2018, 15 pp.

World Bank (2018): Connecting to Compete 2018. Trade Logistics in the Global Economy. The Logistics Performance Index and Its Indicators. The World Bank, https:// lpi.worldbank.org/report (14.05.2021).

Abbildungsverzeichnis

Tabellenverzeichnis

Industrie-4.0-Training für das berufliche Lehrpersonal im Bereich Mechatronik – ein Seminarkonzept

Frank Winzerling, Joachim Jördens, Philipp Höhle

Abstract

Die Entwicklungsgeschwindigkeit und Innovationsfähigkeit von Unternehmen im Bereich der Industrie 4.0 stellt eine herausfordernde Aufgabe für die Lehrkräfte und die beruflichen Lernorte dar. Vorgestellt wird ein neu entwickeltes Trainingsprogramm für den kasachischen Bildungsmarkt, das Lehrkräfte zur selbstständigen und kostengünstigen Entwicklung von Lehr- und Lernmaterialien befähigt und gleichzeitig zur Kompetenzerhöhung im Bereich Industrie 4.0 dient. Dieses Training soll einen umfassenden Beitrag zur Verbesserung der Qualität und Praxisbezogenheit des Unterrichts ebenso leisten wie die Qualifizierung der Lehrkräfte auf unterschiedlichen Industrie 4.0-Handlungsfeldern.

The pace of development and innovativeness of companies in the field of Industry 4.0 is a challenging task for teachers and vocational training sites. A newly developed training program for the Kazakh education market is presented, which enables teachers to develop teaching and learning materials both independently and cost-effectively, and at the same time serves the competence increasement for the field of Industry 4.0. This training is intended to make a comprehensive contribution to improving the quality and practical relevance of teaching as well as to qualify teachers in various Industry 4.0 fields of activity.

Темп развития и инновационный потенциал предприятий, работающих в области промышленности 4.0, ставит сложную задачу перед учебным персоналом и заведениями профессионального обучения. В статье представлена новая программа обучения для казахстанского рынка образования, которая позволяет преподавателям самостоятельно и экономически эффективно разрабатывать учебно-методические материалы, а также, может быть использована для повышения компетентности преподавателей в области промышленности 4.0. Предложенная программа призвана внести существенный вклад в повышение качества и практической направленности преподавания, а также в повышение квалификации преподавателей в различных областях промышленности 4.0.

Vorbemerkung

Ausgehend von der im Beitrag von Winzerling et al. (S. 87 in diesem Band) vorgelegten Analyse der aktuellen Ausgangssituation in Kasachstan wird ein Seminarkonzept vorgestellt, das eine Einführung für berufliche Lehrkräfte in die Industrie 4.0-Entwicklung vermittelt und dabei auf die aktuellen Anforderungen eingeht. Das Konzept basiert auf vorliegenden Erfahrungen der Autoren mit methodischen und didaktischen Trainings für berufspädagogisches Lehrpersonal. Entsprechend den Anforderungen des kasachischen beruflichen Bildungsmarkts wurde von der Notwendigkeit eines „low-cost" Ansatzes ausgegangen. Dieser ermöglicht die selbstständige Erarbeitung von Lehr- und Lernmaterial durch die Lehrkräfte und verbindet dies mit der Idee, zu einem Bruchteil der Kosten komplexer Laborausstattungen und unter Verwendung von möglichst vielen in der Industrie eingesetzten Real-Komponenten die Qualität des Unterrichts zu steigern. Es werden dabei sowohl fachlich-pädagogische Kompetenzen als auch die Verbesserung des Ausstattungsniveaus adressiert.

Grundüberlegungen

Die im Folgenden vorgestellte Konzeption geht von der Grundidee aus, dass Lehrkräfte geeignetes Lehr- und Lernmaterial für den Themenkomplex Industrieautomatisierung selbstständig erarbeiten. Die Systeme sollen mit regional vorhandenen und kostengünstigen Baugruppen im Rahmen eines mehrwöchigen Trainingsprogramms und unter Anleitung von Fachleuten aus Deutschland durch die Lehrkräfte selbst entwickelt werden. Eingeschlossen wird die Erarbeitung der benötigten didaktisch-methodischen Unterlagen.

Die entwickelte Konzeption orientiert sich an folgenden Eckpunkten:

1. *Ziel des Trainings* ist die Förderung und Stärkung der methodisch-didaktischen und der fachlichen Kompetenzen der Lehrkräfte. Jede*r Teilnehmende soll während des Trainings ein Smart Factory-Modell (siehe Abb. 4 und 5) für den eigenen Unterricht selbst erstellen. Mit diesem Modell wird das Zusammenwachsen von IT (Information Technology) und OT (Operational Technology/Betriebstechnik) deutlich gemacht. Die Lehrkräfte werden dabei befähigt, praxisbezogene Lehr- und Lernmaterialien zu entwickeln und diese für den eigenen Unterricht einzusetzen.

2. Der *methodische Ansatz* orientiert sich am Grundgedanken, das deutsche Konzept der prozess- und handlungsorientierten Gestaltung der Ausbildung nicht nur zu erklären, sondern in der Fortbildung zu demonstrieren und zu praktizieren. Die methodische Gestaltung der Fortbildungen bezieht die Teilnehmenden als Fachkräfte mit umfangreichen Vorkenntnissen ein, fördert die Selbstständigkeit bei der Erarbeitung von Lösungen für die Berufsausbildung und trainiert handlungsorientierte Vorgehensweisen.

Als Zielgruppe werden Lehrkräfte von beruflichen Bildungseinrichtungen angesprochen. Diese sollen befähigt werden, im Rahmen ihrer Unterrichtstätigkeit an ihren Schulen praxisorientiert Kompetenzen im Themenbereich Industrie 4.0 an ihre Schüler*innen zu vermitteln. Es sollen hier nicht nur persönliche Kompetenzen der teilnehmenden Lehrer*innen gefördert, sondern gleichzeitig notwendige Lehr- und Lernmittel erstellt werden, welche für die handlungsorientierte Vermittlung an die Schüler*innen erforderlich sind. Elemente dieses Trainingskurses wurden bereits in verschiedenen Trainingsprogrammen in unterschiedlichen Ländern erfolgreich realisiert.

Im Rahmen der deutschen Entwicklungszusammenarbeit wird häufig nur ein Lehrkräftetraining realisiert, welches sich auf die vorhandenen Lehr- und Lehrmittel konzentriert. Mängel in der Ausstattung der Schulen, Beschaffung von zu komplexen oder fehleranfälligen Laborausstattungen u.a.m. behindern hierbei in der Umsetzungsphase in den jeweiligen Zielländern die Möglichkeiten der Lehrer*innen zur Vermittlung von Kompetenzen im Bereich Industrie 4.0 an den Berufsbildungseinrichtungen.

Der Ansatz stellt für diese Problematik einen Lösungsvorschlag vor, mit dem die Lehrkräfte mit überschaubarem Ausstattungsbudget jederzeit selbst in der Lage sind, erforderliche Lehr- und Lernmittel für ihren Unterricht zu entwickeln. Das Train the Trainer-Konzept kann in einem zweiteiligen Kurs realisiert werden. Vorgeschlagen wird die Konzeption eines Basis- und eines Vertiefungskurses mit jeweils vierwöchigem Zeitumfang.

Basiskurs „Industrie 4.0"

Als Zugangsvoraussetzung für den Basiskurs sind Kenntnisse der Grundlagen der Elektrotechnik für die Teilnehmenden erforderlich und es wird eine mehrjährige Tätigkeit als Lehrkraft im technischen Bereich empfohlen. Der Basiskurs baut auf einer theoretischen Einführung in das Industrie 4.0-Konzept auf. Den Kern des Programms stellt insbesondere die Verknüpfung von Informationstechnik (Information Technology – IT) und Betriebstechnik („Operation Technology" – OT) dar. Die Verbindung beider Technologiedimensionen ist im Industrie 4.0-Konzept zentral, dies kann sehr gut am ISA-95-Modell aufgezeigt werden (Abb. 1). Die Erfassung der komplexen Wirkzusammenhänge der Vernetzung von informationstechnischen und Produktionsprozessen erfordert Lernumgebungen, die reale Bedingungen möglichst exakt abbilden (Faßhauer et al. 2021). Im Weiterbildungsprogramm wird daher der Fokus auf die Hardware-Entwicklung und Erarbeitung der notwendigen praktischen Programmierkenntnisse zur Produktionssteuerung mittels speicherprogrammierbarer Steuerungen gerichtet.

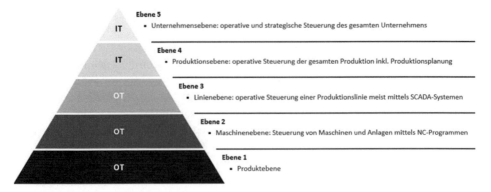

Abbildung 1: Unterscheidung von Information (IT) und Operation Technology (OT) im ISA-95-Modell (nach Huber 2021)

Im Kurs werden unterschiedliche Lehrmodule kooperativ entwickelt und Grundlagenwissen im Bereich Programmierung und Installationen unterschiedlicher technischer Komponenten vermittelt. Alle genutzten Materialien und Technologien werden regulär in Produktionsprozessen eingesetzt und unterstützen dadurch einen direkten Bezug zur industriellen Praxis. Zur Vorbereitung und regionsspezifischen Ausrichtung des jeweiligen Kurses müssen vorab die Vor-Ort-Verfügbarkeit der wesentlichen Bauteile geprüft und das Trainingskonzept auf die lokalen Rahmenbedingungen angepasst werden. Die fachlichen Schwerpunkte und technologischen Elemente, die im Basiskurs zum Einsatz kommen, stellt Abbildung 2 dar.

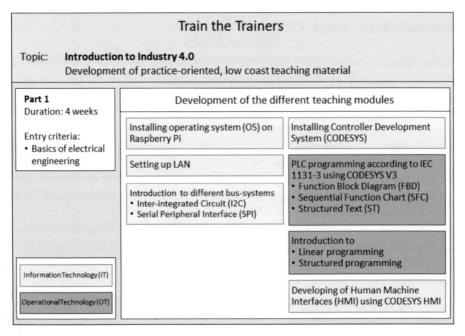

Abbildung 2: Kurskonzept Teil 1 – Basiskurs (Dauer: 4 Wochen)

Gemeinsam mit den Teilnehmenden werden im Basiskurs Lehreinheiten entwickelt, die dem Erwerb verknüpfter Kompetenzen aus den Bereichen Informationstechnik (IT – heller eingefärbt) und Betriebstechnik (OT – dunkler eingefärbt) dienen. Moderne Einplatinencomputer (z. B. Raspberry Pi) und eingebettete Systeme werden in der Industrie unter anderem innerhalb von Mess-, Steuer- und Regelungssystemen eingesetzt. Durch die Installation der CODESYS-Umgebung können auf ihnen Speicherprogrammierbare Steuerungen (SPS, englisch: PLC, programmable logic controller) auf Industriestandard zur Automatisierung von Fertigungsprozessen entwickelt werden.

Die Lehrmodule umfassen hierbei neben den grafischen Programmiersprachen Function Block Diagram (FBD, deutsch: Funktionsbausteinsprache, ähnlich Logikschaltplänen) und Sequential Function Chart (SFC, deutsch: Ablaufsprache zur Programmierung von logischen Abläufen und Prozessen) auch den der Programmiersprache PASCAL ähnlichen Structured Text (ST, deutsch: Strukturierter Text). Mittels CODESYS HMI (Human Machine Interfaces, deutsch: Mensch-Maschine-Schnittstelle) können in CODESYS visualisierte Steuerungen mit ihren Prozessen und Anlagen bedient und diagnostiziert werden. Die Verbindung von Computersystemen mittels lokaler Netzwerke (LAN) stellt dabei die Grundlage für die vernetzten Produktionsprozesse moderner industrieller Fertigung dar. Durch Bussysteme erfolgt die Kommunikation zwischen den Bestandteilen eines Computers; etwa die Kommunikation zwischen Computer einerseits und zugehörigen Peripheriegeräten sowie zu Produktionsmaschinen und -anlagen (Feldbussysteme) andererseits. Die Verwendung grundlegender Bussysteme wie I2C und SPI bietet ideale Voraussetzungen für industrielle Feldbusse, die die Kommunikation zwischen mehreren Speicherprogrammierbaren Steuerungen und den dazugehörigen Peripheriegeräten ermöglichen.

Vertiefungskurs „Handlungsfelder der Industrie 4.0"

Der zweite Teil der Weiterbildung (Abb. 3) stützt sich auf die im Basiskurs erworbenen Vorkenntnisse. Lehrkräfte, die bereits über umfassende Lehrerfahrungen und vertieftes Wissen in der SPS-Programmierung verfügen, können grundsätzlich den Einstieg in den Vertiefungskurs wählen. Es werden fortgeschrittene technische Programmier- und Kommunikationskenntnisse an die Lehrer*innen vermittelt und die im Basiskurs entwickelten Lehr- und Lernmittel in die Simulation eines komplexen Produktionsprozesses eingebunden.

Die zu vertiefenden Programmierfähigkeiten werden durch die Verwendung industrierelevanter Technologien und Produkte ideal ergänzt. Das Modbus-Protokoll stellt einen in der Industrie weit verbreiteten Standard für ein Feldbussystem zur Ansteuerung von Speicherprogrammierbaren Steuerungen dar. Durch die Einbindung von Produktionsprozessen in Datenbanksysteme können Betriebsdaten nicht nur elektronisch erfasst, sondern zudem auf allen Ebenen eines Unternehmens auch retrospektiv betrachtet und ausgewertet werden. Somit wird die Nachverfolgung der jeweils mittels RFID-TAGs einzeln oder als Verpackungseinheit identifizierbaren Produkte in ihren individuell steuerbaren Produktionsschritten ermöglicht.

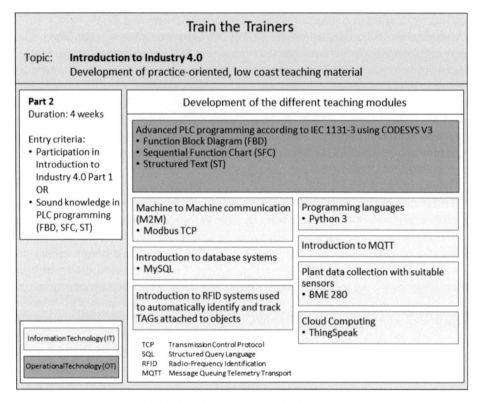

Abbildung 3: Kurskonzept Teil 2 – Vertiefungskurs (Dauer: 4 Wochen)

Durch die Verbindung moderner Sensorik mit Kommunikationstechnologien wie MQTT, die neben der M2M-Kommunikation (Machine-to-Machine-Kommunikation) auch im Bereich IoT (Internet of Things) eingesetzt werden, gelingt die Datenerfassung auch in Umgebungen mit niedriger Bandbreite und hoher Latenz. Die Cloudgestützte Produktion wiederum ermöglicht jedem und jeder Mitarbeiter*in an jedem Ort den Zugriff auf die für die jeweilige Aufgabe relevanten Daten.

Smart Factory „Ball Production" als Lehr-Lern-System

Didaktisch aufbereitete technische Lehr-Lernsysteme und sogenannte Lernfabriken werden von diversen Lehr-Lernmittelanbietern wie Festo Didactic, Christiani, ETS Didactic u. v. m. angeboten. Zwar bieten die verfügbaren Systeme umfassendes Potenzial für elektrotechnische, pneumatische, hydraulische und steuerungstechnische Ausbildungsinhalte sowie die Förderung von Problemlösekompetenzen der Lernenden, die Anschaffung erfordert jedoch zumeist hohe Investitionen, die von Bildungs-einrichtungen nur bedingt getragen werden können (Bach 2018). Zudem bestehen diese Systeme aus den Komponenten, die in dem Land, in dem sie entwickelt wurden, verfügbar sind. Die Anpassungsmöglichkeit auf regionale Verfügbarkeiten und lokale industrielle Bedingungen ist entsprechend nur begrenzt beziehungsweise im Nach-hinein möglich. Ein Beispiel für ein variabel veränderbares und weiterentwicklungs-fähiges Lehr-Lern-System stellt die Smart Factory „Ball Production" (Abb. 4 und 5) dar. Die Entwicklungsarbeiten orientieren sich an den konzeptionellen Leitlinien der Lehrmittelentwicklung, mit denen die didaktische Konzeption aktueller Lehr-Lern-mittel entsprechend der Anforderungen und Abläufe beruflicher Arbeitsprozesse und -umgebungen gestaltet wird (vgl. das mechatronische Lernsystem Mechatronik und Industrie 4.0 der Festo Didactic, 2021). Hiermit kann in besonderer Weise auf die ar-beitsprozessbezogene Ausrichtung dualer Berufsausbildung eingegangen werden, wie diese etwa in der Ausbildungsordnung und dem Rahmenlehrplan des Ausbil-dungsberufes „Mechatroniker/Mechatronikerin" mit dessen lernfeldorientierter Aus-gestaltung umgesetzt ist (Ausbildungsordnung, 2018; Rahmenlehrplan, 2018). Um den Anspruch an eine fachdidaktische Qualifizierung der beteiligten Lehrkräfte um-zusetzen, werden Lehr-Lern-Systeme im Rahmen der Weiterbildung durch die Adres-saten selbst entwickelt und sollen im Anschluss durch die Lehrer*innen in ihrem eigenen Unterricht zum Einsatz kommen. Die Darstellung komplexer technischer Zusammenhänge sowie die Vermittlung von Grundlagenkenntnissen und fortge-schrittenem Wissen in den Bereichen Automatisierungstechnik, Elektrotechnik bzw. Industrie 4.0 an ihre Schüler*innen werden dadurch in einer handlungsorientierten Umsetzung bereits in der Weiterbildung antizipiert. Ebenso lernen die Schüler*innen charakteristische 4.0-Technologien kennen und können sich deren Aufbau und Funk-tionen in praktischen Anwendungsbeispielen erschließen.

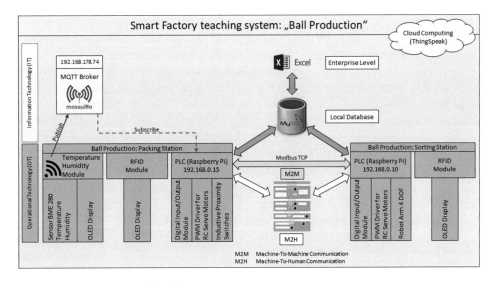

Abbildung 4: Smart Factory „Ball Production"

Die Smart Factory „Ball Production" bildet ein mögliches Produkt beider Trainingskurse. Das in Abbildung 4 dargestellte Modell wurde von dem die Weiterbildung leitenden Experten entwickelt, ist als Prototyp voll funktionstüchtig und dient in der Weiterbildung als orientierendes Beispiel für ein Industrie 4.0 Lehr-Lernsystem.

In der Smart Factory: „Ball Production" werden innerbetriebliche Produktlogistikprozesse simuliert. Dazu werden Kugeln in drei verschiedenen Farben entsprechend vorgegebener Bestellungen in Verpackungseinheiten zusammengestellt und anschließend mittels eines Roboterarms kundenspezifisch sortiert und für den Abtransport aufgestellt.

Zwei Raspberry Pi dienen in der Smart Factory als Plattformen für jeweils eine Speicherprogrammierbare Steuerung mit digitalen Ein- und Ausgängen. Zu diesem Zweck werden auf den beiden Einplatinencomputern notwendige Softwarekomponenten als Demoversion installiert. Beide SPS werden über das Modbus-Feldbussystem miteinander verbunden, wodurch die Kommunikation zwischen den Anlagenteilen ermöglicht wird (M2M). Die Anlagenteile verfügen zudem über RFID-Module, mit denen Tags geschrieben und gelesen werden können.

Der linke Teil der Abbildung 4 zeigt den ersten Teilprozess der Anlage. In der „Packing Station" werden von der SPS aus einer lokalen Datenbank die aktuellen Bestellungen abgerufen. Die Bestellungen können über eine Excel-Eingabemaske erzeugt, dabei spezifischen Kundinnen und Kunden zugeordnet und in der Datenbank gespeichert werden. Befindet sich eine Verpackungseinheit (Dose mit RFID-Tag) in der Packing Station, werden die verschiedenfarbigen Kugeln entsprechend der bestellten Anzahl über ein Förderband verpackt. Sobald sich die Dose am Endpunkt der Packing Station befindet, wird der zweite Teilprozess angestoßen – die „Sorting Station". Überdies beinhaltet die Packing Station einen Wartungssensor. Dieser überwacht ständig die Luftfeuchtigkeit und Temperatur im Verpackungsprozess. Über den MQTT-Broker, an den der Sensor die aktuellen Informationen überträgt, kann der Status durch die Steuerung jederzeit abgerufen werden. Hiermit können Prozessgrößenänderungen, die einen Einfluss auf den Produktionsprozess besitzen, simuliert und erkannt werden. In realen Fertigungsanlagen könnten äquivalente Sensoren beispielsweise an Förderantrieben verbaut werden und so Überhitzungen von Teilsystemen an die Steuerung melden und gegebenenfalls Wartungsaufträge auslösen. Schlagartig ansteigende Luftfeuchtigkeitswerte in Produktionsbereichen mit Wasserkühlung weisen beispielsweise auf beschädigte Wasserleitungen hin. In der Sorting Station werden die Dosen mittels Vakuum-Hebetechnik durch den Roboterarm abgehoben und auf den RFID-Leser aufgesetzt. Die SPS überprüft durch Zugriff auf die angebundene Datenbank die Zuordnung der aktuellen Dose zu einem/einer spezifischen Kundin bzw. Kunden. Sobald die Information abgerufen ist, stellt der Roboterarm die Verpackungseinheit auf einem jeweils zugeordneten Stellplatz ab. Durch die Benutzerschnittstelle (M2H-Interface) wird der Status der einzelnen Prozessschritte abgebildet.

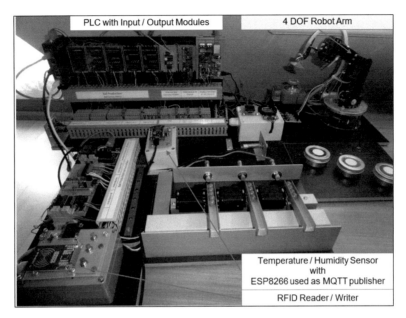

Abbildung 5: Prototyp eines Lehr- und Lernmittels: „Smart Factory"

Die im späteren Unterricht der Lehrkräfte zum Einsatz kommenden Komponenten werden auf die regional vorhandenen Systeme angepasst. Eine technische Dokumentation und Beschreibung des konzipierten Systems basiert auf der Strukturdarstellung in Abbildung 4. Ebenso werden die handlungsorientierten Unterrichtssituationen mit den erforderlichen didaktisch-methodischen Unterlagen im Rahmen des vierwöchigen Vertiefungskurses zusammen mit den Lehrkräften entwickelt.

Abbildung 5 vermittelt eine Vorstellung über die technische Realisierung der beschriebenen und bereits existierenden Prototypen des „Smart Factory"-Lehrsystems „Ball Production" einschließlich der verwendeten Hauptkomponenten.

Fazit

Grundlage der konzeptionellen Überlegungen ist es, das vorgestellte modulare Fortbildungskonzept als Beitrag zur Steigerung der Qualität und Praxisbezogenheit des Unterrichts zu begreifen. Durch die Erfahrungen des GeKaVoC-Projektes und die ermittelten Herausforderungen wird eine Implementierung und Pilotierung dieser Zusatzqualifikation in Kasachstan in Zusammenarbeit mit regionalen Projektpartnern und -partnerinnen vorbereitet.

Hiermit soll insbesondere der Anforderung Rechnung getragen werden, das Themengebiet Mechatronik als zentralen Baustein im Rahmen einer nachhaltigen und zukunftsfähigen Transformation der kasachischen Wirtschaft zu identifizieren und auf diesem Wege einen Beitrag für die wirtschaftliche und soziale Entwicklung dieses Landes zu leisten.

Literatur

Ausbildungsverordnung (2018): Bekanntmachung der Neufassung der Mechatroniker-Ausbildungsverordnung vom 28. Juni 2018. Bundesgesetzblatt Jahrgang 2018 Teil I Nr. 23, ausgegeben zu Bonn am 5. Juli 2018, https://www.bibb.de/dienst/berufesu che/de/index_berufesuche.php/regulation/neufassung_mechatroniker_2018.pdf (08.09.2021).

Bach, A. (2018): Medien in gewerblich-technischen Lehr-Lernprozessen. In: B. Zinn, R. Tenberg & D. Pittich (Hrsg.), Technikdidaktik. Eine interdisziplinäre Bestandsauf-nahme. Stuttgart: Franz Steiner Verlag. S. 157–171.

Faßhauer, U. et al. (2021): Lernfabriken: Ein Zukunftsmodell für die berufliche Bildung? In: K. Wilbers & L. Windelband (Hrsg.), Lernfabriken an beruflichen Schulen. Ge-werblich-technische und kaufmännische Perspektiven. Berlin: epubli. S. 15–48

Festo Didactic (2021): MPS System 403–1, Umfassendes Lernsystem im Bereich Mechatro-nik und Industrie 4.0, https://www.festo-didactic.com/de-de/lernsysteme/fabrikauto mation-industrie-4.0/lernfabriken/mps-400-anlagen-i4.0/mps-system-403-1,umfas sendes-lernsystem-im-bereich-mechatronik-und-industrie-4.0.htm (08.09.2021).

Huber, W. (2021): Industrie 4.0 – So unterscheiden sich IT und OT, https://www.channel partner.de/a/so-unterscheiden-sich-it-und-ot,3335362 (12.08.2021).

Rahmenlehrplan (2018): Rahmenlehrplan für den Ausbildungsberuf Mechatroniker/ Mechatronikerin. Beschluss der Kultusministerkonferenz vom 30.01.1998 i. d. F. vom 23.02.2018, https://www.kmk.org/fileadmin/Dateien/pdf/Bildung/BeruflicheBil dung/rlp/Mechatroniker98-01-30-Stand-18-02-23.pdf (08.09.2021).

Winzerling, F. et al. (2021): Industrie 4.0 und Modernisierungsprozesse in der Wirtschaft Kasachstans als Herausforderungen an die Bildungsarbeit und die Qualifizierung des technischen Lehrpersonals (Aufsatz in diesem Sammelband, S. 87).

Abbildungsverzeichnis

Gestaltung der pädagogischen Praxis von zukünftigen Lehrerinnen und Lehrern im Kontext der dualen Bildung

Bayan Sapargaliyeva, Samal Serikova, Aigul Syzdykbayeva, Dina Sabirova

Abstract

Mit der aktiven Integration der Republik Kasachstan in die globale Bildungsgemeinschaft sind neue Möglichkeiten für die vergleichende Analyse fortschrittlicher Technologien und Strategien zur Verbesserung der Berufsbildung zukünftiger Fachkräfte entstanden. Eine dieser Strategien ist die Einführung des dualen Systems in Kasachstan. Damit ist die Diskussion über die Problematik der dualen Bildung im Hochschulbereich verbunden. In der Qualifizierung von Fachkräften ist das duale Bildungssystem längst weltweit anerkannt. Der Beitrag betrachtet Möglichkeiten zur Einführung von Elementen des dualen Systems in der Bildung von Lehrkräften.

With the active integration of the Republic of Kazakhstan into the global educational space, new opportunities for comparative analysis of advanced technologies and strategies for improving professional training of future specialists have appeared. One of such strategies is the introduction of the dual system in Kazakhstan. Therefore, at the present stage the problem of dual training in higher professional education is widely discussed. In the training of highly qualified personnel, the dual system of education has been recognized worldwide for a long time. This article considers options for introducing elements of dual system in training of pedagogical staff.

С активной интеграцией Республики Казахстан в мировое образовательное пространство появились новые возможности сравнительного анализа передовых технологий и стратегий совершенствования профессиональной подготовки будущих специалистов. Одной из таких стратегий является внедрение дуальной системы обучения в Казахстане в сфере высшего профессионального образования. В деле подготовки высококвалифицированных кадров дуальная система обучения уже давно получила мировое признание. В статье рассматриваются варианты внедрения элементов дуального обучения при подготовке педагогических кадров.

Vorbemerkung

Eine Möglichkeit zur Verbesserung der Effizienz der Berufsausbildung stellt derzeit die duale Bildung dar. Im wissenschaftlichen Kontext werden Lösungsansätze von Problemen diskutiert, welche mit der Bildung von beruflichen Kompetenzen zukünftiger Fachkräfte verbunden sind, wodurch die Berücksichtigung von Interessen der Unternehmen und des Staates ermöglicht wird. Der Begriff „duale Bildung" wird mit der praxisorientierten Ausbildung gleichgesetzt. Das duale System der Berufsausbildung wird als ein Bildungsprozess charakterisiert, in dem die praktische Ausbildung als Teilzeitbeschäftigung in der Produktion mit der theoretischen Ausbildung in einer traditionellen Bildungseinrichtung kombiniert wird (Nekrasow et al., 2015).

In der pädagogischen Literatur finden sich verschiedene Interpretationen des Begriffes, wie z. B.: „ein spezielles pädagogisches System...", „eine besondere Art von Organisationstechnologie...", „ein pädagogisches Prinzip" oder „ein Bildungssystem, das eine Kombination von Ausbildung in Bildungseinrichtung mit Zeiten praktischer Tätigkeit vorsieht".

Was bringt das duale Ausbildungssystem mit sich? Das duale System ermöglicht es, sowohl die theoretische als auch die praktische Ausbildung in den Ausbildungsprozess zu integrieren. Während des College-Studiums gehen die Auszubildenden neben dem regulären Unterricht auch in berufsbildende Einrichtungen, einen bestimmten Betrieb oder eine Firma, wo sie berufspraktische Erfahrungen sammeln (Kovyreva, 2019).

Das Grundprinzip des dualen Bildungssystems ist die gleichberechtigte Beteiligung und Verantwortung von Bildungseinrichtung und Unternehmen, um die Qualität der Bildung zu steigern. Das Interesse der Unternehmen liegt hauptsächlich in der Möglichkeit, das Personal selbst zu bilden, um mögliche Kosten für die Rekrutierung von Mitarbeitenden sowie deren Umschulung und Anpassung zu reduzieren. Die Auszubildenden lernen nicht nur direkt die realen Produktionsbedingungen kennen und beherrschen die Grundlagen der beruflichen Tätigkeit, sondern bekommen auch eine Chance auf eine erfolgreiche Beschäftigung in ihrem Fachgebiet nach dem Abschluss (Kutumava & Yarkova, 2016).

Duales Ausbildungssystem – zur bildungspolitischen Ausgangslage in Kasachstan

Auf dem zweiten Kongress des Jugendverbandes „Zhas Otan" forderte der damalige Präsident der Republik Kasachstan die Unternehmen des Landes auf, das Modell der dualen Ausbildung umzusetzen. Das duale Ausbildungssystem zielt auf eine enge Verzahnung zwischen Berufsschule und Ausbildungsbetrieb (Organisation) ab, wobei beide Institutionen im Verhältnis zueinander unabhängige Partner sind. Das duale System an sich ist kein innovatives Produkt der jüngsten Zeit. In vielen europäischen Ländern wird es seit Langem in der Personalausbildung eingesetzt. Das duale System der Berufsausbildung, das in Deutschland entstanden ist, ist in der weltweiten Praxis der Berufsausbildung weithin bekannt und anerkannt. Die Relevanz und bedeutende Rolle der dualen Ausbildung wird durch quantitative Daten belegt. Demnach arbeiten beispielsweise mehr als 50 Prozent der Bildungszentren in Deutschland im System der dualen Ausbildung (Belikow et al., 2020).

Die Erfahrungen der Anwendung des Ausbildungsmodells in Deutschland sowie die Erfahrungen mit seiner Anpassung an die Bedingungen in einer Reihe von anderen Ländern ermöglichen die Identifizierung von theoretisch-methodischen und organisatorisch-praktischen Grundlagen, welche Hinweise auf die Anpassung in Bezug auf andere Segmente und Ebenen der Bildung geben.

Hierdurch ergeben sich folgende Vorteile (Breus et al., 2016):
- das duale Bildungswesen beseitigt den Hauptnachteil der traditionellen Bildungsformen und -methoden: die Kluft zwischen Theorie und Praxis;
- maximale Annäherung an die Anforderungen des Arbeitsmarktes;
- es vermittelt praktische Fähigkeiten zur Lösung von Problemstellungen in der Praxis;
- es schafft eine hohe Motivation, sich Wissen und Fähigkeiten am Arbeitsplatz anzueignen, da die Qualität des Wissens direkt mit der Erfüllung der Arbeitsaufgaben am Arbeitsplatz zusammenhängt;
- Praktikantinnen und Praktikanten werden direkt auch durch potenzielle Arbeitgeber*innen beurteilt;
- hohe Vermittlungsquote u. a. m.

Relevanz der Leitlinien dualer Bildung für die Lehrkräfteausbildung

Die Umsetzung des dualen Berufsausbildungsmodells hat sich in Kasachstan u. a. in der AG „Kazakhmys", der Donskoy GOK, dem Pawlodarer Elektrolysebetrieb, dem Fonds „Samruk-Kazyna" und anderen Unternehmen bewährt. Es stellt sich die Frage, ob es möglich ist, die Erfahrungen der dualen Bildung in der Ausbildung von zukünftigen Lehrkräften zu nutzen. Nach unserer Einschätzung ist dies unter Berücksichtigung der Besonderheiten des Fachgebiets und der jeweiligen Ausstattung in einer pädagogischen Hochschule möglich. Darüber hinaus hat Kasachstan bereits Erfahrungen mit der Umsetzung einiger Elemente der dualen Bildung in der Lehrkräfteausbildung an Hochschulen.

Im Rahmen der wissenschaftlichen und pädagogischen Bildungszentren konnte diese Anforderung zwischen den Jahren 1970 und 1980 aktiv bewältigt werden. Dabei schenkten G. A. Umanov, N. D. Chmel, A. A. Beisembaeva und S. A. Uzakbaeva der Notwendigkeit der richtigen Organisation der Zusammenarbeit der Teilnehmer*innen des Bildungsprozesses ausdrückliche Aufmerksamkeit (Erzhanov, 1999). Die Umsetzung dieser Arbeit innerhalb des Bildungsprozesses trug zur Stärkung der Forschungstätigkeit insbesondere von jungen Lehrkräften bei.

Derzeit setzt die Abteilung für Pädagogik und Psychologie der KazNPU (Abai Kazakh National Pedagogical University Almaty) diese Arbeit im Rahmen des dualen

Studiums fort. Im Jahr 2015 wurde der wissenschaftlich-methodische Komplex „Schule – Berufsbildende Schule – Hochschule" entwickelt, welcher eine produktive Interaktion von Bildungsorganisationen bietet, die auf die Entwicklung der dual-orientierten Bildung von zukünftigen Spezialistinnen und Spezialisten im Bereich der Pädagogik und Psychologie ausgerichtet ist. Der Komplex ist ein dreigliedriger Raum innerhalb der professionellen Kompetenzbildung, dessen Aufgabe die offene Interaktion zwischen praktizierenden Lehrkräften, Hochschullehrkräften und Studie-renden in den folgenden Bereichen ist:

- didaktisch-methodische Interaktion, die die Vorbereitung und Erprobung von Lehrbüchern und methodischen Hilfsmitteln für Studierende und Lehrer*innen umfasst; Management der Lehrtätigkeit in den Disziplinen; Kontakte der Schul-lehrer*innen mit Universitätsprofessorinnen und -professoren zum Zweck der Beratung und des Erfahrungsaustauschs;
- wissenschaftliche und methodische Arbeit, die folgende Formen umfasst: Abhal-tung gemeinsamer runder Tische zu den wichtigsten Fragen der gemeinsamen Aktivitäten; Organisation von methodischen Seminaren an Universitätsabteilun-gen unter Beteiligung von Schullehrkräften; Organisation jährlicher wissen-schaftlicher Studierendenkonferenzen unter Beteiligung von Schülerinnen und Schülern; Begutachtung von Forschungs- und Projektarbeiten von Schülerinnen und Schülern durch Universitätslehrer*innen; Gewinnung von Schullehrkräften zur Teilnahme an wissenschaftlichen Konferenzen an der Universität; Durchfüh-rung von Facholympiaden und Wettbewerben;
- Gewährung von methodischer Hilfe durch Hochschullehrer*innen bei der Ent-wicklung von Lehrplänen; Vorbereitung und Veröffentlichung von gemeinsamen wissenschaftlichen Sammlungen, Artikeln, Lehrbüchern oder Monografien, die die Erfahrungen von Lehrkräften und Methodikerinnen und Methodikern zu-sammenfassen, basierend auf den Ergebnissen wissenschaftlicher Forschung; Organisation von Forschungsaktivitäten von Studierenden unter der Leitung von Hochschullehrkräften; Bereitstellung von Universitätseinrichtungen zur Verbes-serung des Wissens (Möglichkeit der Nutzung der Ressourcen der Forschungs-bibliothek der Universität); Einbeziehung von Hochschullehrkräften zur Vorbe-reitung von Studierenden auf Facholympiaden;
- Personalarbeit, die darin besteht, das Personal durch die Organisation von Auffri-schungskursen für Lehrer*innen auf der Grundlage der Universität umzuschu-len;
- Lehrtätigkeiten, die Vorlesungen und Seminare beinhalten – sogenannte Zwei-Wege-Vorlesungen –, bei denen der Inhalt des Lehrmaterials in einer dialogi-schen Live-Kommunikation zwischen den Dozierenden, den Schullehrkräften und den Studierenden vermittelt wird; die praktizierenden Lehrkräfte erklären auf den ersten Blick schwierige berufliche Situationen theoriegeleitet und ver-ständlich anhand von Beispielen;
- sachliche und technische Hilfe für die Schule: Unterstützung bei der Publika-tionsarbeit und mehr.

Seit 2016 werden durch die o. g. Abteilung zwei republikweite Konferenzen für Wissenschaftler*innen und Lehrer*innen im Programm „Duales Lernen in der Lehrkräfteausbildung: Erfahrungen, Ansätze, Probleme" organisiert. Eine weitere Umsetzungsform der Elemente der dualen Bildung ist die Formierung einer Lern- und Forschungsgemeinschaft von Studierenden, Hochschullehrkräften und Schullehrkräften.

In der gegenwärtigen Phase wird die duale Ausbildung in der Russischen Föderation durch eine solche Form der Partnerschaft als „Netzwerk-Interaktion" verbreitet. Bei der Interaktion im Netzwerk geht es nicht nur um die Zusammenarbeit, den Austausch verschiedener Informationen und innovativer Entwicklungen, sondern auch um die Arbeit von Bildungseinrichtungen an gemeinsamen Projekten sowie die Entwicklung und Umsetzung von gemeinsamen Programmen. Netzwerkinteraktion wird als ein System von horizontalen und vertikalen Verbindungen verstanden, das den Zugang zu qualitativ hochwertiger Bildung für alle Bevölkerungsgruppen erlaubt. Zusätzlich ermöglicht sie die Veränderlichkeit der Bildung, die Offenheit von Bildungsinstitutionen, die Verbesserung der professionellen Kompetenz von Lehrkräften sowie die Nutzung moderner IKT-Technologien. Es handelt sich dabei folglich um ein System von Verbindungen, das die Entwicklung, Überprüfung und Bereitstellung von innovativen Modellen der Bildungsinhalte und des Managements des Bildungssystems bei gemeinsamer Nutzung von Ressourcen der professionellen pädagogischen Gemeinschaft ermöglicht (Vorovjev, 2014).

Unter der Ausbildung von Fachkräften durch die Verwendung von Elementen der dualen Bildung wird ein innovativer Weg der Organisation der höheren Berufsbildung verstanden, der eine gut koordinierte Interaktion zwischen der Bildungseinrichtung und der Hochschule der Lehrkräfteausbildung beinhaltet, welche darauf abzielt, Fachkräfte in einem bestimmten Fachgebiet mit dem von Arbeitgeberinnen und Arbeitgebern geforderten Qualifikationsniveau auszubilden. Die Hauptelemente, die dem dualen Ausbildungssystem zugrunde liegen, sind: Gleichwertigkeit der humanistischen und wertbezogenen Orientierungen, des Kompetenzansatzes, der Gestaltung und Entwicklung der beruflichen Tätigkeit und der sozioprofessionellen Beziehungen.

Umsetzung der dualen Bildung im Hochschulsystem

Die Erfahrungen aus der Entwicklung der Bildungssysteme in Ländern wie Schweden, Großbritannien, Deutschland und Japan weisen auf die Notwendigkeit der Integration des Bildungsprozesses und der Praxis hin, die als Grundlage für die hochwertige Bildung der qualifizierten Fachkräfte dient. Hierdurch entsteht die Frage, ob es möglich ist, die duale Bildung durch die Einführung neuer Ansätze für die Organisation der traditionellen Praxis zu implementieren. Schließlich erlaubte die pädagogische Praxis, als eine der wichtigsten Komponenten der Berufsbildung, traditionell immer, sich im gewählten Beruf zu erproben, zu lernen und das im Klassenzimmer erworbene Wissen in der beruflichen Tätigkeit anzuwenden.

Alle Komponenten der pädagogischen Tätigkeit (Ziele, Motive, Inhalte, Organisation, Funktionen, Ergebnisse, Kontrolle, Selbstkontrolle) sind in der pädagogischen Praxis verkörpert. Im Laufe der pädagogischen Praxis lernen die Studierenden den Systemansatz kennen, welcher die Integrität des pädagogischen Prozesses in Form von pädagogischer Tätigkeit gewährleistet. Im Prozess der Umsetzung der pädagogischen Tätigkeit werden professionelle Fähigkeiten und bedeutende Eigenschaften der Persönlichkeit entwickelt.

In Übereinstimmung mit den staatlichen Bildungsstandards der höheren Berufsbildung sind während der gesamten Studienzeit verschiedene Arten von pädagogischen Praktiken vorgesehen. Sie sind ein integraler Bestandteil des ganzheitlichen Bildungsprozesses, der auf die Bildung einer professionellen Lehrkraft abzielt.

Die Universität KazNPU konnte während der gesamten Zeit des Studiums positive Erfahrungen in der Umsetzung der dualen Bildung durch die Organisation der kontinuierlichen Praxis sammeln. Der Unterschied zwischen der traditionellen Praxis und der Praxis des dualen Lernens kann wie folgt definiert werden:

1. Der größte Teil des Studiums (bis zu 70 % – 195 ECTS) findet innerhalb der Bildungseinrichtung statt – durch die Praxis wird das Studium an der Universität auf z. B. 30 Prozent reduziert:
   - Im ersten Jahr des Orientierungspraktikums kann der praktische Unterricht im Fach „Einführung in das Fachgebiet" durchgeführt werden.
   - Im zweiten Jahr kann praktischer Unterricht im Fach „Methodik der pädagogischen Arbeit" und im Wahlfach „Wechselwirkung zwischen Schule und Familie" absolviert werden.
   - In der pädagogischen Praxis: Umsetzung der Didaktik im Allgemeinen; im Besonderen (die Methodik des Mathematikunterrichts, die Methodik der Muttersprache, die Methodik des Literaturunterrichts, die Methodik der bildenden Künste, die Arbeitsmethodik, die Methodik der Sporterziehung, die Methodik der Musik usw.); eine weitere Stärkung der praktischen Ausbildung ist die Organisation aller Klassen auf Grundlage der MPT (moderne pädagogische Technologie).
   - Der gesamte Qualifizierungsbedarf im Kontext aller studierten Wahlfächer, sei es die inklusive Pädagogik oder die Besonderheiten der Arbeit mit Erstklässlerinnen und Erstklässlern etc., wird im Praktikum umgesetzt.
2. Der praktische Teil der dualen Bildung (einen Tag pro Woche innerhalb des Colleges im 4. Jahr) wird sein Volumen auf 60 bis 70 Prozent des Gesamtvolumens des Curriculums erhöhen.
3. Die Betriebspraxis basiert auf einem individuellen Ansatz und ist so nah wie möglich an den realen Bedingungen der modernen Bildung.
4. Der Erwerb wichtiger praktischer Fähigkeiten im gewählten Fachgebiet erfolgt je nach Praxisbedingungen nicht über einen Zeitraum von zwei Wochen oder einem Monat, sondern über eine längere Zeit.

5. In einem kurzen Zeitraum ist es nicht möglich, sich mit den Grundlagen und Traditionen der Schule vertraut zu machen. Die angegebenen Termine im Programm ermöglichen es, sich – in Zusammenarbeit mit dem Schulteam – mit der Unternehmenskultur der Schule vertraut zu machen. In der Praxis kann sich persönlichen Fähigkeiten und Interessen gewidmet werden.

6. Das ganzjährige Praktikum im 4. Jahr ermöglicht, Themen der Qualifikationsarbeiten zu spezifizieren, welche sich auf die potenziellen Bedürfnisse einer modernen Schule konzentrieren, anstatt einer allgemein pädagogischen Ausrichtung der Arbeiten.

Auf dieser Grundlage ist festzustellen, dass die Organisation der Praxis auf Basis der dualen Bildung auf einer Stärkung der Praxisorientierung in der Bildung von Fachkräften durch die Synthese von Lehr- und Bildungsprozessen (in der Schule) beruht, was die Möglichkeit der Nachfrage für zukünftige Lehrer*innen deutlich erhöht.

Die Umsetzung der dualen Bildung in der Hochschule in pädagogischen Richtungen birgt jedoch eine Reihe von Problemen, die nachfolgend in Form von Fragen dargestellt werden:

1. Wie viele Tage sollen die Auszubildenden in der Schule bleiben (nach den Erfahrungen der technischen Ausbildung in Deutschland an der Hochschule nur ein bis zwei Tage, der Rest im Betrieb)? Dementsprechend stellt sich die Frage, wer die Kosten für die Ausbildung in der restlichen Zeit, also in der Schule, trägt.

2. Welche regulatorische Unterstützung ist neben dem Kooperationsvertrag zu beachten?

3. Wer kümmert sich um den Inhalt des Lehrplans? (Im Beispiel der technischen Ausbildung ein Unternehmen. Es hat die Möglichkeit, das Volumen zwischen den Disziplinen innerhalb desselben Fachgebiets zu variieren).

4. Legen Auszubildende nach Abschluss der Schule die Qualifikationsprüfung ab?

5. Stellt die Schule nach Abschluss der Berufsausbildung ein Dokument wie z. B. ein Zertifikat oder ein Diplom aus?

6. Wie wird das System der Evaluierung der pädagogischen Disziplin strukturiert sein, wenn es aus einer theoretischen (universitären) und praktischen (schulischen) Einheit besteht? Welche Komponente wird die Endbewertung einer Disziplin dominieren?

7. Was ist die Aufgabe der Praktikumsbetreuenden, ihre Funktionen in der Schule, wenn es Vertrauenslehrer*innen gibt, die Lernende anleiten?

Die offensichtlichsten Probleme in der Organisation der dualen Ausbildung in der Lehrkräfteausbildung sind bis heute:

- Regulatorische und rechtliche Unterstützung dieses Prozesses (Schulen sind nicht in der Lage und nicht bereit, Mittel für Bildung auszugeben);
- Einführung eines Motivationssystems für Schulen, die an der dualen Ausbildung teilnehmen werden;

- technologische Unterstützung der Interaktion (der Mechanismus und die Formen der Interaktion zwischen der Universität und der Schule sind nicht definiert);
- integrierte Inhalte, Anpassung (ggf. Änderung) der Ausbildungsinhalte (Schwierigkeiten bei der Abstimmung der Ausbildungsinhalte zwischen Universität und Schule);
- Die Verfügbarkeit des geschulten Personals an der Schule, das als Tutorinnen und Tutoren fungiert, wird als wichtigste Komponente nicht gemeistert;
- Mechanismen für die Interpretation von Bildungsergebnissen, die das Prinzip der Organisation des Bildungsprozesses auf Grundlage der Dualität widerspiegeln und vieles mehr.

Schlussbemerkung

Die Organisation der Praxis auf Grundlage der dualen Ausbildung ist aus unserer Sicht ein effektiver und flexibler Mechanismus, der es ermöglicht, hochqualifizierte Fachkräfte vorzubereiten, die unter modernen Bedingungen gefragt sind. Es schafft einen bestimmten Raum für die gemeinsame Reflexion zwischen Lehrenden und Dozierenden (die viel erlebt und verstanden haben, individuelle einzigartige Forschungserfahrungen haben). So entstehen einzigartige, nirgendwo sonst (weder in einer Vorlesung noch in einem Seminar) vorkommende innere Bedingungen für kritische Selbstreflexion, intensive Erfahrung und Befriedigung der ausgeübten Berufstätigkeit. Dies fördert somit den Erwerb eines stabilen Interesses am zukünftigen Beruf, indem man in ihm persönlich sinnvolle Bedeutungen findet.

Literatur

Belikow, V. A. et al. (2020): Беликов В.А., Романов П.Ю., Павленко Д.И., Филиппов А.М. Влияние дуальной системы профессионального образования на качество подготовки обучающихся организаций СПО. Вестник Южно-Уральского государственного университета. Серия: Образование. Педагогические науки. Т12. № 1. 2020. C.20–34 [Die Auswirkungen des dualen Systems der Berufsausbildung auf die Qualität der Ausbildung von Auszubildenden in Berufsbildungseinrichtungen. Bulletin der Staatlichen Universität Süd-Ural. Reihe: Bildung. Pädagogische Wissenschaften. T12. Nr. 1. 2020] (auf Russisch).

Breus, M. E. et al. (2016): Бреус М.Е., Довгополая Н.В., Ноговицына А.В., Симонин П.В. Дуальная система обучения - залог профессиональной мобильности выпускников аграрных вузов на рынке труда // Интернет-журнал «НАУКОВЕДЕНИЕ» Том 8, №1 (2016), http://naukovedenie.ru/PDF/17EVN116.pdf (15.07.2021) [Duales Ausbildungssystem – der Schlüssel zur beruflichen Mobilität von Absolvent*innen landwirtschaftlicher Hochschulen auf dem Arbeitsmarkt. NAUKOVOVEDENIE Vol. 8., No. 1 (2016)] (auf Russisch).

Erzhanov, M. E. (1999): Die Entwicklung von ethnokultureller Bildung in Kasachstan (Theoretische Grundlagen und Praxis) [Ержанов М. Е. Развитие этнокультурного образования в Казахстане (Теоретические основы и практика): Дис. д-ра пед. наук: 13.00.05: Москва, 1999 429 с.] (auf Russisch).

Nekrasow, S. I. et al. (2015): Некрасов С.И., Захарченко Л.В., Некрасова Ю.А. Пилотный проект «Дуальное образование»: критический взгляд специалистов // Профессиональное образование. Столица. 2015. №4. С.72–75 [Pilotprojekt „Duale Ausbildung": Kritische Expertenbetrachtung. Verlag Stolizha. 2015. Nr. 4, S. 72–75] (auf Russisch).

Kovyreva, N. V. (2019): Ковырева Н.В. Дуальная система образования. Всероссийская научно-практическая конференция «Дуальное образование: опыт, проблемы, перспективы» (Краснодар, 25 апреля 2019 г.) Материалы конференции – М.: Мир науки, 2019, https://izd-mn.com/PDF/29MNNPK19.pdf (15.07.2021) С.18 [Duales System der Bildung. Gesamtrussische wissenschaftlich-praktische Konferenz „Duale Ausbildung: Erfahrungen, Probbleme, Perspektiven". Krasnodar, 25. April 2019. Konferenzunterlagen, Verlag Mir Nauki, S. 18] (auf Russisch).

Kutumava, A. A. & Yarkova, G. A. (2016): Кутумова А.А., Яркова Г.А. Дуальная система обучения как технология подготовки бакалавров профессионального обучения в современных условиях педагогического вуза // Современные наукоемкие технологии. – 2016. – № 4–1. – С. 139–142 [Duales Ausbildungssystem als Technologie der Bachelor-Berufsausbildung unter modernen Bedingungen der pädagogischen Universität. Moderne wissenschaftsintensive Technologien. 2016. Nr. 4–1. S. 139–142] (auf Russisch).

Vorovjev, M. V. (2014): Воробьев М.В. Сетевое взаимодействие дополнительного образования детей и научно-педагогической общественности в вопросах оценки качества образования. XI. Международная научно-методическая конференция «Новые образовательные технологии в вузе», 2014г. С. 352–357 [Vernetzung für die Zusammenwirkung im Bereich der zusätzlichen Bildung von Kindern und der wissenschaftlich-pädagogischen Gemeinschaft in Fragen der Bewertung der Bildungsqualität. XI. Internationale wissenschaftliche und methodologische Konferenz „Neue Bildungstechnologien in der Hochschulbildung", S. 352–357] (auf Russisch).

Interdisziplinärer Aus-, Fort- und Weiterbildungsbedarf des Berufs- und Hochschulpersonals bei der Entwicklung und Implementierung von inklusiver Bildung in Kasachstan

Yuliya Nepom'yashcha

Abstract

Im Rahmen der Nachhaltigkeitsentwicklung wird vielfach die Einführung von Inklusion in die Bildung und Beschäftigung diskutiert. Um die Einbeziehung und Förderung von Personen mit besonderen Bildungsbedürfnissen in das kasachische Berufsbildungssystem zu erleichtern, besteht neben der Notwendigkeit, Lehrpläne sowie Berufs-, Fach- und Hochschulbildungsprogramme zu modernisieren, ein dringender Bedarf an interdisziplinärer Aus- und Weiterbildung von Lehrenden, Ausbildenden sowie Tutorinnen und Tutoren. Dieser Beitrag schlägt die Verwendung eines interdisziplinären Ansatzes und die Erweiterung des Kompetenzprofils des Bildungspersonals vor, was zur Entwicklung seiner Professionalität und zur Umsetzung der inklusiven Berufs- und Hochschulbildung in Kasachstan beitragen kann.

In the context of a sustainable development, the introduction of inclusion in education and employment is often discussed. In order to facilitate the inclusion and development of persons with special educational needs in the Kazakh vocational education system, there is an urgent demand for interdisciplinary education and training of teacherys, trainers and tutors, in addition to the need to modernize curricula and vocational, technical and higher education programs. This paper proposes the use of an interdisciplinary approach and the expansion of the competence profile of educational personnel, which can contribute to the growth of their professionalism and the implementation of inclusive vocational and higher education in Kazakhstan.

В контексте устойчивого развития часто обсуждается внедрение инклюзии в образование и занятость. Для содействия в развитии инклюзивного образования и продвижении лиц с особыми образовательными потребностями в казахстанскую систему профессионального образования и обучения существует острая необходимость в междисциплинарном образовании и подготовке преподавателей, тренеров и тьюторов. Также необходима модернизация учебных планов и программ профессионального, технического и высшего образования. Данная статья предлагает использование междисциплинарного подхода и расширение профиля компетенций педагогов, которые могут способствовать росту их профессионализма и реализации инклюзивного профессионального и высшего образования в Казахстане.

Inklusive Bildung in Deutschland

Derzeit wird die inklusive Bildung in Deutschland vor allem im allgemeinbildenden Bereich aktiv umgesetzt. Die meisten Kinder und Jugendlichen mit gesundheitlichen und entwicklungsbedingten Beeinträchtigungen werden gemeinsam mit Gleichaltrigen unterrichtet. Die Analyseergebnisse der Inklusionsquote sowie Daten und Fakten der letzten Jahre zeigen, dass ein zunehmender Anteil von Kindern und Jugendlichen mit und ohne sonderpädagogischen Förderbedarf gemeinsam unterrichtet wird. Gleichzeitig lag der Anteil der Kinder und Jugendlichen mit Beeinträchtigungen an Regelschulen im Schuljahr 2008/2009 bei 4,9 Prozent und im Schuljahr 2016/2017 bei 4,3 Prozent, was auf einen stetigen und sehr leichten Rückgang der Exklusionsquote hinweist (Aktion Mensch, o. J.). Dies bedeutet, dass immer noch 60 Prozent der förderbedürftigen Kinder und Jugendlichen von Exklusion betroffen sind (ebd.) und nach wie vor Förderschulen besuchen müssen.

Die Meinungen der Fachleute zur Umsetzung der Inklusion im Bildungswesen sind nicht eindeutig. Einige Expertinnen und Experten halten die Umsetzung der Inklusion nur für ein Idealprogramm und sogar für eine Utopie (Fleischhauer, 2014). Dies kann vielmehr auf die historisch bedingte Separierung und exklusive Zuweisung von Kindern und Jugendlichen in bestimmten Schularten in Deutschland zurückgeführt werden und je nach Entwicklungsstand und individuellen Bedürfnisse von Betroffenen erfolgen. Diese differenzierte pädagogische Argumentation hat zur grundlegenden Entwicklung der „Sonderpädagogik als Teildisziplin der Erziehungswissenschaft" (Gottuck & Pfaff, 2020, S. 22) beigetragen.

Seit Verabschiedung der UN-Behindertenrechtskonvention in Deutschland hat es eine Wende in der Aus- und Weiterbildung von Lehrkräften für alle Bereiche und Ebenen des Bildungswesens gegeben. Die Herausbildung spezifischer Kompetenzprofile und ein spezifisches Verständnis von Reflexivität als pädagogischer Kernansatz in der Ausbildung des Lehramts sowie ein interdisziplinärer Anspruch rücken in den Vordergrund (ebd., S. 23). Die umsetzungsbezogenen Erwartungen und Vorhersagen der Vertreterinnen und Vertreter der Inklusion sind sehr positiv. Dies setzt voraus, dass die Praxis der Inklusion kompetent, konsequent und professionell erfolgen wird (Obrasov, o. J.).

Die Erfahrungen der Regelschulen mit inklusiver Bildung sind für die Entwicklung von interdisziplinärem Wissen entscheidend. Sowohl die berufliche Bildung als auch die Befähigung für das Lehramt an beruflichen Schulen im Kontext der Inklusion gleichen einer Dauerbaustelle, auf der ununterbrochen Entscheidungsprozesse stattfinden. Nach Scheiermann (2020, S. 125) beeinträchtigen die genannten Probleme der beruflichen Bildung die Entwicklung und die Perspektiven einer inklusiven Berufsbildung in Deutschland. Die Professionalisierung vom Lehr- und Ausbildungspersonal hat besondere Auswirkungen auf die berufliche Bildung im Ganzen. In Anlehnung an Scheiermann (ebd., S. 126) kann folgender Zusammenhang von Professionalisierungsbedingungen festgehalten werden: Bei Lehrermangel an berufsbildenden Schulen, z. B. im gewerblich-technischen Bereich, steht nur eine begrenzte Menge an Lehrmaterial zur Verfügung. Eine adäquate Lehrerausbildung 4.0, die den Digitalisierungsanforderungen der Wirtschaft und damit der derzeitigen Generation von Auszubildenden entspricht, kann von Berufsschullehrenden in Bezug auf Inklusion nur eingeschränkt realisiert werden. Nicht inklusionsorientierte Berufsschullehrende werden der zunehmenden Vielfalt und Heterogenität der Lernenden nur bedingt gerecht werden können.

Darüber hinaus ist eine vertiefte Auseinandersetzung mit den Förderschwerpunkten und Grundlagen für die Unterstützung der individuellen Bedürfnisse von Kindern und Jugendlichen mit Beeinträchtigungen im Rahmen der Unterrichts- und Prüfungspraxis ratsam (Vollmer & Frohnenberg, 2014). Eine Auseinandersetzung mit der Forschung von Bylinski (2014) zur Entwicklung von individualisierten Berufswegen und dem Professionalisierungspfad in der ersten Phase der Lehrkräfteausbildung von Münk und Scheiermann (2020) wird ebenfalls empfohlen.

Normative und rechtliche Rahmen der inklusiven Bildung in Kasachstan

Unter Berücksichtigung der Vielfalt der sonderpädagogischen Bedürfnisse garantiert die Gesetzgebung der Republik Kasachstan das Recht auf einen Zugang zu qualitativ hochwertiger Bildung für alle Schülerinnen und Schüler, unabhängig von ihrem sozialen Status, der Höhe der finanziellen Unterstützung, der kulturellen Zugehörigkeit und den individuellen Fähigkeiten. Ramazanova (2020) beschreibt Inklusion als einen führenden Trend und eine Entwicklungsstrategie des Bildungssystems in Kasachstan. Der rechtliche Rahmen und normative Vorgaben für Inklusion rationalisieren die Aktivitäten aller am Bildungsprozess Beteiligten. Mit dem Fokus auf die Gleichheit aller Bürgerinnen und Bürger, unabhängig von Nationalität, Sprache, Geschlecht, Alter, sozialem Status und Gesundheitszustand, strafft der gesetzliche Rahmen das Angebot und die Möglichkeiten für Bildung auf allen Ebenen. Die Gestaltung von Lehrplänen und Lernsituationen muss die intellektuelle Entwicklung des Individuums ebenso berücksichtigen wie seine psychologischen, biophysiologischen und individuellen Eigenschaften (ebd.). Darüber hinaus ist es notwendig, die Art und das Tempo des Lernens entsprechend den Bedürfnissen der Lernenden zu berücksichtigen (Batrakova, 2019).

Wie in vielen Ländern der Welt hat die Republik Kasachstan Dokumente ratifiziert, die den gleichberechtigten Zugang von Menschen mit Beeinträchtigungen zum System der allgemeinen und weiteren Bildung erklären (Ramazanova, 2020). So wurde am 8. Juni 1994 die Konvention über die Rechte eines Kindes durch den Erlass des Obersten Rates der Republik Kasachstan angenommen. Mehr als 20 Jahre später (20. Februar 2015, № 288-V Gesetz der Republik Kasachstan) wurde die UN-Konvention über die Rechte von Menschen mit Beeinträchtigung in die Rechtsakte der Republik Kasachstan aufgenommen. Ein Jahr später (28. Januar 2016, № 449-V Gesetz der Republik Kasachstan) folgte die Verkündung des Übereinkommens gegen Diskriminierung im Bereich der Bildung, das am 16. Juli 2016 in Kraft trat.

Praktiken und Bedürfnisse der inklusiven Bildung in Kasachstan

Nach den Plänen der stufenweisen Einführung der inklusiven Bildung steht das Bildungssystem der Republik Kasachstan vor folgenden Aufgaben: Neben der Sicherstellung der inklusiven Bildung ist es notwendig, die Zugänglichkeit der Bildung für alle Bürgerinnen und Bürger der Republik Kasachstan bis 2025 zu gewährleisten. Um diesen strategischen Entwicklungsplan umzusetzen, kommt der noch unzureichenden Ausbildung von Lehrkräften mit fundierten Kenntnissen der Psychologie, der Schaffung einer speziellen Ausstattung der Unterrichtsräume und der Entwicklung von Lehrplänen für alle Arten und Niveaus der Bildung, die den besonderen Bedürfnissen der Lernenden entsprechen, eine sehr wichtige Rolle zu (Ramazanova, 2020).

Die Implementierung der inklusiven Bildung auf Basis der Professionalisierung des allgemeinbildenden Lehrpersonals setzt das pädagogische Fortbildungsinstitut der Region Nordkasachstan seit 2015 mit wechselndem Erfolg fort (Batrakova, 2019, Ramazanova, 2020).

Obwohl seit 2015 Weiterbildungskurse zum Inklusionsansatz angeboten werden, sind einige Expertinnen und Experten der Meinung, dass dies für eine effektive Umsetzung nicht ausreichend ist (Batrakova 2019). Darüber hinaus ist die Realisierung eines inklusiven Ansatzes oft formal und beruht auf einer politisch motivierten Bildungsinitiative. Murzalinova-Yakovleva betont, dass derzeit noch kein Wandel in der Einstellung der Gesellschaft zur Inklusion zu erkennen ist. Ihrer Meinung nach wird die junge Generation, die einen inklusiven Bildungsansatz benötigt, in ihrem Umfeld nicht als eigenständiges Individuum mit einer Reihe von eigenen, einzigartigen Eigenschaften wahrgenommen. Murzalinova-Yakovleva ist der Auffassung, dass alle infrastrukturelle Bereitschaft ohne die Inklusionsbereitschaft im Umfeld, das vorbereitete Personal, die Mitlernenden ohne Beeinträchtigung und die Schaffung einer freundlichen Atmosphäre nutzlos bleiben wird (ebd.). Der Leiter des Zentrums für soziale inklusive Programme stellt fest, dass das Bildungssystem Kasachstans im Jahr 2019 für eine vollwertige inklusive Bildung methodisch unvorbereitet ist.

Neben der Einführung der Inklusion im allgemeinbildenden System wirft Ramazanova (2020) eine gezielte Frage im Berufsbildungssystem auf, die sich auf die Notwendigkeit der Optimierung der Lehrpläne für die Berufs- und Hochschulbildung unter Berücksichtigung der besonderen Bedürfnisse von Lernenden bezieht.

Unter Anlehnung an Daten aus der Nationalen Bildungsdatenbank berichtet Batrakova (2019), dass von 2018 bis einschließlich 2019 etwa 30 Prozent (250 von 821 Hochschulen) der Berufsbildungseinrichtungen die Voraussetzungen für die Umsetzung inklusiver Bildung geschaffen haben. Im Vergleich zu 2017 hat sich die Anzahl der Universitäten 2018 von 28 auf 50 erhöht. Bis Ende 2019 haben diese Bedingungen 40 Prozent erreicht. Laut Zhakypova (ebd.) sollte auch auf die geschaffenen Bedingungen für inklusive Bildung und Unterkunft in 58 kasachischen Universitäten geachtet werden.

Laut Ramzanova (2020) ist eine Überarbeitung des Bewertungssystems zur Erfassung des Lernerfolgs in einer inklusiven Bildungsumgebung erforderlich. Dies hat eine tragende Bedeutung nicht nur während der Berufsberatung, sondern auch während der vorberuflichen und beruflichen Ausbildungsphase.

Nach Ansicht von Fachleuten wie Batrakova und Ramzanova ist es notwendig, neben einer sorgfältigen Aus- und Weiterbildung des Personals auch methodische und pädagogische Rahmenbedingungen für die Einführung der Inklusion in Kasachstan zu entwickeln. Die Implementierung der Inklusion in allen Bildungsbereichen sollte von regelmäßigem Monitoring, der Evaluierung inklusiver Praktiken und dem Streben nach einem qualitativ höheren Bildungsprozess begleitet werden.

Murzalinova-Yakovleva ist davon überzeugt, dass die Aus- und Weiterbildung von Lehrkräften in Bezug auf Inklusion einen ganzen Ausbildungszweig darstellen sollte. Ihrer Meinung nach werden einwöchige Weiterbildungskurse alle drei Jahre keine bedeutsamen Veränderungen bringen und nicht zur erwarteten Professionalität führen (Batrakova, 2019). Nach den Empfehlungen von Murzalinova-Yakovleva ist es notwendig, Bildungseinrichtungen im Bereich der Bildungsinklusion zu schaffen, die mindestens zwei oder drei Jahre dauern. Ergänzend zu dieser Stellungnahme sollte angemerkt werden, dass es notwendig ist, bei der Entwicklung solcher Programme die besten Praktiken aus Deutschland und anderen Ländern der Welt zu nutzen.

Implementierung der Inklusion in die Aus- und Weiterbildung des Lehrpersonals

Der Fokus auf professionelle Kompetenzprofile sollte als Grundlage für die Aus- und Weiterbildung des Lehramts sowie der Ausbildenden genommen werden. Basierend auf Arnold und Gómez Tutor (2007, nach Bylinski 2014) besteht der kompetenzorientierte Ansatz aus drei integrierten Dimensionen, nämlich aus Wissen, Können und Reflektieren.

Eine wichtige Rolle bei der Entwicklung der pädagogischen Professionalität der Lehrkräfte spielen neben dem Niveau der Bildungsstrukturen ebenfalls ihre Ausstattung und Bereitstellung sowie das regionale Dienstleistungsmodell.

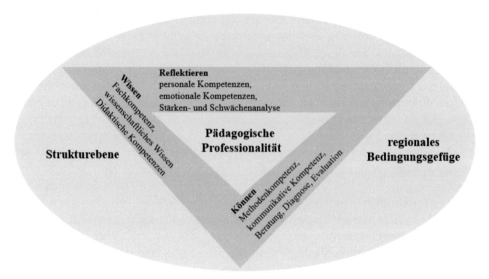

Abbildung 1: Dimensionen pädagogischer Professionalität nach Arnold und Gómez Tutor (Bylinski 2014, S. 26)

Die professionelle pädagogische Tätigkeit nach Bylinski (2014, S. 25) erfordert Kenntnisse, die es ermöglichen, Lernsituationen innerhalb einer inklusiven Bildungsumgebung zu planen, zu organisieren und zu evaluieren. Dieses Wissen verkörpert nicht nur fachliche Kompetenz, sondern hat sowohl wissenschaftlichen als auch didaktischen Charakter.

Diese Fähigkeiten tragen zum professionellen Einsatz von Methoden und der Beratung oder Neugestaltung des pädagogischen Handelns bei. Eine besondere Rolle kommt der Gleichsetzung der Entwicklung der methodischen, kommunikativen und diagnostischen Kompetenz des Lehrpersonals zu, die Leistungen und den Entwicklungsstand von Lernenden zu beurteilen. Die bewusste Analyse sowie eine Einschätzung des geplanten und realisierten pädagogischen Handelns spiegeln den Prozess des Reflektierens wider.

Die professionelle Reflexion betrifft nicht nur den Entwicklungsstand der individuellen und emotionalen Kompetenz, sondern auch die Fähigkeit, ihre Talente und besondere Kenntnisse effektiv zu nutzen sowie an eigenen Schwachstellen bewusst zu arbeiten. Erst wenn alle diese Aspekte zusammengeführt werden, kann auf die Kompetenz einer Lehrkraft geschlossen werden.

In der Ergänzung von Bylinski (2014) wird Schritt für Schritt der kompetenzbasierte Ansatz von Arnold und Gómez Tutor (2007) mit drei integrierten Dimensionen betrachtet.

Spezifische übertragbare Kenntnisse umfassen das Wissen über das Bildungssystem, die Unternehmensstruktur und die Anforderungen an die Berufsausbildung sowohl an Hochschulen als auch in Unternehmen. Die Besonderheiten der Kultur und des Kommunikationsstils müssen dabei berücksichtigt werden.

Darüber hinaus werden Grundkenntnisse in Bezug auf berufliches und regionales Wissen sowie ein Überblick über die verschiedenen Berufe und deren Inhalte benötigt. Eine Sensibilisierung von Lehrenden für Aus- und Weiterbildungsmöglichkeiten sowie für Angebote zur Berufsorientierung und Weiterbildung ist notwendig. Die Menge an Wissen über Unternehmen in der Region und unterstützende Dienstleistungen ist ein integraler Bestandteil des Wissens, das zur erfolgreichen Berufsberatung und Ausbildung von Lernenden beiträgt. Spezifisches Wissen über Bildungs- und Fördermöglichkeiten, Grundlagen der Beratung und prozessorientierte Unterstützung sind für Pädagoginnen und Pädagogen erforderlich, um Absolventinnen und Absolventen insbesondere beim Übergang in eine Berufsausbildung nach dem Abschluss der Allgemeinbildung vorzubereiten.

Tabelle 1: Wissen als Dimension pädagogischer Professionalität und Kompetenzbündel (Bylinski 2014, S. 108)

Fachwissen (anschlussfähiges Wissen)	
Wissen zu Bildungs- und Ausbildungssystem	Bildungs- und Ausbildungswege sowie Angebote der Berufsorientierung und -vorbereitung kennen
Berufsspezifisches Wissen	Verschiedene Berufsbilder und ihre Ausbildungsinhalte kennen
Wissen über betriebliche Strukturen	Betriebliche Strukturen und Anforderungen an eine (betriebliche) Berufsausbildung kennen, Kultur- und Kommunikationsstil kennen
Regionales Wissen	Regionale Akteure und Unterstützungsangebote, Bildungs- und Fördermöglichkeiten (im Übergang Schule-Berufsausbildung) sowie Unterstützungsstrukturen für die eigene Arbeit (Bildungsbüro, Coachingangebot) kennen
Jugendspezifisches Wissen	Jugendspezifische Themen und Lebenswelt der Jugendlichen kennen
(Entwicklungs-) Psychologisches Wissen	Hintergründe und Ursachenzusammenhänge für Verhaltensweisen und Lernprobleme der Jugendlichen kennen

Des Weiteren stellt Arndt (2017) fest, dass im Bereich der Beratung und Betreuung die interdisziplinäre, arbeitsortübergreifende Zusammenarbeit von großer Bedeutung ist. Auch die Kenntnis über die Unterstützungsstruktur der eigenen Arbeit sollte nicht vernachlässigt werden. Schließlich kommt den verschiedenen Bildungsabteilungen und Betreuungsdiensten eine wichtige Rolle im Bildungssystem zu.

Das Wissen über junge Menschen, ihre Interessen, Wünsche und Lebensweisen trägt zum Verständnis zwischen Lehrkräften und ihren Schülerinnen und Schülern sowie Auszubildenden bei. Dies ist ein besonderer Motivationsfaktor bei der Auswahl der Lehr- und Lerninhalte. Das professionelle Handeln des pädagogischen Personals setzt das Vorhandensein pädagogisch-psychologischen Wissens voraus. Insbesondere die Wahl der geeigneten Lehr- und Lernmethoden und des didaktischen Ansatzes im inklusiven Unterricht erfordert Kenntnisse über Lerntheorien, Grundlagen und verhaltensbezogene Ursachenzusammenhänge junger Menschen.

Doch wie bekannt, legt Wissen nur den Grundstein für mühsam erworbene Fähigkeiten und Kompetenzen. Der kompetenzbasierte Ansatz für Fähigkeiten und Kompetenzen impliziert nicht nur didaktische und methodische, diagnostische, kommunikative und interkulturelle Kompetenzen, sondern auch Kompetenzen im Bereich der Kooperation.

Tabelle 2: Können als Dimension pädagogischer Professionalität und Kompetenzbündel (Bylinski 2014, S. 116)

	Methodisch-didaktische Kompetenzen	
	Methodenkompetenz	Vielfältige Methoden zur Unterrichtsgestaltung umsetzen, um Lernenden vielfältige Zugänge zum Lernen zu ermöglichen
	Gestaltung individueller Lern-, Unterstützungs- und Förderprozesse	Individuelle Bildungsvoraussetzungen sowie spezifisches Lernverhalten (Lernprobleme, Lernstile) aufgreifen und in pädagogische Intervention umsetzen; Berufsorientierungs- und Berufswahlprozesse unterstützen
	Gestaltung spezifischer Unterrichtssettings	Verbindung von Lernen und Arbeiten bzw. zwischen Theorie und Praxis sowie zum Einbezug der Lebenswelt der Jugendlichen herstellen
Können	**Diagnosekompetenz**	
	Diagnostische Kompetenz	Anamnese und Analyse von Bildungs- und Lernvoraussetzungen als Basis zur Gestaltung einer Bildungs-, Förder- und Entwicklungsplanung
	Auswahl und Einsatz von Instrumenten der Übergangsbegleitung	Methoden der sozialen Arbeit und Einsatz von spezifischen Instrumenten (bspw. Berufswahlpass) oder Verfahren (bspw. Potenzialanalyse) modifizieren und einsetzen
	Sonderpädagogische und sozialpädagogische Kompetenzen	Umgang mit Verhaltensauffälligkeiten und spezifischem Lernverhalten, zur Modifikation pädagogischen Handelns und als Erweiterung der „eigenen" Qualifikation
	Kommunikative Kompetenzen, Kooperationskompetenz, interkulturelle Kompetenz	
	Gestaltung von Beratungsprozessen, Interaktion	Kommunikationsebene und Teamzusammenarbeit herstellen (Gesprächstechniken, Moderationsverfahren); „Kulturdolmetschen", Konfliktfähigkeit einbringen

Die didaktisch-methodische Kompetenz umfasst den Einsatz einer Vielzahl von Methoden zur Gestaltung von Lernsituationen nach unterschiedlichen Lernansätzen, die die besonderen Bedürfnisse junger Menschen berücksichtigen. Bei der Einführung eines inklusiven Bildungsansatzes planen Pädagoginnen und Pädagogen individuelle Lernprozesse, Unterstützung und einzelne Entwicklungsschritte. Neben der Ermittlung der individuellen Lernvoraussetzungen von Lernenden müssen Lehrkräfte auch das Lernverhalten ihrer Schülerinnen und Schüler bzw. Auszubildenden berücksichtigen. Dabei erkennt das pädagogische Personal die Probleme und individuellen Lernstile seiner Lernenden und setzt entsprechende Methoden ein. Erfahrene Lehrkräfte bzw. Ausbilderinnen und Ausbilder besitzen die Fähigkeiten, Berufsberatungs- und Berufswahlprozesse zu unterstützen. Durch die Verbindung von Prozess und Inhalt der Ausbildung mit realen Arbeitssituationen und deren Anwendung im Betrieb spezifizieren die Lehrenden die Lernumgebung. Dabei berücksichtigen sie die Besonderheiten des Umfelds der Jugendlichen und ihrer Lebenssituationen.

Gerade wenn es um inklusive Bildung geht, sind die diagnostischen Fähigkeiten von Pädagoginnen zund Pädagogen besonders gefragt. Auf der Grundlage der analytisch ermittelten Voraussetzungen der Schülerinnen und Schüler sowie Auszubildenden sollten Lehrende sowie Mentorinnen und Mentoren am Arbeitsplatz in der Lage sein, Trainingsprogramme zu entwerfen, die Entwicklung der Kompetenzen ihrer Lernenden schrittweise zu planen und sie im Lernprozess zu unterstützen. Die Grundlage für eine erfolgreiche Teilnahme an der Berufsausbildung und Beschäftigung von jungen Menschen sollen gezielte Berufswahlinstrumente, Potenzialanalyse, spezifisches Lernverhalten, Konfliktmanagement, modifizierte Methoden der sozialpädagogischen Arbeit und Übergangsbegleitung bilden.

Neben der Kommunikations- und Kooperationsfähigkeit ist auch eine kompetente interkulturelle Kommunikation wichtig. Dies gilt insbesondere für interdisziplinäre Belange sowohl bei der arbeitsortübergreifenden Beratung als auch bei der kollegialen Zusammenarbeit.

Im Streben nach Professionalität wenden Pädagoginnen und Pädagogen nicht nur spezielle Kenntnisse, Fähigkeiten und Fertigkeiten an, sondern reflektieren diese auch.

Tabelle 3: Reflektieren als Dimension pädagogischer Professionalität und Kompetenzbündel (Bylinski 2014, S. 122)

	Personale, soziale und emotionale Kompetenz	
	Personenbezogene Eigenschaften	Motivation, Begeisterungsfähigkeit, Überzeugungskraft, Gespür, Authentizität einbringen
	Personale und soziale Fähigkeiten	Pädagogisches Handeln in Einklang mit der Persönlichkeit bringen, Teamfähigkeit einbringen
Reflektieren	**Haltung und Einstellung**	
	Spezifische Haltung bzw. Einstellung	Positives Menschenbild, Empathie, Wertschätzung den Jugendlichen entgegenbringen
	Ressourcen- und Kompetenzorientierung	Von Entwicklungsfähigkeit ausgehen, Kompetenzen erkennen, Ressourcen wahrnehmen, an den Potenzialen ansetzen
	Affinität zur Übergangsgestaltung und -begleitung der Jugendlichen	Veränderungsbereitschaft zeigen, positive Visionen mitbringen, persönliches Engagement zeigen, Identität mit der beruflichen Tätigkeit („Spaß am Job") zeigen
	Innovative Kompetenzen	
	Reflexion des pädagogischen Prozesses, Gestaltung von Aneignungsprozessen	Lernfähigkeit, Bereitschaft, die eigene Handlungsfähigkeit weiterzuentwickeln, Überprüfung von Erfahrungswissen (subjektiven Theorien), Auseinandersetzung mit zentralen Spannungsfeldern pädagogischen Handelns

Das reflektierte persönliche Wachstum des Lehrpersonals basiert nicht nur auf seinen persönlichen und sozialen Kompetenzen, sondern auch auf der Kombination dieser Eigenschaften mit pädagogischen Handlungen und der Fähigkeit, in einem Team effektiv zu arbeiten.

Nicht nur positive Denkweisen, pädagogisches Handeln und Einfühlungsvermögen, sondern auch die Fokussierung auf Ressourcen, Talente und Kompetenzen junger Menschen, die inklusives Lernen benötigen sowie an ihren Potenzialen arbeiten, tragen zur zielgerichteten Erreichung der Professionalität von Lehrkräften sowie Mentorinnen und Mentoren am Arbeitsplatz bei.

Die Mitwirkung an der Entwicklung der Übergangszeit und die Unterstützung der Jugendlichen führen auch zum Kompetenzzuwachs und zur Professionalisierung des Lehrpersonals. Oft spiegelt sich Professionalität auch in der Demonstration von Veränderungsbereitschaft, dem Einbringen einer positiven Vision, im Streben nach persönlichem Engagement und der Identifikation mit der eigenen beruflichen Tätigkeit wider. Die Reflexion des pädagogischen Handelns und die Gestaltung von Lernprozessen sind wesentlich für die Professionalität.

Um professioneller zu agieren, wird innovative Kompetenz vorausgesetzt. Das Streben nach der Erreichung der innovativen Kompetenz zeigt sich in der Verbesserung der pädagogischen Kenntnisse und Fertigkeiten in einem kontinuierlich laufenden Lernprozess parallel zur beruflichen Tätigkeit. Vor allem die Beherrschung der empirischen Kenntnisse und die Orientierung auf die Lösung der aktuell diskutierten Probleme der pädagogischen Tätigkeit tragen einen innovativen Charakter.

Basierend auf den obigen Ausführungen werden in Tabelle 4 die Anforderungen an die Lehrkräfte, ihre Aufgaben und der Ansatz zur Professionalisierung zusammengefasst.

Tabelle 4: Gestaltungsaufgaben und Professionalisierungsansatz (Bylinski 2020, S. 151)

Personale, soziale und emotionale Kompetenz	
Personenbezogene Eigenschaften	Motivation, Begeisterungsfähigkeit, Überzeugungskraft, Gespür, Authentizität einbringen
Personale und soziale Fähigkeiten	Pädagogisches Handeln in Einklang mit der Persönlichkeit bringen, Teamfähigkeit einbringen
Haltung und Einstellung	
Spezifische Haltung bzw. Einstellung	Positives Menschenbild, Empathie, Wertschätzung den Jugendlichen entgegenbringen
Ressourcen- und Kompetenzorientierung	Von Entwicklungsfähigkeit ausgehen, Kompetenzen erkennen, Ressourcen wahrnehmen, an den Potenzialen ansetzen
Affinität zur Übergangsgestaltung und -begleitung der Jugendlichen	Veränderungsbereitschaft zeigen, positive Visionen mitbringen, persönliches Engagement zeigen, Identität mit der beruflichen Tätigkeit („Spaß am Job") zeigen
Innovative Kompetenzen	
Reflexion des pädagogischen Prozesses, Gestaltung von Aneignungsprozessen	Lernfähigkeit, Bereitschaft, die eigene Handlungsfähigkeit weiterzuentwickeln, Überprüfung von Erfahrungswissen (subjektiven Theorien), Auseinandersetzung mit zentralen Spannungsfeldern pädagogischen Handelns

(Randbeschriftung: Reflektieren)

Hierbei ist zu beachten, dass bei der Anpassung des Kompetenzprofils der Lehrkräfte die Qualitätsstandards der Lehramtsaus- und -weiterbildung der Republik Kasachstan berücksichtigt werden müssen. Darüber hinaus ist es besonders wichtig, neben der Beherrschung der pädagogisch-professionellen Dimensionen auch den handlungs-orientierten Lernprozess zu stärken.

Fazit

Das globale Streben nach Transformation im Bereich der Inklusion fordert das Bildungssystem in Kasachstan seit vielen Jahren heraus. Ein modernes Bildungssystem sollte der Diskriminierung entgegenwirken und die Gleichberechtigung, Zugänglichkeit und Einführung von Inklusion fördern, sowohl in der Bildung als auch in der Arbeitswelt. Um die Beschäftigungsfähigkeit der Lernenden zu verbessern, ist es notwendig, die Angebote des Bildungssystems mit der realen Arbeitswelt zu verknüpfen.

Neben der Notwendigkeit, Lehrpläne und berufliche, technische sowie akademische Bildungsprogramme inklusionsorientiert zu optimieren, besteht in Kasachstan ein dringender Bedarf an der spezifischen Aus- und Weiterbildung des Bildungspersonals sowie Mentorinnen und Mentoren am Arbeitsplatz.

Angesichts des interdisziplinären Fortbildungsbedarfs von Berufs- und Hochschullehrkräften bei der Entwicklung und Umsetzung inklusiver Bildung in Kasachstan wird die in diesem Beitrag vorgestellte Fokussierung auf die Professionalitätsentwicklung von Lehrenden und die Erweiterung des Kompetenzprofils empfohlen.

Kurzfristige Weiterbildungskurse tragen nicht zur effektiven Umsetzung von Inklusion auf allen Ebenen des Bildungssystems bei. Daher ist die Schaffung von Ausbildungsrichtungen und Programmen mit einer Dauer von zwei bis drei Jahren sinnvoller. Es ist empfehlenswert, neben dem Angebot von längerfristigen Bildungsrichtungen und -programmen auch Expertennetzwerke, mit Fokus auf die Inklusion sowohl offline als auch online, zu schaffen und zu pflegen. Außerdem können regelmäßige Konferenzen zur Umsetzung der Inklusion zum Wachstum der Professionalität beitragen und einen innovativen Erwartungseffekt mit sich bringen.

Literatur

Aktion Mensch (o. J.): Inklusionsquoten in Deutschland, https://www.aktion-mensch.de/inklusion/bildung/hintergrund/zahlen-daten-und-fakten.html (12.05.2020).

Arndt, I. (2017): Inklusion im Übergangsprozess Schule-Beruf. Überlegungen für ein inklusionspädagogisches Rahmenkonzept. Ein Fachportal des Bundesinstituts für Berufsbildung, https://www.ueberaus.de/wws/9.php#/wws/inklusion_im_uebergangs prozess.php?sid=20709722750433573660409200920900 (30.10.2020).

Batrakova, N. (2019): Батракова, Н., Инклюзивное образование: как в Казахстане учат детей с особыми потребностями? https://informburo.kz/cards/inklyuzivnoe-obrazo vanie-kak-v-kazahstane-uchat-detey-s-osobymi-obrazovatelnymi-potrebnostyami.html (19.03.2021) [Inklusive Bildung: Wie werden Kinder mit besonderen Bedürfnissen in Kasachstan unterrichtet?] (auf Russisch).

Bylinski, U. (2014): Gestaltung individueller Wege in den Beruf. Eine Herausforderung an die pädagogische Professionalität. Berichte zur beruflichen Bildung. W. Bertelsmann Verlag. Bielefeld.

Bylinski, U. (2020): Verankerung von Inklusion in der beruflichen Lehramtausbildung aus Sicht der Bildungswissenschaften (S. 147–162). In: D. Münk, G. Scheiermann (Hrsg.), Inklusion in der Lehrerbildung für das berufliche Schulwesen. Beiträge zur Professionalisierung in der ersten Phase der Lehramtsausbildung. Eusl. Detmold.

Fleischhauer, J. (2014): S. P. O. N. - Der Schwarze Kanal. Übergang in eine neue Welt, https://www.spiegel.de/politik/deutschland/jan-fleischhauer-ueber-inklusion-an-schulen-a-975644.html (24.03.2021).

Gottuck, S. & Pfaff, N. (2020): „Behinderung" im Spannungsfeld von pädagogischer Praxis, Institutionenbildung und erziehungswissenschaftlicher Forschung – Differenzkritische Perspektiven (S. 11–36). In: D. Münk & G. Scheiermann (Hrsg.), Inklusion in der Lehrerbildung für das berufliche Schulwesen. Beiträge zur Professionalisierung in der ersten Phase der Lehramtsausbildung. Eusl. Detmold.

Münker, D. & Scheiermann, G. (Hrsg.) (2020): Inklusion in der Lehrerbildung für das berufliche Schulwesen. Eusl. Detmold.

Obrasov (o. J.): Инклюзия - за и против. Опыт Германии в реализации инклюзивного образования, https://www.obrazov.org/info/articles/inklyuziya-za-i-protiv-opyt-germanii-v-realizatsii-inklyuzivnogo-obrazovaniya/ (24.03.2021) [Inklusion – Vor- und Nachteile. Die deutschen Erfahrungen mit der Umsetzung inklusiver Bildung] (auf Russisch).

Ramazanova, R. E. (2020): Рамазанова, Р. Е. Инклюзивное образование в Казахстане, https://www.azbyka.kz/inklyuzivnoe-obrazovanie-v-kazahstane (20.03.2021) [Inklusive Bildung in Kasachstan] (auf Russisch).

Scheiermann, G. (2020): Perspektiven & Herausforderungen der (inklusionsorientierten) Lehrerbildung für das berufliche Schulwesen (S. 111–133). In: D. Münk & G. Scheiermann (Hrsg.), Inklusion in der Lehrerbildung für das berufliche Schulwesen. Beiträge zur Professionalisierung in der ersten Phase der Lehramtsausbildung. Eusl. Detmold.

Vollmer, K. & Frohnenberg, C. (2014): Nachteilsausgleich für behinderte Auszubildende. Handbuch für die Ausbildungs- und Prüfungspraxis. W. Bertelsmann Verlag. Bielefeld.

Abbildungsverzeichnis

Tabellenverzeichnis

Schlusswort

Die in diesem Buch veöffentlichten Aktivitäten des Projektes „GeKaVoC – Transfer von dualen Ausbildungsprogrammen in Logistik, Mechatronik und nachhaltiger Energieversorgung nach Kasachstan" spiegeln nur einen Teil der Aktivitäten und der nachhaltigen Ergebnisse wieder. Diese Buchveröffentlichung wurde möglich, weil durch die etablierten Strukturen und die aufgebauten persönlichen Beziehungen zwischen den Projektakteur*innen in Deutschland und in verschiedenen Standorten und Institutionen in Kasachstan ein gemeinsames Verständnis dualer Berufsbildung erarbeitet werden konnte. In den Beiträgen dieses Buchs kann nachvollzogen werden, wie durch die hierdurch entstandenen Entwicklungen in den beteiligten kasachischen Institutionen und Regionen unterschiedliche Gestaltungswege verfolgt und umgesetzt worden sind, die trotz aller Unterschiedlichkeit in der Ausgestaltung einen gemeinsamen Grundgedanken aufgegriffen haben: Berufliche Bildung kann dann nachhaltige Erfolge gewährleisten, wenn berufliche Erfahrung in betrieblichen Arbeits- und Geschäftsprozessen fest verankert wird und wenn für berufliche Bildungseinrichtungen Wege gefunden werden, wie Betriebe in die berufliche Bildung mitverantwortlich und mitgestaltend einbezogen werden können. In diesem Sinne haben wir gelernt: Eine erfolgreiche Kompetenzentwicklung ist auch unter sehr unterschiedlichen institutionellen und rechtlichen Rahmenbedingungen realisierbar.

Gleichzeitig wurden durch die Projektaktivitäten von GeKaVoC belastbare Kooperationsstrukturen geschaffen, die eine erfolgsversprechende Ausgangsbasis für eine langfristige Zusammenarbeit zwischen kasachischen und deutschen Unternehmen und Forscher*innen darstellen. Dies zeigt sich in der Entwicklung und erfolgreichen Realisierung von Folgeaktivitäten über die Laufzeit des Projekts GeKaVoC hinaus. Unter anderem ist das im Jahr 2021 neu aufgenommene Projekt „Implementierung von dualen Strukturen in Kasachstan" (KAZDUAL, gefördert im Rahmen von Erasmus+/EACEA der Europäischen Union) als Folge des GeKaVoC-Projektes anzusehen. Im Anschluss an den Transfer von Dualen Ausbildungsprogrammen in Logistik, Mechatronik und nachhaltiger Energieversorgung nach Kasachstan setzt KAZDUAL an der durch die Nationale Unternehmerkammer der Republik Kasachstan „Atameken" anerkannten Notwendigkeit der Verbesserung der Kompetenzen von Hochschulabsolvent*innen in Kasachstan an und bezieht sich dabei auf zahlreiche Umfragen und Rückmeldungen von Betrieben, die die fehlenden beruflichen Fähigkeiten von Hochschulabsolvent*innen beim Eintritt in den Arbeitsmarkt kritisieren. Die weitere Mitwirkung in den aufgebauten Expertengruppen und Gremien trägt zudem auch zur Entwicklung weiterer Schwerpunkte in zukunftswirksamen Themen wie Nachhaltigkeit, Bioökonomie, lebenslanges Lernen und Durchlässigkeit des Bildungssystems bei.

An dieser Stelle möchten sich die Autor*innen und die Herausgeber*innen dieser Veröffentlichung beim DLR-Projektträger, der die Förderinitiative „Internatio-

nalisierung der Berufsbildung" (IBB) des Bundesministeriums für Bildung und Forschung begleitet hat, für die freundliche und kompetente Unterstützung der Projekt-
entwicklung und der Projektdurchführung ebenso bedanken wie für die engagierte
Begleitung in einer Phase erheblicher Verwerfungen, die infolge der Corona-Pan-
demie ständige Veränderungen und Neupositionierungen für alle Projektbeteiligten
bedeutet hat. Abschließend wünschen die Herausgeber*innen ein weiteres und nachhaltiges Gelingen bei der Reform des Bildungssystems in Kasachstan. Wir bedanken
uns für die tatkräftige Unterstützung bei allen Beteiligten, insbesondere

bei der Kasachischen Nationalen Pädagogischen Universität, benannt nach Abay,
bei der Kysylorda Universität, benannt nach Korkyt Ata,
bei der Karaganda Universität, benannt nach dem Akademiker E. A. Buketov,
bei der Semey Universität, benannt nach Shakarim,
bei der TÜV Rheinland Akademie GmbH,
bei der WMU (Wirtschaft – Mensch – Umwelt) GmbH sowie
beim GeKaVoC-Projektteam der Otto-von-Guericke-Universität Magdeburg.

Verzeichnis der Autorinnen und Autoren

Aubakirov, Gabdisagit, Höheres Polytechnisches College Karaganda, Republik Kasachstan

Gainelgazykyzy, Madina, Projektkoordinatorin, Konrad-Adenauer-Stiftung e. V., Republik Kasachstan

Gleißner, Kai, Dr. (†), wissenschaftlicher Mitarbeiter, Otto-von-Guericke-Universität Magdeburg, Arbeitsbereich Internationale Kooperationen, Bundesrepublik Deutschland

Höhle, Philipp, wissenschaftlicher Mitarbeiter, Otto-von-Guericke-Universität Magdeburg, Institut Bildung, Beruf und Medien, Arbeitsbereich Gewerblich-technische Berufsbildung, Bundesrepublik Deutschland

Jenewein, Klaus, Prof. Dr., Otto-von-Guericke-Universität Magdeburg, Institut Bildung, Beruf und Medien, Arbeitsbereich Gewerblich-technische Berufsbildung, Bundesrepublik Deutschland

Jördens, Joachim, Berufsschullehrer a. D. (Elektrotechnik/Automatisierungstechnik, Informatik), Bundesrepublik Deutschland

Jumartbayeva, Nurzhamal, Kasachisch-Deutsches Polytechnisches College, Republik Kasachstan

Karstina, Svetlana, Dr. habil., Leiterin der Abteilung für postgraduale Ausbildung der Karaganda Universität, benannt nach dem Akademiker E. A. Buketov, Republik Kasachstan

Koichubayev, Alexandr, PhD in Wirtschaftswissenschaften, Dekan der Internationalen Fakultät, Semey Universität, benannt nach Shakarim, Republik Kasachstan

Machado, Carlos, Dr., Project consultant – Educational advisor, Otto-von-Guericke-Universität Magdeburg, Institut Bildung, Beruf und Medien, Arbeitsbereich Gewerblich-technische Berufsbildung, Bundesrepublik Deutschland

Maßmann, Marcel, wissenschaftlicher Mitarbeiter, Otto-von-Guericke-Universität Magdeburg, Institut Bildung, Beruf und Medien, Arbeitsbereich Gewerblich-technische Berufsbildung, Bundesrepublik Deutschland

Merten, Anikó, Honorarkraft, WMU GmbH, Project GeKaVoC, Bundesrepublik Deutschland

Nepom'yashcha, Yuliya, Dr., wissenschaftliche Mitarbeiterin, Otto-von-Guericke-Universität Magdeburg, Institut Bildung, Beruf und Medien, Arbeitsbereich Gewerblich-technische Berufsbildung, Bundesrepublik Deutschland

Sabirova, Dina, PhD, Kasachische Nationale Pädagogische Universität, benannt nach Abay, Republik Kasachstan

Sapargaliyeva, Bayan, PhD, Kasachische Nationale Pädagogische Universität, benannt nach Abay, Republik Kasachstan

Serikova, Samal, PhD, Kasachische Nationale Pädagogische Universität, benannt nach Abay, Republik Kasachstan

Syzdykbayeva, Aigul, PhD, Kasachische Nationale Pädagogische Universität, benannt nach Abay, Republik Kasachstan

Takshylykova, Dina, Höheres Polytechnisches College Karaganda, Republik Kasachstan

Wessels, Antje, stellvertretende Leiterin, Arbeitsgruppe „Internationalisierung der Berufsbildung" im DLR Projektträger, Bundesrepublik Deutschland

Wieser, Jana, wissenschaftliche Hilfskraft, Arbeitsgruppe „Internationalisierung der Berufsbildung" im DLR Projektträger, Bundesrepublik Deutschland

Winzerling, Frank, Geschäftsführender Gesellschafter, WMU GmbH, Bundesrepublik Deutschland

Yergeshov, Bakhritdin, Kasachisch-Deutsches Polytechnisches College, Republik Kasachstan

Zechiel, Olga, Dr.-Ing., wissenschaftliche Mitarbeiterin, Otto-von-Guericke-Universität Magdeburg, Institut Bildung, Beruf und Medien, Arbeitsbereich Gewerblich-technische Berufsbildung, Bundesrepublik Deutschland

20 JAHRE

Berufsbildung, Arbeit und Innovation

2001–2021

Berufsbildung, Arbeit und Innovation

Die Reihe **Berufsbildung, Arbeit und Innovation** bietet ein Forum für die grundlagen- und anwendungsorientierte Berufsbildungsforschung. Sie leistet einen Beitrag für den wissenschaftlichen Diskurs über Innovationspotenziale der beruflichen Bildung.

Angesprochen wird ein Fachpublikum aus Hochschulen und Forschungseinrichtungen sowie aus schulischen und betrieblichen Politik- und Praxisfeldern.

Die Reihe ist in zwei Schwerpunkte gegliedert:
* Berufsbildung, Arbeit und Innovation (Hauptreihe)
* Dissertationen/Habilitationen (Unterreihe)

Alle Titel der Reihe sind als Druckausgabe und E-Book erhältlich.
Der Größtteil der Publikationen erscheint im Open Access.

Die Reihe Berufsbildung, Arbeit und Innovation wird herausgegeben von
Prof.in Marianne Friese (Gießen), **Prof. Klaus Jenewein** (Magdeburg),
Prof.in Susan Seeber (Göttingen) und **Prof. Georg Spöttl** (Bremen).

wbv.de/bai

wbv Publikation · wbv Media GmbH & Co. KG · service@wbv.de · wbv-publikation.de